L'exploitation coloniale des forêts de Côte d'Ivoire

Etudes Africaines

Collection dirigée par Denis Pryen et François Manga Akoa

Déjà parus

Alioune SALL, *Les mutations de l'intégration des Etats en Afrique de l'Ouest*, 2006.
Jean-Marc ÉLA, *L'Afrique à l'ère du savoir : science, société et pouvoir*, 2006.
Djibril Kassomba CAMARA , *Pour un tourisme guinéen de développement*, 2006.
Pierre FANDIO, *La littérature camerounaise dans le champ social,* 2006.
Dominique BANGOURA, Emile FIDIECK A BIDIAS, *L'Union Africaine et les acteurs sociaux dans la gestion des crises et des conflits armés,* 2006.
Maya LEROY, *Gestion stratégique des écosystèmes du fleuve Sénégal,* 2006.
Omer MASSOUMOU (dir.), *La marginalité en République du Congo,* 2006.
Gilchrist Anicet NZENGUET IGUEMBA, *Le Gabon : approche pluridisciplinaire*, 2006.
Innocent BIRUKA, *La protection de la femme et de l'enfant dans les conflits armés en Afrique*, 2006.
Alain BINDJOULI BINDJOULI, *L'Afrique noire face aux pièges de la mondialisation*, 2006.
Benedicta Tariere PERETU, *Les Africaines dans le développement, le rôle des femmes au Nigeria,* 2006.
Armand GOULOU, *Infrastructures de transport et de communication au Congo-Brazaville,* 2006.
Abraham Constant NDINGA MBO, *Savorgnan de Brazza, les frères Tréchot et les Ngala du Congo-Brazzaville (1878- 1960),* 2006.
Alfred Yambangba SAWADOGO, *La polygamie en question*, 2006.
Mounir M. TOURÉ, *Introduction à la méthodologie de la recherche*, 2006.
Charles GUEBOGUO, *La question homosexuelle en Afrique*, 2006.
Pierre ALI NAPO, *Le chemin de fer pour le Nord-Togo*, 2006.

Claude Garrier

L'exploitation coloniale des forêts de Côte d'Ivoire

Une spoliation institutionnalisée

L'Harmattan
5-7, rue de l'École-Polytechnique ; 75005 Paris
FRANCE

L'Harmattan Hongrie
Könyvesbolt
Kossuth L. u. 14-16
1053 Budapest

Espace L'Harmattan Kinshasa
Fac..des Sc. Sociales, Pol. et Adm. ; BP243, KIN XI
Université de Kinshasa – RDC

L'Harmattan Italia
Via Degli Artisti, 15
10124 Torino
ITALIE

L'Harmattan Burkina Faso
1200 logements villa 96
12B2260
Ouagadougou 12

Du même auteur

Éditions L'Harmattan (Paris)

Défense des populations et développement – un enjeu de la Banque mondiale (1998)

Le millefeuille ivoirien – un héritage de contraintes (2005)

Forêt et institutions ivoiriennes - La forêt, miroir des pratiques ivoiriennes

Éditions Dalian (Paris)

Comment résoudre durablement les problèmes de trésorerie (1988)

Carte de couverture : http://www.ambamad.sn/coteivoire.htm

www.librairieharmattan.com
harmattan1@wanadoo.fr
diffusion.harmattan@wanadoo.fr

ISBN : 2-296-01972-2
EAN : 9782296019720

GOUR
Odienné
Korhogo
(DIOULA)
LOBI
BIRIFOR
SÉNOUFO
Kong
KOULANGO
MALINKÉ
Katiola
Bondoukou
MANDÉ
Séguéla
Bouaké
ABRON
Man
DAN
GOURO
BAOULÉ
AKAN
Daloa
WÉ
Yamoussoukro
Abengourou
BÉTÉ
AGNI
Gagnoa
DIDA
LAGUNAIRES
Abidjan
KROU
Sassandra

INTRODUCTION

La Côte d'Ivoire couvre une superficie de 322 000 km2. Son quart Nord présente une végétation de type soudanais, une savane tantôt arborée, tantôt herbeuse. Plus au Sud, dans la région du « V baoulé », on rencontre une zone de savane préforestière. Le quart médian du pays est couvert d'une forêt mésophile. Au Sud, a régné la forêt dense équatoriale ombrophile, dont l'un des derniers grands pans est le Parc National de Taï. Cette région de Basse Côte d'Ivoire, caractérisée par une pluviométrie qui s'étage entre 1 800 et 2 300 mm/an, a vu s'installer, au détriment de la forêt, ces plantations qui ont fait pendant un temps, la richesse du pays[1].

La forêt vierge de Côte d'Ivoire[2] couvrait, en 1900, une superficie estimée à 16 millions d'hectares[3]. En 1925, « la superficie de la forêt équatoriale » est estimée à 12 millions d'hectares[4].

Jusqu'à la Grande Guerre, l'exploitation ne porte que sur l'acajou. L'entre-deux guerres voit d'autres bois d'œuvre apparaître sur le marché.

Cette forêt a été une source de richesses pour le colonisateur ; elle a fourni aux paysans des terres fertiles et des conditions écologiques très favorables à leur alimentation, le

---

[1] Un rapport daté de 1925, intitulé *Les bois à la Côte d'Ivoire*, parlant de la forêt, relate : « elle est devenue une des principales sources de richesses de la Côte d'Ivoire. Non seulement elle fournit de nombreux produits: huile de palme, palmistes colas, glu. etc... au commerce local, mais encore cette sylve **inépuisable** donne à l'exploitation une quantité de plus en plus importante de bois de toute sorte » (archives d'Abidjan VI-12-214).

[2] Auguste Chevalier, *La forêt vierge de la Côte d'Ivoire*, Masson, Paris, 1908.

[3] Rapport de préparation du *Projet National d'Appui aux Services Agricoles*, 11 février 1993, p. 7.

A la suite de l'arrêté n° 741 du 23 août 1912 (J.O.C.I. n° 16, 31 août 1912, page 490) Angoulvant, tenant compte de la dégradation subie par la forêt du fait des cultures itinérantes, notait que « la forêt vierge ne couvrirait que 60.000 km^2 sur les 120.000 qu'elle paraît occuper ».

[4] Rapport destiné au « Congrès international de sylviculture de Rome » de 1925.

combustible nécessaire à la cuisine, dont la cendre constitue une lessive gratuite, un fourrage d'appoint pour la saison sèche, certains matériaux de la case, la matière première d'objets usuels (pirogue, etc) ou religieux (masques). Cette fertilité a permis de produire les produits exigés par l'administration coloniale (kapok, noix de karité, gomme des lianes puis des hévéas, noix palmistes, etc).

La France y a aussi puisé les acajous nécessaires à la construction navale et puis les bois d'œuvre qui lui ont assuré durant nombre d'années la matière première des fabricants de meubles et d'huisseries, ainsi que les ressources douanières qui ont alimenté les caisses de la colonie.

Impact de la colonisation sur les mentalités

Il serait intéressant de mesurer l'impact qu'a laissé la colonisation sur la mentalité des villageois. Faute d'analyse antérieure à l'arrivée des premiers européens ou préalable à la transformation de la présence commerciale en une domination politique, le niveau réel de cet impact ne peut être déterminé. Cependant, on peut évoquer la fracture encore très visible entre les groupes réputés héritiers des chasseurs ou marchands d'esclaves, d'une part, et ceux composés des descendants des personnes que la chance ou la fuite ont tenu à l'abri de la déportation.

L'ombre du Code Noir de 1685 et particulièrement de son article 7 qui assimilait les esclaves noirs à des marchandises[5], encore que leur maître soit tenu de les faire baptiser et instruire dans la religion catholique[6], a probablement longtemps plané sur les

[5] Code noir de 1685, article 7: « Leur défendons [à tous nos sujets] pareillement de tenir marché des nègres et de toutes autres marchandises les dits jours [dimanches et jours de fête de la religion catholique] sur pareille peine de confiscation des marchandises qui se trouveront alors au marché, et d'amende arbitraire contre les marchands ».

[6] Code noir de 1685, article 2 : « Tous les esclaves qui seront dans nos îles seront baptisés et instruits dans la religion catholique, apostolique et romaine. Enjoignons aux habitants qui achèterons des nègres nouvellement arrivés d'en avertir les gouverneurs et intendants desdites îles dans la huitaine au plus tard, à peine d'amende arbitraire; lesquels donneront les ordres nécessaires pour les faire instruire et baptiser dans le temps

relations franco-africaines. L'abolition de ce commerce, décidée pour la seconde fois pour les colonies françaises, le 27 avril 1848, n'est réalisée en Afrique occidentale française, qu'en 1905[7]. Ce n'est là que l'une des ambiguïtés de la politique française en Afrique. L'idée d'une supériorité des hommes blancs[8] survit dans la mentalité coloniale: elle est le principe sans lequel il n'y a pas de colonie possible[9].

On pourrait tenter un parallèle entre ce qui est constaté ici et ce qui est connu ou deviné des effets de la colonisation romaine sur la Gaule[10]: les peuples de ce pays se sont efforcés d'adopter les

---

convenable ».

[7] Décret du 12 décembre 1905 relatif à la répression de la traite [des esclaves] en AOF et au Congo français (DP 1907.4, table 23). Il frappe d'une amende et de deux à cinq ans d'emprisonnement, toute personne convaincue d'avoir conclu « une convention ayant pour but d'aliéner la liberté d'une tierce personne ».

C. Garrier, *L'abolition de l'esclavage : du mythe de 1848 à la victoire de 1905... 1946*, in *Sociétés africaines et diaspora*, n° 11, septembre 1998, pp. 165-172

[8] Fustigée par Anatole France, Le mannequin d'osier, Calmann-Lévy, Paris, 1907, p. 14-15 ; condamnée à nouveau par André Gide, (*Voyage au Congo*, 1927) dans lequel l'auteur relate avec une description virulente les relations que les Français ont avec le pays colonisé. Il y dénonce les maltraitances infligées aux indigènes de « race inférieure » et la forte ségrégation raciale qui y règne. André Gide décrit la race noire opprimée au Congo et au Tchad (*Le Retour du Tchad*, 1928), soumise au joug des « civilisés », ou corrompue par leur alcool et leur morale.

[9] Eugène Pujarniscle, *Philoxène ou la littérature coloniale*, Paris, Firmin Didot, 1931, p. 68 ; Ch.-A. Julien, *Introduction, coloniaux et colonisation*, in *Les techniciens de la colonisation XIXe-XXe siècle*, ouvrage collectif, PUF, Paris, 1946, p. 8 : « C'est ce principe qui vicie la colonisation... [En 1946], le problème colonial est devenu avant tout un problème moral parce que les élites indigènes souffrent douloureusement du mépris dans lequel elles se croient tenues ».

[10] Rome était la référence constante pour les chantres de l'empire français (Denise Bouche, *Histoire de la colonisation française*, Tome 2, *Flux et reflux, 1815-1962*, Fayard, Paris, 1991 ; p. 313).

« Les colonisateurs modernes éprouvent le besoin messianique de "civiliser" les peuples colonisés, de leur transmettre leur savoir et leur religion » (Joseph Conrad, *Au coeur des ténèbres*, Aubier, Paris, 1980, p. 91).

mœurs et usages des romains[11], leur langue[12], leur mode de transmission du savoir[13] au point d'éluder un pan de leur propre histoire : il faut attendre la fin du XVIIIème siècle pour que s'éveille un intérêt pour le passé celtique, puis la seconde moitié du XIXème siècle pour que soit cherché le site d'Alésia, lieu de la défaite qui a scellé le sort de la Gaule. Au plan du droit, les colonisés adoptent la pratique de l'écrit en même temps que la logique du droit romain, au moins dans la moitié Sud. Cependant, les règles coutumières restent vivaces, principalement dans la moitié Nord, ce qui a conduit les rois capétiens à en ordonner la transcription. Le nombre même des

---

[11] « Surtout dans les classes aisées, les Gaulois n'ont guère hésité à adopter l'ordre nouveau. La romanisation de la Gaule est certainement le résultat d'une conquête militaire et d'une défaite, mais elle s'est poursuivie en douceur, avec l'accord des intéressés eux-mêmes, du moins de ceux qui avaient droit à la parole » (J. Markale, *Le druidisme*, Payot, Paris, 1985, p. 36).

[12] Raymond Dronne note à propos du Cameroun, que « la véritable langue comprise et parlée, la vraie langue commune et de culture, est celle du colonisateur. Elle s'impose tout naturellement. Comme dans l'antiquité le grec en Méditerranée orientale, puis le latin dans l'empire romain » (*Vie et mort d'un empire, la décolonisation*, France-Empire, Paris, 1989, p. 304).
Le même constat s'impose pour la Côte d'Ivoire. Dans le même sens : Félix Houphouët-Boigny, cité par Claude Krief, in *l'Express* n° 409, 16 avril 1959, p. 8.
A titre de comparaison, la langue française ne possède que de rares traces de celle des gaulois, alors qu'elle est très riche de l'héritage latin; elle n'est utilisée pour la première fois qu'en 842, environ quatre siècles après la chute de l'empire romain, dans un texte important: le Serment de Strasbourg qui unit Louis le Germanique à Charles le Chauve contre leur frère Lothaire.

[13] J. César, *De bello gallico*, VI, 13 : « on dit que [ceux qui veulent mieux connaître la doctrine religieuse] apprennent par cœur un très grand nombre de vers. Certains restent donc vingt ans à leur école. [Les druides] sont d'avis que la religion interdit de confier à l'écriture » les "récits", le droit, la généalogie, la poésie, etc. Le mode initiatique et encyclopédique privilégié par les druides et organisé dans le temps est remplacé par un enseignement fondé sur l'écrit, dispensé par des pédagogues privés et coûteux (Françoise Le Roux, Christian-J. Guyonvarch'h, *Les druides*, Ouest-France Université, Rennes, 1986, p. 55, 59 et 61).

ordonnances royales rendues en ce sens, depuis celle de Montil-lès-Tours en 1453, montre les réticences rencontrées sur ce point[14].

De même, la Côte d'Ivoire a adopté la langue du colonisateur, telle que pratiquée par les militaires dont certaines expressions sont encore vivaces dans le parler quotidien ; les Ivoiriens perpétuent le droit colonial. L'engouement spontané pour l'héritage du colonisateur, a été longtemps renforcé par la volonté politique rappelée à plusieurs reprises dans les interventions d'Houphouët-Boigny. Faute d'informations de nature scientifique, cette approche n'est évoquée que pour mémoire.

L'incompréhension actuelle entre Paris et Abidjan pourrait pour partie être expliquée par la volonté affichée par Laurent Gbagbo de rompre avec la pratique antérieure soutenu en cela par le professeur Mamadou Koulibaly dont les publications dénoncent le néo-colonialisme des traités souscrits en 1960[15] et vantent les mérites de la concurrence entre opérateurs privés désireux d'obtenir, des marchés publics.

---

[14] La rédaction des premiers coutumiers, à titre privé, remonte à l'extrême fin du XIIème siècle (Jean-François Lemarignier, *La France médiévale, institutions et société*, Armand Colin, Paris, 1970, p. 242).

[15] Mamadou Koulibaly, *Les servitudes du pacte colonial*, CEDA/ NEI, Abidjan

TITRE I - IMPOSER LE POUVOIR FRANÇAIS ET FAVORISER LE COLONAT INDIGÈNE

A défaut d'avoir su favoriser l'émergence de débouchés pour son industrie, la France met en coupe réglée un territoire acquis au moyen de traités inégaux bien vite trahis. Les terres sont mises en valeur au profit de la métropole, que ce soit avec le concours forcé des populations ou contre leur gré.

1 - LA COLONISATION ET SES CONTRADICTIONS INTERNES

> « L'oubli, et je dirai même l'erreur historique, sont des facteurs essentiels de la création d'une nation… L'investigation historique, en effet, remet en lumière des faits de violence qui se sont passés à l'origine de toutes formations politiques »
> (Ernest Renan).

Les fluctuations que montre l'histoire du droit colonial quant aux sources de celui-ci, sont le reflet de l'indécision qui porte sur la place allouée à ces colonies dans la construction de la France, de l'exploitation la plus indifférente à l'intégration la plus étroite.

Le terme « colonie » renvoie, dans la pratique française, à trois contenus qui s'accumulent au fur et à mesure de la progression dans le temps :

- une colonisation commerciale entreprise au XVIIème siècle, qui change de nature en 1843[1] en ce qui concerne la Côte d'Ivoire, année d'implantation du poste d'Assinie : les commerçants-navigateurs cèdent la place aux comptoirs permanents ;
- l'accaparement de vastes terres en friche et leur mise en culture ;
- une colonisation politique et militaire qui prend fin en 1960 avec l'échec de la Communauté.

---

[1] Paul Leroy-Beaulieu définit ainsi la colonisation antérieure au XIXème siècle : « coloniser [...] c'est s'approprier des terres lointaines par la culture, c'est s'y établir sans esprit de retour dans la patrie primitive, c'est fonder une société civilisée dans un pays soit vacant, soit d'une population insuffisante » (*De la colonisation chez les peuples modernes*, Paris, 6ème édit., Félix Alcan et Guillaumin réunis, Paris, 1908, p. 141).

1.01. Colonisation commerciale jusqu'en 1843[2]

Une fréquentation assidue des côtes du Golfe de Guinée est entreprise au début du XVIIIème siècle par des « Compagnies à Charte »[3] auxquelles le roi confie, le soin de coloniser en son nom. Cette première colonisation de voisinage ne met pas expressément en cause les usages africains, quoiqu'elle favorise le développement de l'activité, de la richesse et du pouvoir des peuples côtiers, intermédiaires obligatoires entre les commerçants- navigateurs et les peuples de l'intérieur, au détriment de ces derniers[4].

L'écroulement qui succède au séisme de la Révolution et à l'éphémère gloire napoléonienne, la désorganisation ou la perte du domaine colonial, redonnent intérêt à la pénétration de l'Afrique. La restitution des comptoirs sénégalais de Saint-Louis et de Gorée avec leurs dépendances, en exécution du traité de Paris du 30 mai 1814, relance la France dans cette course aux colonies dont elle avait été écartée temporairement en raison des crises et des conflits qui l'avaient opposée aux autres puissances européennes après le 1er janvier 1792. Cependant, il serait erroné de croire que l'opinion publique française et ses leaders politiques communient dans cette stratégie. Bien au contraire, les dissensions sont vives.

Jusqu'au milieu du XIXème siècle, cette colonisation se limite pour l'Afrique Noire, à l'exception du Sénégal passé « au rang de colonie de culture depuis 1818 »[5], à la présence de commerçants implantés dans des postes ou comptoirs voisins de la côte ou des

---

[2] Les informations historiques du présent chapitre sont, pour une part importante, tirées du *Répertoire administratif Côte d'Ivoire*, p. XIII à XVIII, Archives Nationales d'Abidjan 0.161.

[3] Entreprises commerciales bénéficiaires de privilèges inclus dans une charte consentie par le roi. Le « pacte colonial » réserve à la métropole le monopole absolu des échanges avec le Sénégal (*La grande encyclopédie, inventaire raisonné des sciences, des lettres et des arts*, Société anonyme de la Grande Encyclopédie, Paris, [1885-1902], tome 30, *Soudan*, p. 301). Ce système est supprimé définitivement par le décret des 26-29 germinal, an II.

[4] Jean Suret-Canale, *Afrique noire, l'ère coloniale 1900-1945*, Terrains/ Ed. sociales, Paris, 1962, p. 16.

[5] *La grande encyclopédie...*, op. cit., tome 30, *Soudan*, p. 301.

rives des plus grands fleuves, sous la protection de maigres troupes[6]. Les puissances politiques ne leur accordent qu'un faible intérêt. Les relations entre européens et africains ressortent presque exclusivement du troc des marchandises. A l'exclusion de petites enclaves, les « comptoirs », le plus souvent implantées sur une île (Gorée), sur le rivage de la mer (Saint-Louis et San Pedro) ou celui d'un fleuve propre à être remonté par un voilier de commerce (Douala), le domaine foncier reste régi par les rois ou chefs coutumiers.

1.02. Colonisation agricole jusqu'en 1895

Le célèbre Verdier souhaite que cette forme de colonisation soit réalisée pacifiquement en accord avec les souverains locaux[7]. Au contraire, elle est instaurée sous l'égide d'une administration coloniale et de la force armée, sous des formes juridiques diverses (concessions, attributions en pleine propriété), dans une relation de conflit latent avec les populations et leurs autorités propres.

1.03. Colonisation militaire et politique

Sans vouloir écrire l'histoire de la colonisation, on peut rappeler, concernant la Côte d'Ivoire, que, commencée par la signature de traités de protectorat, elle se poursuit par une prise en main militaire et administrative qui soulève l'hostilité des populations puis une insurrection. Cette phase de l'histoire de la Côte d'Ivoire, d'une durée approximative de 130 ans, peut elle-même être scindée en trois étapes :
- de 1843 à 1893 : les préludes ;
- de 1893 à 1945 : l'exploitation ;
- de 1946 à 1960 : les tentatives d'intégration politique ou de fédération.

---

[6] J. Suret-Canale, *Afrique noire, l'ère coloniale 1900-1945*, op. cit., p. 16.
[7] Lettre adressée par Verdier au Sous-secrétaire d'État aux colonies, le 14 janvier 1889.

1.1. De 1843 à 1893 : les préludes à la colonisation politique

Ces cinquante années voient signer de nombreux traités de protectorat[8] fondés sur une double duperie : les chefs africains attendent des Français qu'ils fournissent les armes nécessaires à leurs conquêtes, tandis que ces derniers entendent assujettir les potentats locaux à leur propre besoin d'expansion[9]. Malheureusement, le rattachement de la Côte d'Ivoire au « Sénégal et dépendances » en fait une « colonie de conquête »[10], alors que ces traités attribuaient formellement la souveraineté à la seule autorité métropolitaine[11]. Il eut été convenable d'imaginer une catégorie particulière : la colonie de consensus.

---

[8] Annexe *I - Les traités de protectorat.*

[9] Voir, en ce sens, Denise Bouche, *Histoire de la colonisation française*, Tome 2, *Flux et reflux (1815-1962)*, Fayard, Paris, 1991, p. 66.

[10] Jules Ferry distingue trois catégories de colonies (JORF, Débats parlementaires, Chambre des Députés, 28 juillet 1885, p. 1665):
1° les colonies d'établissement, c'est-à-dire d'émigration,
2° les colonies d'occupation ou de cession, résultant d'une prise de possession pacifique,
3° les colonies de conquête, dont le Sénégal, le Haut--Sénégal.

[11] Voir, Annexe 1, un extrait des traités concernant les Grands Jack Jacks d'une part, Atacla et Grand Bassam d'autre part. Egalement : Jean Suret-Canale, *Afrique noire, l'ère coloniale 1900-1945*, op. cit., p. 96.
Dans le même sens : « Les trois colonies de Guinée française, de la Côte d'Ivoire et du Golfe du Bénin ont été constituées par le décret du 1er août 1889 qui les a séparées du Sénégal. Régies par le décret du 17 décembre 1891 qui, tout en maintenant l'autonomie de ces trois établissements, avait placé à leur tête un gouverneur chargé de leur direction supérieure unique, elles voient placer à la tête de chacun des trois groupes, un gouverneur indépendant (décret du 10 mars 1893, art. 1er). Cette mesure consacrait l'autonomie de ces possessions [...] Le gouverneur de la Côte d'Ivoire est chargé de l'exercice du **protectorat sur les États de Kong** et les autres territoires de la boucle du Niger » (Rapport adressé au Président de la République par le ministre du commerce, de l'industrie et des colonies, suivi d'un décret portant organisation des colonies de Guinée française, de la Côte d'Ivoire et du Golfe du Bénin, 10 mars 1893 ; JORF n° 75, 17 mars 1893, p. 1378).

On peut s'interroger sur la validité du consentement donné par les rois et chefs coutumiers, alors que le texte est libellé dans une langue dont ils n'ont, vraisemblablement, qu'une pratique rudimentaire et certainement insuffisante pour comprendre la portée du vocabulaire juridique, malgré la lecture « dans la langue du pays ». Comme le souligne Verdier[12], cette première étape « est franchie sans aucun appareil militaire. A une exception près[13], cette implantation bénéficie de l'approbation des chefs coutumiers.

Il n'y a là rien de très différent de ce qui avait caractérisé la colonisation réalisée au cours des siècles précédents: une aventure commerciale. La principale innovation vient de ce que le contact n'est plus limité aux seules populations côtières, mais qu'une pénétration est entreprise dans la profondeur du continent.

Cette période est coupée, en 1870, par la sortie provisoire de la France, de la scène coloniale, où elle revient à partir des années 1880. Une rapide expansion de ses possessions coloniales est présentée aux Français comme un substitut nécessaire à la **perte de sa puissance en Europe**[14].

En 1882 est créée la colonie « des Rivières du Sud », à laquelle appartient la Côte de l'Or (future Côte d'Ivoire). Le décret du 1er août 1889 organise politiquement et administrativement les Rivières du Sud, les Établissements français de la Côte de l'Or et ceux du Golfe du Bénin.

---

[12] Ministère de l'Intérieur, *Assinie et sa région dans l'histoire*, Archives Nationales, Abidjan, 1973, p. 72.

[13] Soulèvement des Appoloniens (également appelés « N'zima ») en 1852 devant Grand-Bassam, mécontents de l'implantation d'un comptoir permanent qui les prive de leur rôle d'intermédiaire entre les populations de l'intérieur et les négociants de passage. Les Appoloniens étaient des « étrangers » au regard des Agnis implantés précédemment, également originaires de l'actuel Ghana.

[14] « Après les malheurs que [la France] a subis en 1870... [elle] est condamnée au repos et à l'inaction en Europe... A cette cruelle nécessité, il lui faut... une consolation et une compensation » (Albert de Broglie, Sénat, 11 septembre 1884).

1.2. De 1893 à 1945 : l'exploitation

L'alourdissement de la présence coloniale (abandon de la politique des « comptoirs » côtiers, remplacée par une occupation dans la profondeur) coïncide approximativement avec l'achèvement de la période libérale : en 1892 la France adopte le tarif protectionniste Méline. L'Allemagne, la première, adopta en juillet 1879 un tarif douanier protectionniste. Après la signature de quelques traités commerciaux entre 1891 et 1896, elle renforça sa politique protectionniste dès 1902. La colonisation, répond donc à un besoin souligné par Jules Ferry[15] : sortir d'une Europe cadenassée et s'attacher une clientèle. Pour atteindre cet objectif, il aurait fallu favoriser la hausse des revenus des colonisés d'Afrique. Au lieu de cela, ils ont été exploités d'abord par l'esclavage jusqu'en 1905[16], puis par le travail forcé jusqu'en

---

[15] « [La politique coloniale] est pour [toutes les nations modernes] une nécessité, comme le débouché lui-même » (Jules Ferry, Sénat, séance du 11 décembre 1884, JO Débats du 12 décembre 1884, p. 1892).
Arthur Verdier : « Une route est ouverte vers ces pays inconnus de Kong, que l'on sait cependant habités par une population d'une civilisation supérieure à celle du littoral, capable, par conséquent, d'offrir une clientèle à nos produits manufacturés » (Ministère de l'Intérieur, *Assinie et sa région dans l'histoire*, op. cit. p. 72).

[16] Rapport au Président de la République, suivi du décret du 12 décembre 1905 relatif à la répression de la traite des esclaves en Afrique occidentale et au Congo français (JO AOF, 6 janvier 1906, p. 17-18; D.P. 1907.4, table 23). Le décret du 27 avril 1848 est resté lettre morte dans les colonies française d'Afrique en raison de dépêches ministérielles et de circulaires du Gouverneur de Dakar. C'est ainsi que plusieurs numéros du *Moniteur du Sénégal et dépendances* de 1883, publient des *états nominatifs des captifs libérés en vertu de l'article 7 du décret d'émancipation du 27 avril 1848 inscrits* [...] *sur les registres prescrits par les articles 4 et 5 de l'arrêté du 5 décembre 1857*. Le terme « captif » évoque des esclaves. Lesdits états précisent le sort du « captif » émancipé : « livré à lui-même », « livrée à elle-même », « remise à sa mère N'dambao », « Confié à Mme Louis Patterson », « confié au déclarant » (Moumar Sal, interprète), etc. Cf. en annexe un tableau des « captifs » émancipés en 1883. C. Garrier, *L'abolition de l'esclavage : du mythe de 1848 à la victoire de 1905... 1946*, in *Sociétés africaines et diaspora*, n° 11, septembre 1998, pp. 165-172. Au pays

1946[17]. On peut voir dans cette exploitation forcenée du travail des Africains, une origine de l'auto-rejet qu'on remarque fréquemment[18].

C'est au cours de cette période que va se réaliser cette « spoliation[19] légitime qui devait se justifier chaque jour » dont parle le Ministre des Colonies, Albert Sarraut. Elle est marquée par deux décades de violences sporadiques contre le colonisateur[20] puis par l'apogée de la colonisation, exaltée par l'Exposition Coloniale de Vincennes, en 1931.

L'occupant introduit le droit écrit en Côte d'Ivoire. Il faut noter que l'essentiel des populations colonisées ne pratique le français ni parlé ni écrit[21] et que, longtemps, rares sont ceux qui sont capables de comprendre le vocabulaire juridique et ses subtilités. En outre, le concept de « preuve par écrit », issu du Code civil, est totalement étranger aux mœurs africaines : en cas de litige, les génies sont appelés au moyen d'une offrande (verser un alcool sur le sol) ; nul alors, ne peut mentir sans risquer un châtiment lancé par les forces obscures. Le droit n'est pas écrit, il est dit par les anciens : En Afrique subsaharienne, un vieillard qui meurt, c'est comme une bibliothèque qui brûle.

---

baoulé, dans la seconde moitié du XIXème siècle, les « captifs » tiennent une place importante dans la production agricole, minière (or) et textile aux débouchés essentiellement africains (Thimoty C. Weskel, *French colonial rule and the Baulé People*, Clarendon Press, Oxford, 1980).

[17] La première Assemblée constituante, à laquelle participe Houphouët-Boigny, débat du nouveau Code du travail d'outre-mer dès 1945 et décide d'abolir le travail forcé. Cette abolition résulte de la loi du 11 avril 1946 qui met fin au statut de l'indigénat.

[18] « Qu'est-ce qui débilite plus vite que travailler, penser, sentir sans nécessité intérieure, sans une profonde élection personnelle, sans joie, tel un automate du "devoir" » (F. Nietzsche, *L'Antéchrist*, Gallimard, Paris)

[19] Mot attribué au Ministre des Colonies, Albert Sarraut par André Picciola (*Missionnaires en Afrique : l'Afrique Occidentale de 1840 à 1940*, Denoël, Paris, 1987).

[20] Annexe *II - La résistance des populations.*

[21] Les archives d'Abidjan gardent une note adressée au Chef de Subdivision de Gagnoa, le 25 juin 1922, et un télégramme du 12 février 1922 destiné au chef de subdivision de Soubré, relatifs aux dettes de « l'écrivain [public] Lobonion ».

La prise de la greffe juridique[22] ainsi entreprise requiert donc un long délai, par contre, elle conduit, dans l'immédiat, à une multitude de conflits.

Le commandant de cercle était assisté de quelques collaborateurs européens et d'« auxiliaires indigènes » (commis, médecin, instituteurs) parmi lesquels l'interprète jouait un rôle particulier, intermédiaire obligé entre les administrateurs (qui ignoraient les parlers locaux) et les populations (qui, au mieux, ne connaissaient que quelques bribes de français)[23].

1.3. De 1945 à 1960 : les tentatives d'intégration politique ou de fédération

Jusqu'à la Seconde Guerre mondiale, la politique appliquée en AOF vise l'assimilation[24]. Dans le discours qu'il prononce à Constantine le 12 décembre 1943, De Gaulle souligne la nécessité « d'instaurer au dedans [de chaque nation] un plus juste équilibre entre tous ses enfants »[25]. Il se peut qu'il entrevoie alors la nécessité

---

[22] Fian Assemian parle d'un « métissage juridique » qu'il dit « futur et nécessaire » (*Le droit foncier de l'Etat ivoirien*, op. cit., p. 18).
Etienne Le Roy évoque des « pratiques métissées » en matière de droit foncier, à propos des montages juridiques qui émergent spontanément ou sous l'effet des « politiques foncières officielles », conduisant à des « pratiques à caractère polyvalent et polymorphe » (*La réforme du droit de la terre dans certains pays d'Afrique francophone*, FAO, Etude législative 44, Rome, 1987, p. 28).

[23] Amadou Hampaté Bâ, *L'étrange destin de Wagrin*, 10/18, 1973.

[24] Denise Bouche, *Quatorze millions de français dans la fédération de l'AOF ?* in *Revue française d'histoire d'outre-mer* n° 255, 1982, p. 97-113.

[25] « Si, après cette guerre, dont l'enjeu est la condition humaine, chaque nation aura l'obligation d'instaurer au dedans d'elle-même un plus juste équilibre entre tous ses enfants, des devoirs plus vastes encore s'imposent aux pays qui, comme le nôtre, se sont, depuis l'âge des grandes découvertes, associé d'autres peuples et d'autres races. Il appartient à la France de faire honneur à ce contrat » (D. Boisdon, *Des institutions de la République française et de l'Union française*, Conférence prononcée au Musée de la France d'Outre-Mer, le 20 juin 1953, Centre culturel et d'Outre-Mer, Paris, 1953, p. 10).

de passer à une nouvelle étape[26]. Ce qui est certain, c'est que la Charte des Nations Unies, dans son article 73, envisage de « développer la capacité des populations de s'administrer elles-mêmes » au moyen de « leurs libres institutions politiques », mais évite d'utiliser le mot funeste: « indépendance »[27].

1.3.1. La Conférence de Brazzaville

La Conférence de Brazzaville est organisée et présidée par René Pleven, Commissaire aux Colonies, du 30 janvier au 8 février 1944[28]. Aucun africain n'est invité à y participer directement mais seulement les plus hauts responsables administratifs de l'AOF et de l'AEF[29]. Cependant, au cours de la séance du 3 février 1944, le Gouverneur Général Félix Eboué présente un rapport où il tient à exposer l'opinion des indigènes sur les problèmes soumis à la Conférence. Il donne lecture des rapports remis par les intellectuels noirs[30]. La Conférence est ouverte par une allocution de De Gaulle qui, développant une idée présente dans le discours prononcé à

---

[26] Le répression des soulèvements de Sétif (8 mai 1945 ; officiellement, 1.500 morts parmi les musulmans, plus probablement de 8.000 à 20.000) et de Madagascar en mars 1947 (89 000 morts officiellement reconnus par les autorités françaises), incite à penser que cet « équilibre » est exclusif de toute idée d'indépendance (cf. C.-R. Ageron, *De Gaulle et les indépendances des États d'Afrique noire et de Madagascar*, in *l'Afrique noire française: l'heure des Indépendances*, sous la direction de C.-R. Ageron et Marc Michel, CNRS, Paris, 1992, p. 703 à 710).

[27] Article 73 de la Charte des Nations Unies :
- assurer le progrès politique, économique et social,
- développer la capacité des populations de s'administrer elles-mêmes, de les aider dans le développement progressif de leurs libres institutions politiques.

[28] Plaquette publiée en 1945 par le Ministère des Colonies sous le titre : *Conférence Africaine Française, Brazzaville, 30 janvier 1944/8 février 1944*, Paris, 1945.

[29] Pour Raymond Dronne, le degré « d'évolution » des populations concernées ne permettait guère de dégager des représentants crédibles (*Vie et mort d'un empire...*, op. cit., p. 46).

[30] Ministère des Colonies, *Conférence Africaine Française...*, op. cit., p. 88 à 111.

Constantine en 1943, rappelle : « en Afrique française [...], il n'y aurait aucun progrès qui soit un progrès si les hommes, sur leur terre natale, n'en profitaient pas moralement et matériellement, s'ils ne pouvaient s'élever peu à peu jusqu'au niveau où ils seront capables de participer chez eux à la gestion de leurs propres affaires »[31].

La Conférence invite notamment le Gouvernement à favoriser l'agriculture par le développement de la recherche scientifique et à envoyer « une mission en Russie pour y étudier le régime du kolkhoze »[32]. C'est là une tentative pour renouer avec une certaine image d'exploitation collective des terres en lui ajoutant un label de modernité. En cela, la Conférence montre sa défiance à l'égard de la capacité des Africains à organiser leur société.

Au plan forestier, R. Dronne note que la Conférence aurait proposé la création d'une régie de la cellulose coloniale[33]. Cette disposition ne figure ni dans le compte-rendu des débats ni dans l'exposé qu'en fait René Pleven le 15 mars 1944 à l'Assemblée Consultative provisoire sur les travaux de la Conférence africaine française. Cependant, elle a pu être évoquée en marge de la conférence.

1.3.2. Le Gouvernement Provisoire et la IVème République

En 1946, les députés d'Afrique noire ne paraissent pas réclamer l'indépendance de leur territoire[34]. Pour favoriser l'intégration des populations, le 7 mai 1946, Lamine Gueye, député

---

[31] Ministère des Colonies, *La Conférence française de Brazzaville*, op. cit., p. 38.
Quoique le Président du Conseil National de la Résistance [De Gaulle] ne précise pas le délai dans lequel se réalisera ce programme, il ouvre la porte aux futures Assemblées Territoriales (J. Suret-Canale, *Essai d'histoire africaine, de la traite des noirs au néocolonialisme*, Problèmes/Ed. sociales, Paris, 1980, p. 237).

[32] Ministère des Colonies, *Conférence Africaine Française*…, op. cit., p. 52 et 124.

[33] Raymond Dronne, *Vie et mort d'un empire,...*, op. cit., p. 53.

[34] Ch.-R. Ageron et Marc Michel, *L'Afrique noire française: l'heure des indépendances*, op. cit., p. 193.

du Sénégal, fait voter la loi qui porte son nom, faisant de tous les anciens sujets, des citoyens français, **sans mettre en cause le statut civil** des intéressés, contrairement à la naturalisation pratiquée antérieurement qui imposait aux ex-sujets naturalisés de se conformer aux règles du Code civil.

Le succès du MRP (Mouvement Républicain Populaire auquel participaient notamment Georges Bidault, Robert Schuman, Pierre Pflimlin ; parti de tendance démocrate-chrétienne notamment soutenu par le clergé catholique), devançant le Parti Communiste et la SFIO (Section Française de l'Internationale Ouvrière fondée en 1905, sur les ruines duquel sera fondé l'actuel Parti Socialiste) aux élections du 2 juin 1946, empêche toute dérive indépendantiste[35]. La IVème République tente de concilier l'autonomie de décision interne de chaque territoire et l'unicité de l'Union Française. Les états généraux de la colonisation protestent le 3 août 1946 contre toute tentative constitutionnelle de « modifier l'œuvre admirable accomplie par la IIIème République dans tous les territoires de l'Empire[36] et d'abdiquer une souveraineté encore nécessaire, dans l'intérêt même des populations qui attendent toujours de la France l'ordre et la tranquillité indispensables à leur évolution vers la liberté et l'indépendance »[37]. Au cours de la séance de la seconde Assemblée constituante, du 27 août 1946, Édouard Herriot s'attaque au projet de titre VIII préparé par la commission et dénonce l'avènement d'un « fédéralisme anarchique et acéphale ». Il prononce l'éloge de la colonisation. Le 12 novembre 1954, François Mitterrand continue de vanter les mérites de l'unicité nationale, « des Flandres jusqu'au Congo »[38] alors que Pierre Mendès-France a signé la fin

---

[35] Ch.-R. Ageron et Marc Michel, *L'Afrique noire française: l'heure des indépendances*, op. cit., p. 195.

[36] On trouve ici les prémisses de la loi n° 2005-158 du 23 février 2005, à juste titre contestée.

[37] Ch.-R. Ageron et Marc Michel, *L'Afrique noire française: l'heure des indépendances*, op. cit., p. 195.

[38] « Des Flandres jusqu'au Congo, s'il y a quelque différence dans l'application de nos lois, partout la loi s'impose et cette loi est la loi française; c'est celle que vous votez parce qu'il n'y a qu'un seul Parlement et qu'une seule Nation dans les Territoires d'Outre-Mer comme dans les

de la colonisation de l'Indochine[39] au mois de juillet précédent et que l'Algérie[40] flambe depuis onze jours.

1.3.2.1. Répartition du pouvoir législatif entre le Parlement et les Assemblées Territoriales

La Constitution du 27 octobre 1946 partage le pouvoir législatif concernant les territoires d'outre-mer, entre le Parlement de Paris et les Assemblées Territoriales. Le premier cumule les fonctions qui auraient pu être dévolues à un parlement fédéral[41] : ses

---

départements d'Algérie, comme dans la métropole. Telle est notre règle, non seulement parce que la Constitution nous l'impose, mais parce que cela est conforme à nos volontés » (François Mitterrand, Assemblée Nationale, 12 novembre 1954, JORF, Débats, Assemblée Nationale n° 96 AN du 13 novembre 1954, p. 4967).

[39] Accords de Genève signés, pour la France, par Pierre Mendès-France pour la France les 21 et 22 juillet 1954 ratifiés par l'Assemblée nationale le 23 juillet 1954.

[40] Assassinat des époux Monnereau, le 1er novembre 1954; approbation des accords d'Evian par référendum, le 8 avril 1962.

[41] L'idée d'un système fédéral était apparue dès la conférence de Brazzaville : « En tout état de cause, l'organisme nouveau à créer, parlement colonial ou, préférablement, **assemblée fédérale**, devra répondre aux préoccupations suivantes: affirmer et garantir l'unité politique et la liberté locale de chacun des territoires constituant le bloc France-Colonies » (*La conférence africaine française, Brazzaville, 30 janvier-8 février 1944*, Archives de l'Assemblée Nationale de Côte d'Ivoire).

Constitution du 27 octobre 1946, article 72 : Dans les territoires d'outre-mer, le pouvoir législatif appartient au Parlement en ce qui concerne la législation criminelle, le régime des libertés publiques et l'organisation politique et administrative.

En toutes autres matières, la loi française n'est applicable dans les territoires d'outre-mer que par disposition expresse ou si elle a été étendue par décret aux territoires d'outre-mer après avis de l'Assemblée de l'Union.

Article 74 : Les territoires d'outre-mer sont dotés d'un statut particulier tenant compte de leurs intérêts propres dans l'ensemble des intérêts de la République. Ce statut et l'organisation intérieure de chaque territoire d'outre-mer ou de chaque groupe de territoires, sont fixés par la loi après avis de l'Assemblée de l'Union Française et consultation des Assemblées Territoriales.

pouvoirs propres sont limitativement énumérés : droit pénal, libertés publiques, organisation politique et administrative. La gestion du Domaine de l'État, notamment forestier, relève indiscutablement de cet ensemble. Cependant, cette période n'est marquée par aucune réforme dans ces domaines.

Les Assemblées Territoriales disposent des pouvoirs qui incomberaient à des républiques fédérées.

Tout en préservant l'unité politique de la République française, la Constitution de 1946 étend aux Territoires d'Outre-Mer, la pluralité régionale des droits (le *jus loci* aboli par la Révolution et le Premier Empire) instaurée en 1918 dans les départements de Lorraine et d'Alsace. Simultanément, l'abolition du code de l'indigénat en matière pénale à partir du 1er janvier 1946[42] supprime le pan le moins acceptable du *jus personae* du droit colonial. La diversité des statuts civils est, au contraire, confirmée par la constitution[43].

Dans le discours qu'il prononce à Bordeaux le 15 mai 1947 à l'occasion de l'inauguration d'une plaque à la mémoire de Félix Éboué, le Général De Gaulle déclare que « chacun des territoires d'outre-mer doit être considéré comme ayant son caractère propre et, par conséquent, organisé pour son compte [...] Certains sont des États avec lesquels nous avons conclu des traités [...] C'est sur la base de ces traités... que la France peut et doit apporter son concours [...] Quant aux territoires qui ne sont pas des États, chacun, dans le cadre de la souveraineté française, doit recevoir son statut à lui [...] »[44]. L'intérêt de cette allocution réside en ce qu'elle est faite par celui qui, onze ans plus tard, propose de créer une Communauté entre la France et ces territoires. Pour ce qui concerne la Côte d'Ivoire, on note qu'elle ne constituait pas un État avant sa colonisation mais qu'elle résulte de l'amalgame d'une multitude de royautés, de chefferies, en application de traités promptement trahis, dont la lettre garantit le respect des coutumes.

---

[42] Décret n° 45-0137 du 22 décembre 1945 portant suppression des sanctions ordinaires de l'indigénat (JORF, 1945, p. 8583).

[43] Cf. chap. 2 ci-après.

[44] Raymond Dronne, *Vie et mort d'un empire...*, op. cit., p. 165.

1.3.2.2. Le FIDES, loi du 30 avril 1946

Une innovation importante dans le domaine économique, est la création d'un Commissariat Général au Plan et la rédaction d'un Plan de Développement Économique et Social, premier essai de « planification indicative ». Cette nouvelle pratique concerne également les territoires d'outre-mer. La loi n° 46-860 du 30 avril 1946 tend à l'établissement, au financement et à l'exécution de **plans d'équipement et de développement** des territoires relevant du ministère de la France d'outre-mer. Ces plans doivent être établis pour dix ans et comporter la transformation de ces territoires en pays modernes pour tout ce qui concerne leur équipement public et privé et englober la production, la transformation, la circulation et l'utilisation des richesses de toute nature de ces territoires[45]. Ils ont pour objet, par priorité, de satisfaire aux besoins des populations autochtones et de généraliser les conditions les plus favorables à leur progrès social. Le ministre de la France d'outre-mer est investi des pouvoirs nécessaires pour **coordonner les activités privées** ainsi que leur suppléer, le cas échéant. Il peut créer des sociétés d'État qui doivent fonctionner avec les méthodes et la souplesse des entreprises commerciales et industrielles privées et qui ne sont soumises qu'au contrôle a posteriori de l'Inspection des colonies et de commissaires aux comptes, membres de l'Ordre national des experts comptables. Il peut soumettre à autorisation préalable la création ou l'extension des entreprises dont l'activité intéresse directement ou indirectement l'exécution des plans[46].

Le financement de ces plans est assuré par le Fond d'Investissement pour le Développement Économique et Social (FIDES) des territoires d'outre-mer[47], alimenté par une dotation de la métropole et des **contributions des territoires** votées par les assemblées locales[48]. La Caisse Centrale de la France d'Outre-Mer[49]

---

[45] Loi n° 46-860 du 30 avril 1946, article 1er.

[46] *Ibid.*, article 2.

[47] Le FIDES prend en charge le fonds de solidarité coloniale créé par l'acte dit loi du 25 octobre 1940. Il est rebaptisé « Fonds d'Assistance et de Coopération » après le 28 septembre 1958.

[48] Loi n° 46-860 du 30 avril 1946, art. 3.

est autorisée à accorder des avances, à faire des apports dans le capital des sociétés d'État ou d'économie mixte, à garantir les opérations financières destinées à faciliter l'exécution des programmes[50]. Elle gère le FIDES et assure le financement du développement économique et social des territoires d'Outre-Mer. Malgré ses imperfections, cette innovation rompt avec le principe d'autonomie financière des colonies institué en 1900[51]. Elle rend possible la mobilisation des capitaux nécessaires à la création

---

[49] Créée par les ordonnances du 2 février 1944 et du 20 juin 1945, elle avait succédé à un organisme de circonstance: la « caisse centrale de la France libre ». Elle est rebaptisée « Caisse centrale de coopération économique » depuis la Constitution du 28 septembre 1958, « Caisse Française de Développement » en 1992 puis « agence française de développement » (AFD) le 19 avril 1998.

[50] Loi n° 46-860 du 30 avril 1946, art. 4.

[51] Loi de finance du 13 avril 1900, article 33: « Le régime financier des colonies est modifié à partir du 1er janvier 1901 [...]: paragraphe 1. Toutes les dépenses civiles et de la gendarmerie sont supportées en principe par les budgets des colonies [...] Des contingents peuvent être imposées à chaque colonie jusqu'à concurrence du montant des dépenses militaires qui y sont effectuées ». Le rapport présenté au Sénat par M. Prévet, le 23 mars 1900, précise, relativement à cet article: « en principe, au lieu de continuer à prétendre importer dans toutes nos colonies, quelles que soient leur situation géographique et leur population, notre organisme administratif et notre organisation fiscale, on reconnaît qu'il faut considérer chaque colonie comme collectivité distincte, ayant des ressources propres et des intérêts particuliers, s'organisant au fur et à mesure qu'elle se développe, subventionnée éventuellement par la métropole, mais soucieuse avant tout de créer ses finances et son crédit » (Duvergier, *Collection complète des lois, décrets, ordonnances, règlements et avis du Conseil d'État, de 1788 à 1836 inclusivement par ordre chronologique, publiée sur des éditions officielles, continuée depuis 1836 et formant un volume chaque année*, tome 100ème, 1900, Librairie de la société du recueil général des lois et des arrêts, Paris., p. 157).

L'article 2 (alinéa 2) du décret du 30 août 1900 sur le régime des terres domaniales énumère les « dépenses de colonisation » parmi lesquelles figurent « les dépenses ayant pour objet la gestion du domaine, [...] l'introduction des colons et des travailleurs libres soumis au régime de l'immigration, [...] et en général toutes les dépenses destinées à favoriser le développement économique de la colonie ».

d'infrastructures puissantes. Le FIDES finance la construction du port en eaux profondes d'Abidjan qui est inauguré en 1951. Félix Houphouët-Boigny en attend les machines nécessaires à l'exploitation rationnelle des bois[52].

Hannah Arendt relève l'ambivalence de la conception française de la colonisation : « ...les Français ont réellement essayé [...] de combiner le *jus* et l'*imperium*, et de bâtir un empire dans la tradition de la Rome antique. [...] Cette entreprise audacieuse devait aboutir à une exploitation particulièrement brutale des colonies au nom de la nation. Au mépris de toutes les théories, on évaluait en réalité l'Empire français en fonction de la défense nationale (voir Gabriel Hanotaux, *Le Général Mangin*, in *Revue des Deux Mondes*, 1925, t. 27) et les colonies étaient considérées comme des terres à soldats susceptibles de fournir la *force noire* capable de protéger les habitants de la France contre les ennemis de leur nation »[53].

1.3.3. La loi-cadre de 1956

La paternité de la loi-cadre du 23 juin 1956[54] est d'autant plus discutée qu'elle fut, sans aucun doute, une oeuvre collective. Elle est présentée par Gaston Deferre, qui est alors ministre de la France d'outre-mer, avec le soutien actif de Félix Houphouët-Boigny[55], ministre délégué à la présidence du Conseil. Celui-ci est donc jusqu'en 1950 initiateur puis animateur d'un mouvement qui critique le système colonial[56] puis, en 1956, partisan de la création d'une communauté franco-africaine dans laquelle les territoires africains, jouissant d'une pleine autonomie, seraient reliés à la métropole par

---

[52] F. Houphouët-Boigny, *Rapport sur la suppression du travail forcé dans les territoires d'outre-mer*, Assemblée Nationale Constituante, 30 mars 1946, in *Anthologie des discours...*, tome 1, op. cit., p. 40.

[53] Hannah Arendt, *L'impérialisme*, op. cit., p. 377.

[54] Loi n° 56-619 du 23 juin 1956 autorisant le Gouvernement à mettre en œuvre les réformes et à prendre les mesures propres à assurer l'évolution des territoires relevant du ministère de la France d'outre-mer (J.O.R.F. n° 146 du 24 juin 1956, pages 5782 à 5784).

[55] Denise Bouche, *Histoire...*, op. cit., p. 457.

[56] *Ibid.*, p. 455.

des liens fédéraux[57]. Cette loi aurait dû conduire à cette fédération désirée par la Conférence de Brazzaville. Elle « affirme l'orientation de la politique française dans le sens de l'associationnisme et dessine les premiers contours de l'autonomie interne »[58]. Le journaliste Claude Krief note que « depuis la loi-cadre, nul ne peut parler de colonie »[59]. Allant plus loin, Catherine Coquery-Vidrovitch considère que cette loi est « la vraie naissance de l'indépendance de l'Afrique de l'Ouest francophone »[60].

Cette loi-cadre institue un collège unique pour l'élection au suffrage universel direct des assemblées territoriales. Raymond Dronne déplore[61] que ne soit pas instituée une **représentation des chefs coutumiers** soit dans une assemblée distincte (un Sénat), soit dans une section des assemblées territoriales. Il souligne que, bien que contestée par les jeunes générations, l'audience des chefs coutumiers est encore une réalité. Ce faisant, cet auteur fait table rase du mode de recrutement de ces « chefs coutumiers » depuis un demi-siècle, de leur compromission avec les autorités coloniales et de la difficulté qu'il y aurait à discerner ceux dont l'autorité est effectivement issue du passé précolonial, de ceux qui ont été mis en place malgré une absence d'audience populaire[62]. Il est presque impossible de donner à ce concept un contenu clair et incontestable.

La dualité de fonctions instituée par la Constitution de 1946 à propos du Président de la République et du Parlement est étendue au

---

[57] D'après *Les Documents de la Revue des deux mondes, Afrique noire - n° 3*, novembre 1958, p. 56.

[58] Yeyon Lisette et Marc Dumas [textes de Gabriel Lisette réunis et présentés par], *Le RDA et le Tchad, histoire d'une décolonisation*, Présence Africaine et Les Nouvelles Editions Africaines, Paris, Dakar, Abidjan, 1986, p. 260.

[59] Claude Krief, in *L'Express* n° 409, 16 avril 1959, p. 6.

[60] Catherine Coquery-Vidrovitch, *The transfer of economic power in french-speaking West Africa*, in *Decolonization and African Independence : the transfers of power, 1960-1980*, Prosser Gifford William Roger, p. 113-114.

[61] Raymond Dronne, *Vie et mort d'un empire...*, op. cit., p. 180.

[62] « L'autorité des chefs de village est très faible et celle des chefs de canton qu'on a voulu instituer dans les cercles militaires, est absolument nulle » (*Rapport d'ensemble sur la situation générale de la Guinée française en 1903*, Conakry, Imprimerie Terneaux, p. 66).

Gouverneur qui cumule les fonctions de représentant de la France dans le territoire et de représentant de ce dernier auprès de la métropole. Il partage le pouvoir au sein d'un Conseil de Gouvernement, avec les 6 à 12 ministres choisis par l'Assemblée Territoriale et responsables devant elle.

La loi-cadre laisse à des décrets le soin de « déterminer les conditions d'institution et de fonctionnement, ainsi que les attributions des conseils de circonscriptions administratives et de collectivités rurales et les modalités d'octroi de la personnalité morale à ces circonscriptions, sans que cela puisse faire obstacle à la création de nouvelles municipalités »[63]. Au mois d'avril 1957, plusieurs décrets sont publiés, modifiant le fonctionnement des institutions des territoires d'outre-mer et portant création de nouvelles en application de la loi-cadre votée l'année précédente. Parmi ces textes, on relève le décret n° 57-460 du 4 avril 1957 qui donne **compétence aux territoires** en matière de domaine et de **codification des coutumes**[64] et le décret n° 57-461 du 4 avril 1957 déterminant les conditions d'institution et de fonctionnement des **collectivités rurales** en AOF et en AEF[65]. Ils portent la signature de Félix Houphouët-Boigny en sa qualité de ministre délégué à la Présidence du Conseil. Le second cité permet de créer un nouveau type de d'institutions publiques, les « communautés rurales », disposant de la personnalité morale sous la seule condition de la présentation d'un budget équilibré[66], distinctes des communes[67], gérées par un conseil qui vote leur budget[68].

L'application de la loi-cadre aurait anticipé de près d'un demi-siècle la décentralisation administrative entreprise par Laurent Gbagbo.

---

[63] Loi n° 56-619 du 23 juin 1956, article 1er, 4°.

[64] Décret n° 57-460 du 4 avril 1957 fixant les attributions des chefs de territoire, des conseils de gouvernement et des assemblées territoriales dans les territoires de l'AOF et de l'AEF (JORF n° 86, 11-04-1957, p. 3863 sqq).

[65] JORF n° 86 du 11 avril 1957, pages 3868 et 3869.

[66] Décret n° 57-461 du 4 avril 1957, article 1er.

[67] *Ibid.*, article 6.

[68] *Ibid.*, article 4.

1.3.4. La Constitution de la Vème République française

Félix Houphouët-Boigny avait tenté de promouvoir la création d'une « République fédérale avec un Exécutif fédéral central, un Parlement fédéral central et une Cour arbitrale », à l'intérieur de laquelle « des Etats autonomes ayant la gestion de leurs affaires propres en toute indépendance, cet ensemble fédéral n'ayant la gestion que des affaires communes »[69]. Une telle innovation aurait doté la France non seulement d'un empire puissant, mais l'aurait préparée à l'indispensable création d'une Europe fédérale. Cette résurgence de ce qu'avait été la pensée des « Girondins » rayée par la guillotine sans être débattue, était incompatible avec l'absolutisme orgueilleux hérité de Louis XIV et de Napoléon, récupéré par les Jacobins dans les ruines de l'Ancien régime et perpétué par De Gaulle.

Incapable d'innover sur ce point, la Constitution de la Vème République française[70] dispose que les collectivités territoriales sont les communes, les départements et les territoires d'outre-mer[71]. Elle ne cite pas les « communautés rurales », ce qui pourrait laisser entendre que leur création n'est plus admise, à moins de considérer qu'elles soient des « collectivité publique » (décret n° 57-461 du 4 avril 1957, article 6) *sui generis*. Cette constitution consacre son titre 12[72] à la Communauté. La compétence de la Côte d'Ivoire est élargie à l'ensemble du régime foncier puisque l'article 78 ne l'inclut pas dans le champ de la Communauté[73].

En 1960, ce concept flou est remplacé par celui de Coopération, auquel certains reprochent d'être « de toute évidence,

---

[69] F. Houphouët-Boigny, *Discours prononcé au stade Géo André*, 7 septembre 1958, in *Anthologie des discours...*, op. cit., p. 198. Dans le même sens: F. Houphouët-Boigny, *Discours prononcé à Adzopé*, 24 mai 1959, même ouvrage, p. 283.

[70] Votée le 28 septembre 1958.

[71] Constitution de la Vème République, article 72.

[72] *Ibid.*, articles 77 à 82.

[73] Albert Ley, *Le régime domanial et foncier et le développement économique de la Côte d'Ivoire*, L.G.D.J., Paris, 1972, p. 212.

l'héritage de la colonisation »[74]. L'imbrication demeure entre « l'œuvre civilisatrice » chère aux radicaux[75] et le soutien de l'industrie française[76].

1.4. Le mouvement des idées

Sans entrer dans le détail d'une histoire aux rebondissements et retournements nombreux, on peut affirmer que les clivages politiques apparus au cours des débats portant sur le principe de la colonisation et ses modalités ne correspondent en rien à ceux qui divisent le monde politique français à propos des affaires intérieures.

La politique coloniale est soutenue, à ses débuts, par certains milieux commerçants puis industriels, et par les militaires qui cherchent une compensation à leur défaite de 1870 et des occasions de satisfactions professionnelles que l'Europe en paix ne peut plus leur offrir[77]. Certains auteurs, principalement marxistes affirment que l'initiative a appartenu aux milieux d'affaires[78] dont certains

---

[74] René Dumont, *Démocratie pour l'Afrique*, op. cit., p. 299.
Dans le même sens, voir J. Suret-Canale, Essais d'histoire africaine, de la traite des noirs au néocolonialisme, Problèmes/Éditions sociales, Paris, 1980, p. 240 à 243.

[75] Cette notion avait reparu dans la loi du 23 février 2005 (art. 1er et 4). Hannah Arendt constate que « devant le spectacle d'une poignée de capitalistes parcourant le globe, tels des prédateurs à la recherche de nouvelles possibilités d'investissements, flattant la soif de profit chez les bien-trop-riches et l'instinct de jeu chez les bien-trop-pauvres, les historiens contemporains voudraient revêtir l'impérialisme de l'antique grandeur de Rome ou d'Alexandre le Grand, grandeur qui rendrait la suite des évènements humainement plus tolérable » (*L'impérialisme*, in *Les origines du totalitarisme*, Quarto/Gallimard, Paris, 2002, p. 381).

[76] Les prêts accordés par la Caisse Française de Développement et les dons consentis par le Fonds d'Aide et de Coopération ne peuvent être utilisés que pour l'achat de biens ou services produits par le pays bénéficiaire ou la France.

[77] « Il est évident qu'elles [les expéditions coloniales] étaient une grande tentation pour des officiers qui désiraient de l'avancement » (Comte d'Agoult, 30 novembre 1900, Chambre des Députés, séance du 30 novembre 1900, *Annales de la Chambre des Députés*, 1900, p. 582).

[78] En ce sens, toute l'œuvre de Jean Suret-Canale et plus particulièrement:

radicaux derrière Jules Ferry[79], des militaires tel Faidherbe[80], des administrateurs tel Angoulvant[81] ou des théoriciens comme Paul Leroy-Beaulieu[82] ne seraient que les représentants. Le 18 novembre 1890 est créé le Comité de l'Afrique française dont les membres constituent une sorte d'échantillonnage de ces divers milieux : un directeur de presse et homme d'affaires, le prince Auguste-Louis-Albéric d'Arenberg (*Journal des Débats*), président de la Compagnie du Canal de Suez de 1896 à 1913, l'un de ses journalistes, Harry Alis (pseudonyme d'Hippolyte Percher,

---

Afrique Noire occidentale et centrale, géographie, civilisation, histoire, Ed. Sociales, Paris, 1961, *Afrique noire, l'ère coloniale 1900-1945*, op. cit.

[79] Cette appréciation est confirmée par le contenu des interventions de Jules Ferry devant le Sénat en 1884 et 1885, qui placent la recherche de débouchés en tête de ses préoccupations. Voir en particulier le programme qu'il expose à la Chambre des Députés, le 28 juillet 1885, malgré l'incident de Lang Son. « Les maîtres de forge de Lorraine ont eu l'oreille de Jules Ferry » (*Les techniciens de la colonisation (XIXe-XXe siècles)* [ouvrage collectif], p. 4).

[80] Les auteurs s'accordent pour souligner ses liens avec la maison Maurel et Prom créée à Bordeaux en 1822, implantée à Saint-Louis, et les pressions exercées par les notables de cette ville pour obtenir son affectation au Sénégal. En particulier : Jean Suret-Canale, *Afrique Noire occidentale et centrale, géographie, civilisation, histoire*, Ed. Sociales, Paris, 1961, page 181 ; dans le même sens: *La grande encyclopédie, inventaire raisonné des sciences…*, tome 30, *Soudan*, p. 301.

[81] Le général Hilaire décrit le Gouverneur Angoulvant comme « un affairiste forcené faisant assez cyniquement ses propres affaires en même temps qu'accessoirement, au petit bonheur, celles de la colonie » (*Du Congo au Nil*, A.S.C.G., Marseille, 1930). F. Challaye évoque le « cadeau » accepté par G. Angoulvant en 1919 de la compagnie Sangha-Oubangui, sous la forme de 8.000 actions de cette société, en remerciement duquel il envoie au ministre un avis favorable à la modification de la concession demandée (F. Challaye, *Souvenirs sur la colonisation* [messages d'Alain, d'André Gide, Paul Langevin, Romain Rolland] - [s.i.] -Edité par des amis, 1935).

[82] Paul Leroy-Beaulieu, *De la colonisation chez les peuples modernes*, op. cit., Le livre 2ème, *De la colonisation au XIXème et au XXème siècle* comporte deux chapitres sur le thème des colonies d'exploitations, le premier concernant les colonies anglaises (« colonies d'exploitation ou de plantation : colonies anglaises »), le second traitant des colonies françaises (« colonies d'exploitation : colonies françaises »).

rédacteur au *Journal des Débats*), des militaires, Binger (capitaine) et de Galliffet (général)[83], l'économiste et universitaire, Paul Leroy-Beaulieu.

Les historiens marxistes soulignent la relation existant entre l'expansion coloniale et le développement du capitalisme dont la dominante est successivement marchande, industrielle puis financière[84]. Au contraire, Raymond Aron soutient que l'étude des grands intérêts économiques dans les conquêtes coloniales, n'aboutit ni à des conceptions simples ni à des thèses catégoriques : l'incitation à la conquête viendrait parfois du monde économique, mais bien souvent l'initiative partirait du personnel politique[85]. D'une manière générale, c'est le hasard des circonstances créées par des initiatives individuelles qui prévaut[86].

Parmi les mobiles présentés pour légitimer la colonisation, on relève :

- la conquête de débouchés[87],
- les opportunités de placements financiers[88],

---

83 Ministre de la Guerre en 1899 dans le gouvernement de centre-gauche de Waldeck-Rousseau, il demande la révision du procès de Dreyfus.

84 Jean Suret-Canale, *Afrique Noire occidentale et centrale, géographie...*, op. cit. p. 178 à 247.

85 Raymond Aron, *Démocratie et totalitarisme*, Gallimard, Paris, 1965, p. 148. En ce sens, Verdier, le premier colon important de la Côte d'Ivoire, ne souhaitait rien d'autre que des accords établis entre les négociants et les chefs coutumiers, sans intervention militaire.

86 « Pendant la période de délimitation de l'Afrique occidentale, des expéditions ont été entreprises **un peu au hasard**. [...] Il est nécessaire que les officiers comprennent que nos colonies ne sont pas un champ d'action pour leur énergie guerrière et que le moment de les mettre en exploitation est arrivé » (comte d'Agoult, Chambre des Députés, séance du 30 novembre 1900, JORF, 1er décembre 1900, p. 2105).

87 René Servatius, gouverneur du Sénégal : « Le but poursuivi par la France dans la Sénégambie comme au Soudan n'est pas un but de conquête : c'est un but de civilisation et de progrès. Ce qu'elle ambitionne, ce n'est pas d'agrandir son territoire, c'est de créer de **nouveaux débouchés pour son industrie**, de nouveaux éléments d'échange pour son commerce » (*Moniteur du Sénégal et dépendances* n° 1425, 24 avril 1883, p. 79).

88 Une forme de colonisation « qui s'adapte aux peuples qui ont un superflu

- la demande formulée par les futurs colonisés eux-mêmes[89] et l'intérêt que les deux partenaires tirent de la colonisation[90],
- à la fin du XIXème siècle, la nécessité pour une grande nation, de montrer sa puissance[91],
- le droit et le devoir, pour les « races supérieures », de « civiliser le races inférieures »[92], les « peuplades incohérentes »[93] ou

---

de capitaux ou bien un excédent de produits » (Jules Ferry, Chambre des Députés, 28 juillet 1885, JORF, Débats parlementaires, p. 1665).

[89] En 1882, « on commençait à s'aviser que la moitié du globe environ, à l'état sauvage ou barbare, **sollicitait** l'action méthodique et persévérante des peuples civilisés » (Paul Leroy-Beaulieu, *De la colonisation chez les peuples modernes*, op. cit., *Préface de la quatrième édition*, p. XI).

[90] « Étant admis que le but de la colonisation est de mettre une **société nouvelle dans les meilleures conditions de prospérité** et de progrès et que la métropole ne peut que tirer avantage du développement de la richesse, de la population et de la puissance de ses colonies [...] » (Paul Leroy-Beaulieu, *De la colonisation chez les peuples modernes*, op. cit., *Préface à la première édition*, p. XXVII).

« Le paysannat indigène constituant précisément la grande masse des producteurs coloniaux, tout ce qui sera réalisé pour accroître son bien-être, pour faciliter son évolution économique et sociale et, par suite, pour augmenter son rendement et son pouvoir d'achat contribuera à ouvrir aux exportations métropolitaines, le marché immense que représentent ces éventuels consommateurs » (Rapport du ministre des colonies Louis Rollin au Président de la République, 5 septembre 1935 - présentation d'un projet de décret portant création d'un comité d'action colonisatrice et de paysannat indigène - in *Bulletin officiel du ministère des colonies*, 1935, tome 49ème, n° 1 à 12, Paris, 1936, p. 919, n° 575).

[91] Jules Ferry, Chambre des Députés, 28 juillet 1885 (JORF, 1885, p. 1669) : « les nations... ne sont grandes que par l'activité qu'elles développent ». Du même, le même jour: « une marine comme la nôtre, ne peut pas se passer, sur la surface des mers, d'abris solides, de défenses, de centres de ravitaillement »; plus loin : « [les partis monarchiques voudraient imposer à la France] une politique de pot-au-feu » (JORF, 1885, p. 1670).

[92] Jules Ferry, Chambre des Députés, 28 juillet 1885, « Je répète qu'il y a pour les races supérieures un droit, parce qu'il y a un devoir pour elles. Elles ont le devoir de civiliser les races inférieures ».

[93] « Aujourd'hui, [le mouvement colonisateur] a embrassé tous les **espaces restés vacants** sur le globe ou habités soit par des peuples endormis et languissants, soit par des peuplades incohérentes, démunies du sens du

« sauvages »[94]. D'autres, plus directs, se contentent de « réclamer [...] la suprématie entière de la race blanche sur l'indigène. Ennemi de toute violence, de toute brutalité inutile [mais] adversaire déterminé de cette fausse philanthropie qui s'appelle la négrophilie [...] »[95]. Le Gouverneur Angoulvant n'hésite pas à justifier son action et la répression qu'il a conduite, par « l'intérêt supérieur de la civilisation »[96]. Dans cette optique, « la colonisation est définie juridiquement comme une curatelle: il appartient aux peuples que le hasard de l'évolution favorise, d'aider au progrès des peuples laissés en arrière »[97],

- les « conceptions humanitaires les plus élevées »[98],

---

progrès et incapables d'exploiter les régions où le sort les a placées » (Paul Leroy-Beaulieu, *De la colonisation...*, op. cit., *Préface de la cinquième édition*, page V).

[94] G. Angoulvant emploie cet adjectif à propos des Abbeys placés « au dernier échelon de l'humanité » (*La pacification de la Côte d'Ivoire*, Larose, Paris, 1916, p. 281). Parlant des Dans, il précise: « sauvages irréductibles » (même ouvrage, p. 252). Dans un sens voisin, Daniel Boisdon expose : « dans nos territoires africains, nous n'avions, en général, [...] trouvé que des institutions politiques rudimentaires et des civilisations relativement primitives » (D. Boisdon ; *Des institutions de la République française et de l'Union française*, Conférence prononcée au Musée de la France d'Outre-Mer le 20 juin 1953, Centre culturel et d'Outre-Mer, Paris, 1953, p. 9). Au contraire, dans l'ouvrage qu'il publie en 1921, Maurice Delafosse proteste contre le mépris dans lequel sont tenues les civilisations noires « à des milliers de stades de l'humanité proprement primitive » (M. Delafosse, *Les noirs d'Afrique*, Payot, Paris, 1921).

[95] Profession de foi du candidat Pierre D'Espagnat; élection du délégué de la Côte d'Ivoire au Conseil Supérieur des Colonies, le 14 mars 1897 (JOCI n° 12, décembre 1896 - pages 6 à 8).

[96] L'administrateur « a pour mission d'administrer... C'est, en fin de compte, en vue des buts à atteindre dans l'intérêt supérieur de la civilisation, imposer des règlements, limiter les libertés particulières au profit de la liberté de tous, percevoir des taxes » (G. Angoulvant, *La pacification de la Côte d'Ivoire*, op. cit., p. 22).

[97] A. Picciola, *Missionnaires en Afrique...*, op. cit., p. 224.

[98] Jules Ferry, 28 juillet 1885 (JORF Débats parlementaires, Chambre des Députés, p. 1664, 29 juillet 1885).

Dans le même sens, François Piétri, Ministre des Colonies en juin 1930, déclarait dans un discours prononcé à Lorient : « là où [la France] a trouvé

- après 1871, la préparation à la reprise des hostilités contre l'Allemagne[99], puis, après le Grande Guerre, le redressement de la patrie[100].

Les campagnes coloniales donnent également un exutoire à l'ambition de certains militaires ; elles détournent les émules de Bazaine[101], Mac-Mahon[102] et de Boulanger[103] de briguer les suffrages ou tenter un *pronunciamiento*. Cela conduit certains à tenter de se construire un empire, tels le capitaine Voulet et le lieutenant Chanoine[104] en Afrique centrale, en 1898-1899.

---

la féodalité, la rapine et la misère, elle a su, au prix souvent du meilleur de son sang, instaurer la prospérité et la justice » (François Piétri, *Veillons au salut de l'Empire*, Édit. de France, Paris, 1937, p. 59-60). Cette affirmation de « la souffrance du peuple » antérieure à la colonisation et de « l'immense espoir qui... a soulevé les masses africaines à l'arrivée des français » se retrouve dans un article publié par *Réveil* de Dakar en décembre 1947, portant la signature de Félix Houphouët-Boigny (in *Anthologie des discours 1946-1978*, tome 1, op. cit., p. 49).

99 « L'œuvre coloniale [...] doit redonner à notre pays le goût des entreprises extérieures, le faire sortir de cet état renfermé en lui-même dans lequel il s'empoisonne de ses propres divisions. Elle lui donnera une vie plus large et lui permettra de lutter contre les races rivales » (comte d'Agoult, Chambre des Députés, séance du 30 novembre 1900, JORF, 1er-12-1900, p. 2105).

100 Albert Sarrault, *La mise en valeur des colonies françaises*, Payot, Paris, 1923, p. 27.

101 Resté enfermé dans Metz, le général Bazaine avait songé à profiter de l'effondrement de la France (1870) pour devenir régent du futur Napoléon IV (Paul Willing, *L'armée de Napoléon III (2)*, Preal, Arcueil (37110), 1984, p. 111.

102 Quoique battu à Frœschwiller le 6 août 1870 puis, le 30, à Beaumont et à Mouzon, ce qui conduit à la capitulation de Sedan, le Maréchal de Mac Mahon devient président de la République le 24 mai 1873 à la suite de la démission de Thiers.

103 Après un triomphe électoral à Paris le 27 janvier 1889, le général Boulanger est dissuadé de commettre un putsch par sa maîtresse, Marguerite de Bonnemains.

104 Voulet et Chanoine sont auteurs de crimes qui provoquent l'indignation du gouvernement présidé par Charles Dupuy, qui lance le colonel Arsène Klobb à leur poursuite. Le 14 juillet 1899, le capitaine Voulet ordonne le feu sur le colonel Klobb qui est tué.

Derrière les économistes et les hommes politiques, la presse spécialisée s'intéresse à la colonisation tels le *Journal du commerce maritime et des colonies* (1876) et *L'Economiste français* (1861) de Jules Duval (1813-1870) qui sont largement consacrés aux activités coloniales.

Au début du XXème siècle, des artistes, Gauguin, Braque, Picasso, Matisse, Derain, et aussi Kirchner et les expressionnistes allemands, commencent à acheter des objets africains, peut-être séduits par la magie et la violence du mauvais sauvage[105].

L'idée d'un intérêt commun au colonisateur et aux colonisés se retrouve un siècle et demi chez Houphouët-Boigny : « Nous voulons poursuivre [...] notre propre expérience, une expérience sans précédent dans l'histoire déjà longue des peuples : une communauté d'hommes, de continents, de races, de religions, de **degrés de civilisation différents**, mais engagés dans un même combat pour le bien-être, la justice, la liberté, l'égalité, la fraternité [...], une communauté d'homme différents, mais égaux en droits et en devoirs. [...] Nous avons besoin de la France pour notre émancipation humaine et sociale, la France a besoin de nous pour assurer la permanence de sa grandeur, de son génie dans le monde »[106] Membre du Comité Consultatif Constitutionnel en 1958, il s'opposait à un amendement introduisant dans le projet de constitution, le droit à l'indépendance : « J'ai immédiatement réagi en faisant remarquer que cet amendement signifiait que les peuples intéressés ne se faisaient pas confiance, alors que plus d'un demi-siècle de vie commune démontrait le contraire, en dépit des abus et des tracasseries de la colonisation ».

En 1926, Anatole France dénonce la violence inhérente à la colonisation : « le principe fondamental de toute guerre coloniale est que l'Européen soit supérieur aux peuples qu'il combat (...) Il convient, dans ces sortes de guerres, que l'Européen attaque avec de l'artillerie et que l'Asiatique ou l'Africain se défende avec des flèches, des massues, des sagaies et des tomahawks. On admet

---

105 Yves Le Fur, *Variation autour de la figure de l'Autre*, in *Magazine littéraire* n° 457, oct. 2006, p. 19.

106 Houphouët-Boigny, 6 mars 1957, *Accueil du Ministre de la Justice, François Mitterrand.*

qu'il se soit procuré quelques vieux fusils à pierre et des gibernes ; cela rend la colonisation plus glorieuse... »[107].

La colonisation se réalise sur un fonds d'intérêts immédiats, malgré les contestations des colonisés. En 1929, François Piétri, ministre des colonies, rappelle avec quelque cynisme que, précédemment, « un vrai colonial [était] celui qui [savait] faire rendre à un pays lointain, le maximum de profit dans le minimum de mécontentement »[108].

La gauche radicale, quoique favorable à la colonisation, moyen nécessaire pour diffuser la pensée laïque et républicaine, en conteste parfois les méthodes[109]. La hiérarchie catholique est également favorable à la colonisation[110] : dans un cours professé en 1930 par le Père Joseph-Th. Délos, on lit : « le bon sens proteste contre cet excès de logique [la « liberté des peuples inférieurs »] et la doctrine classique elle-même ne peut souffrir que la volonté d'un roitelet nègre ou les décisions d'un palabre de sauvages arrêtent l'essor de la civilisation, lié à l'expansion politique des grands peuples porteurs de la culture »

L'anti-colonialisme groupe des hommes et des intérêts aussi variés que contradictoires[111], outre la droite royaliste[112], qui trouve là

---

[107] A. France, *Sur la pierre blanche*, Calmann-Lévy, Paris, 1926, p. 208)

[108] François Piétri, *Veillons au salut de l'Empire*, op. cit., p. 272.

[109] Le sénateur Granet déclare : « nous sommes contre votre méthode et non contre la politique coloniale » (JO, Débats parlementaires, Chambre des Députés, séance du 28 juillet 1885, page 1667).

Georges Clemenceau pour lequel la « politique coloniale est un simple acte de démence » (JO, Débats parlementaires, Chambre des Députés, séance du 28 juillet 1885, page 1661, colonne 3). Cependant, « Clemenceau, parce qu'il se sentait si désespérément inquiet pour l'avenir de la nation française, devint "impérialiste" dans l'espoir que les effectifs en provenance des colonies protégeraient les citoyens français contre leurs agresseurs » (Hannah Arendt, *L'impérialisme*, op. cit., p. 382).

[110] Père Joseph-Th. Délos, *L'expansion coloniale est-elle légitime ?* cours publié dans *Les semaines de Marseille*, XXII, 1930, p. 109 à 136.

[111] Pour une vue d'ensemble sur cette nébuleuse, voir Jean-Pierre Biondi et Gilles Morin, *Les anticolonialistes (1881-1962)*, Pluriel/Laffont, Paris, 1992.

[112] En ce sens l'intervention d'Albert de Broglie au Sénat, le 11-12-1884.

ne occasion de contredire les « républicains ». Ses thèmes peuvent être regroupés en quatre ensembles :

1° Les colonies sont un fardeau pour une métropole affaiblie par la défaite de 1871[113]. Cette position est principalement celle des notables ruraux pour lesquels le sucre colonial concurrence celui tiré de la betterave et préfèrent que l'argent dépensé pour l'équipement des colonies profite à l'agriculture métropolitaine[114]. Au contraire, comme noté plus haut, la loi impose, depuis 1826, à la colonie de Côte d'Ivoire, de couvrir l'ensemble des dépenses nécessaires à son administration, ainsi qu'à l'intervention éventuelle de forces de répression.

2° De 1870 à 1914, autour des milieux royalistes, est développé le thème selon lequel les colonies détournent l'armée de sa tâche principale qui est la « revanche » et la reconquête des départements et de l'honneur perdus en 1870. Au contraire, certains comptent sur les colonies, au moment de la revanche, pour fournir des baïonnettes qui marcheront toute seules.

3° Un troisième thème, centré non plus sur le colonisateur mais sur les colonisés, soutient leur droit à l'indépendance. Il est défendu par la gauche humaniste, énoncé par Jean Jaurès à partir de 1912, percevant le « réveil des peuples colonisés »[115] après avoir soutenu

---

[113] « Un grand développement colonial est un luxe et un surcroît de puissance pour une nation qui déborde de force et de prospérité. Pour une nation momentanément affaiblie, c'est une charge qui la grève, qu'elle ne peut pas supporter longtemps, et qui avant de lui échapper peut avoir amené la ruine tout à la fois de la colonie et de la métropole » Albert de Broglie, Sénat, séance du 11 décembre 1884, (JORF Débats, 12-12-1884, p. 1887).

[114] Le sénateur Mayran déplore que les millions que Jules Ferry demande d'affecter, à titre de crédits supplémentaires, pour le service du Tonkin, ne soient pas « employés à soulager l'agriculture » (Débats parlementaires, Sénat, séance du samedi 16 août 1884, JORF, 7 août 1884, p. 1475). Ce thème est récurrent contre la politique coloniale ; on la rencontre sous la forme « plutôt la Corrèze que le Zambèze » ; au milieu des années 1950, elle est notamment affichée par le journaliste Raymond Cartier.

[115] Intervention prononcée à la Chambre des Députés le 28 juin 1912 au cours de la 17ème délibération sur le projet de loi portant approbation du traité conclu entre la France et le Maroc, le 30 mars 1912, pour l'organisation du protectorat français dans l'empire chérifien : Jean Jaurès se refuse à pardonner « ceux qui ont écrasé cette espérance de progrès

la cause coloniale en raison de sa « mission civilisatrice ». Cet éclair prémonitoire ne connaîtra un début de concrétisation qu'en 1955, à Bandung[116].

A partir de 1945, l'anti-colonialisme devient l'un des thèmes majeurs du Parti Communiste (auquel est apparenté Houphouët-Boigny jusqu'en 1950), suivi par une partie du mouvement socialiste, puis par cette part de la droite qui considère le coût des colonies et que fascinent les avantages tirés par les Pays-Bas de la perte de l'Indonésie[117]. Par contre, les partis de la gauche modérée continuent fidèlement la politique coloniale.

A l'exclusion de ceux qui émanent d'anciens fonctionnaires coloniaux, la plupart des écrits postérieurs à la fin de la colonisation négligent d'en évoquer la face positive[118] et insistent sur ses inconvénients pour les peuples colonisés[119], ou pour le colonisateur[120].

---

pacifique et humain, la civilisation africaine, sous toutes les ruses et sous toutes les brutalités de la conquête ». Il entrevoit l'éveil d'une autre force : « tous ces peuples [...] jusqu'ici inertes ou qui le paraissent [...] et qui, maintenant, se réveillent, réclament leurs droits [...] races d'Afrique [...] » (JORF, Chambre des Députés, du 29 juin 1912, pages 1834 à 1845).

116 Odette Guitard, *Bandoeng et le réveil des peuples colonisés*, PUF, *Que sais-je*, 1976, n° 910.

Aucun représentant des territoires français d'Afrique ne participe à cette conférence afro-asiatique (communiqué de Bogor, O. Guitard, p. 27) tenue du 18 au 24 avril 1955.

117 Cf. les articles publiés à l'été 1956 dans Paris-Match par Raymond Cartier sous le titre collectif *La France noire*, 11 août 1956, n° 383; 18 août 1956, n° 384; 1er septembre 1956, n° 386.

118 Au contraire, Pierre Moussa souligne la réciprocité des avantages économiques du commerce colonial (*Les chances économiques de la communauté franco-africaine*, A. Colin, Paris, 1957, p. 62).

119 Exemple : J. Suret-Canale, dont l'ensemble de l'œuvre est un réquisitoire contre l'action coloniale tant antérieure aux « indépendances » (*Afrique Noire occidentale et centrale...*, op. cit. ; *Afrique noire, l'ère coloniale 1900-1945*, op. cit.) que postérieure (*Essai d'histoire africaine, de la traite des noirs au néocolonialisme*, Problèmes/Éditions sociales, Paris, 1980).

120 Exemple : Raymond Cartier, articles publiés dans *Paris-Match* à l'été 1956, évoqués plus haut.

Dans un sens voisin, J. Mistral se demande si « l'incapacité séculaire » de

L'un des effets incontestable de la colonisation de la Côte d'Ivoire, est d'avoir réuni en un même ensemble politique, « soixante tribus qui ne se comprenaient pas »[121].

1.5. Les contradictions

Henri Labouret résume les contradictions internes de la colonisation en notant que : « la politique d'association est fondée sur le **respect des mœurs, des coutumes** et des religions ; elle substitue partout l'entraide à l'**exploitation pure et simple** des forces indigènes, à l'**usurpation de leurs biens** et de leur propriété foncière [antérieurement pratiquées]. [...] réservant avec une inébranlable fermeté tous **les droits de la domination** et tenant compte de ses exigences »[122]. Elles se manifestent tant dans l'application des « principes de la civilisation »[123], que dans les relations entre les partis[124], les acteurs de la colonisations[125] ou même dans les attitudes

l'industrie française de production de biens d'équipement, « à dégager un excédent significatif » n'est pas l'un des effets du système colonial (*Compétitivité et formation du capital en longue période*, in *Économie et Statistique* n° 97, février 1978, p. 8).

[121] Félix Houphouët-Boigny, *Hommage à son village natal*, 3 mai 1956, in *Anthologie des discours*, op. cit., p. 125.

[122] Henri Labouret, *A la recherche d'une politique indigène dans l'Ouest africain*, Comité de l'Afrique française, Paris, 1931, p. 13.

[123] Décret du 10 novembre 1903, article 47 (JORF n° 319, 24 novembre 1903, p. 7094 à 7097).

[124] La gauche est divisée sur les méthodes et la justification même de la colonisation : Jules Ferry pousse à son expansion, ce qui brise sa carrière ministérielle en 1885, tandis que Clémenceau y voit un acte « de haute trahison ». Le débat porte alors sur un projet de loi attribuant aux ministres de la Guerre, d'une part, de la Marine, d'autre part, un crédit supplémentaire au titre de corps expéditionnaire du Tonkin et du service du Tonkin. Il rapproche, très provisoirement, les positions d'Albert de Broglie, proche de Mac Mahon et de Clemenceau (Ch. des Députés, 30 mars 1885 ; JORF Débats Parlementaires, Chambre des Députés, 31 mars 1885, p. 704).

[125] « Le côté humanitaire et civilisateur » de la colonisation vanté par Jules Ferry (Ch. Députés, 28 juillet 1885) s'oppose aux répressions menées dès les premières années (Côte d'Ivoire : notamment 1904-1915 ; cf. Annexe II).

qu'un même acteur adopte face à des circonstances différentes[126]. C'est ainsi que l'application du décret du 27 avril 1848 portant abolition de l'esclavage est différé de 57 ans en Afrique[127] : le respect des mœurs indigènes sert de paravent à la crainte de voir une interdiction rigoureuse de cette pratique compromettre l'ordre public[128].

1.5.1. Diffuser les bases de la « civilisation »

Comme en France, le vecteur de la « civilisation » et d'abord de la langue française, est l'école. Dès la fondation des premières

---

[126] La proclamation de l'Assemblée nationale placée en tête de la constitution du 4 novembre 1848 souligne que « [la République française] respecte les nationalités étrangères, comme elle entend faire respecter la sienne ; n'entreprend aucune guerre dans des vues de conquête, et n'emploie jamais ses forces contre la liberté d'aucun peuple » (*Moniteur Universel...* n° 312 du 7 novembre 1848, § V de la proclamation). Ce texte ne vise pas les colonies dont la conquête continue. L'article 109 de la même constitution exclut que les peuples colonisés bénéficient d'une quelconque liberté si chère aux républicains : « le territoire de l'Algérie et des colonies est déclaré territoire français et sera régi par des lois particulières, jusqu'à ce qu'une loi spéciale les place sous le régime de la présente constitution ». Ce texte ouvre la voie au sénatus-consulte du 3 mai 1854.
Clozel réprime les soulèvements qui marquent le début du siècle tandis qu'il se prend d'intérêt pour les coutumes des peuples qu'il colonise. Angoulvant, renonçant à la « pénétration pacifique », réprime durement le soulèvement des Abbeys entre 1907 et 1915, en même temps qu'il cherche, à partir de 1912, à favoriser les indigènes qui plantent des essences utiles en remplacement des arbres naturels abattus allant jusqu'à leur transférer la propriété des parcelles ainsi reboisées (cf. chap. 4 ci-après).
L'Eglise romaine effectue un travail considérable d'enseignement, de prédication, etc, mais perpétue jusqu'à la Seconde Guerre Mondiale la doctrine héritée d'Aristote, de « l'inégalité naturelle des peuples » (le Père Joseph-Th. Délos, *L'expansion coloniale est-elle légitime ?* op. cit.).

[127] Rapport au Président de la République, suivi du décret du 12 décembre 1905 relatif à la répression de la traite des esclaves en Afrique occidentale et au Congo français (JO de l'AOF, 6 janvier 1906, p. 17-18; D.P. 1907.4, table 23).

[128] Débat au Sénat, 1er mars 1880, JORF 2 mars 1880, p. 2419 à 2427

écoles au Sénégal en 1817, l Gouverneurs Généraux successifs affirment leur intérêt pour l'institution scolaire, en vue d'une plus grande emprise sur les populations autochtones. Dans une circulaire du 22 juin 1897, le Gouverneur général E. Chaudié écrit : « L'école est, en effet, le moyen le plus sûr qu'une nation civilisatrice ait d'acquérir à ses idées les populations encore primitives et de les élever graduellement jusqu'à elle. [...] C'est aussi l'élément de propagande de la cause et de la langue française le plus certain dont le Gouvernement puisse disposer. [...] C'est l'esprit de la jeunesse qu'il faut pénétrer et c'est par l'école, et l'école seule, que nous y arriverons ». Le Gouverneur Général William Ponty renchérit dans une circulaire du 30 août 1910 : « C'est [l'école] qui sert le mieux les intérêts de la cause française et qui, en transformant peu à peu la mentalité de nos sujets, nous permettra de les acquérir à nos idées sans heurter aucune de leurs tradition »

Dans ce but, succédant à l' « école des fils de chefs », est créée à Saint-Louis en 1903, l'« Ecole normale d'instituteurs », devenue en 1915 « École normale William Ponty ». Elle est regroupée en 1921 avec l'Ecole Faidherbe qui forme les cadres administratifs. Elle compte parmi ses élèves, Houphouët-Boigny[129] qui y devient instituteur (*1918-20*) puis médecin de brousse (*1925-40*). A l'Ecole Normale William Ponty, le jeune Houphouët a pu être influencé par l'exemple de Blaise Diagne, député et secrétaire d'État, entièrement acquis à « l'idéologie assimilationniste »[130] qui, en 1917, organise le recrutement de tirailleurs envoyés sur le front, en France.

De même, sont créées des Ecoles normales rurales dans différents territoires[131] Des boursiers sont envoyés étudier en

---

[129] En baoulé, *Houphouët* signifie « balayure à jeter » pour éloigner le mauvais sort, et *Boigny*, « bélier ».

[130] Elikia M'Bokolo, *L'Afrique au XXème siècle, le continent convoité*, Seuil, Paris, février 1985, p. 139.

131 Le Gouverneur général de Coppet (novembre 1937) précise que ces Écoles normales rurales seront créées au Sénégal, en Côte d'Ivoire, au Dahomey. Il ajoute, concernant la création d'une École normale de jeunes filles, « sur le plan social et moral rien de stable et de durable ne sera réalisé tant que les femmes n'auront pas fait admettre au foyer indigène

France. C'est ainsi que le *Moniteur du Sénégal et dépendance* (n° 1449, 25-09-1883, p. 211) emprunte à *la Gironde* la liste des boursiers qui ont obtenu des nominations au lycée de Bordeaux.

L'instruction des jeunes filles n'est pas oubliée puisqu'un arrêté du 21 Juillet 1938 institue une École normale de jeunes filles de l'Afrique Occidentale Française.

L'école devait former les auxiliaires indigènes (interprètes, moniteurs d'écoles, infirmiers...) nécessaires au fonctionnement de l'administration naissante.

Après l'Indépendance (7 août 1960), le nouveau gouvernement conserve le même objectif principal à l'enseignement. C'est ainsi qu'alors qu'il affirme que l'agriculture est à la base de l'économie nationale, il n'ouvre aucune classe qui dispense les connaissances agricoles de base et prépare aux CAP agricoles. Les seules écoles, outre l'Ecole Nationale Supérieure d'Agronomie, sont celles de Bingerville et Bouaflé qui préparent les techniciens et techniciens supérieurs nécessaires à l'administration agricole, celle de Bouaké (transférée au Banco) qui prépare ceux des Eaux et Forêts. Ce n'est que tardivement que sont ouverts à Bingerville et Bouaflé deux centres de formation des éleveurs qui ne dispensent qu'une très brève formation qui n'est que qualifiante.

1.5.2 Absence de continuité de la politique coloniale

Parmi les constantes de cette période, on relève une absence de cohérence et de continuité dans l'action du colonisateur[132], la multiplicité de ses tentatives parfois contradictoires, liées à la diversité des opinions en France : les clivages qui se manifestent à propos du problème colonial ne coïncident jamais avec ceux relatifs aux conflits intérieurs ou aux relations européennes.

---

nos principes et nos méthodes », *L'Education africaine*, n° 98, oct.-déc. 1937.

[132] Charles Robert Ageron note : « l'empirisme, la demi-mesure, le laisser-aller ou le refus d'agir ont caractérisé la politique coloniale jusqu'en 1938 » (*La perception de la puissance française en 1938-1939, le mythe impérial*, in *Revue française d'histoire d'outre-mer* n° 254, 1er trim. 1982, p. 8).

1.5.3. Ambiguïté du respect des coutumes

Dans un article publié par le *Réveil* de Dakar, en décembre 1947, Félix Houphouët-Boigny[133] voit dans ces discordances, avec beaucoup de lyrisme et de compréhension, la « contradiction [...] entre les principes généreux édictés à Paris et leur défectueuse application en Afrique »[134]. Il relève, en particulier : la « contradiction entre le respect des coutumes et ce code [pénal] tristement célèbre de l'indigénat qui donnait aux administrateurs le droit d'accuser, d'instruire et de juger » ; la « contradiction entre la reconnaissance des droits et l'expropriation des collectivités ».

Les textes successifs organisant le statut civil des indigènes, les juridictions indigènes civiles et commerciales, auraient pu conserver aux populations, les règles qui leur sont familières. Mais, simultanément, les chefs de village sont également nommés et notés par l'administration, ce qui réduit leur crédibilité: ils sont choisis en fonction de leur efficacité à faire exécuter les ordres de

---

[133] Le RDA a, dans ses débuts, l'image d'un parti « radical et anti-impérialiste » (Elikia M'Bokolo, *L'Afrique au XXème siècle...*, op. cit., p. 147). Les réticences de certains signataires au manifeste qui convoque le Congrès de Bamako (octobre 1946) ne sont « [...] que le résultat des manœuvres du ministre socialiste [de la France d'outre-mer] Marius Moutet qui ordonnait également aux administrations locales de s'opposer par tous les moyens à la réunion du Congrès, témoin le télégramme adressé au Haut Commissaire de l'AOF, Barthes, lui indiquant les possibilités de jouer sur les divergences d'opinions des signataires du manifeste. Témoin également les confiscations en AEF des collectes destinées à payer les voyages des délégués. Et c'est ainsi que Lamine Gueye, Yacine Diallo et L. S. Senghor, députés socialistes ne vinrent pas à Bamako » (Félix Houphouët-Boigny, *Le Congrès constitutif du R.D.A.*, in *Le Rassemblement Démocratique Africain dans la lutte anti-impérialiste*, Paris, [1948], p. 18).

[134] Félix Houphouët-Boigny, *Anthologie des discours 1946-1978*, tome 1, op. cit., p. 50 ; dans le même sens, l'intervention du député Ursleur, le 30 novembre 1900 : « les accusations [relatives à l'exécution d'indigènes par des officiers, dans des conditions irrégulières] formulées par M. Vigné [...] montrent de façon incontestable non seulement que la légalité n'est pas observée mais encore et surtout que, dans ces contrées éloignées, des pratiques détestables sont établies, qu'il importe de faire cesser au plus vite » (Débats, Chambre des Députés, JORF, 1er décembre 1900, p. 2406).

l'administration[135]. Certains sont des « captifs » (esclaves) mis en avant par les véritables chefs coutumiers auxquels ils servent de prête-nom[136] et, au besoin, de bouc émissaire. En ce sens, la circulaire Roberdeau du 13 septembre 1900 précitée rappelle que « les administrateurs et Chefs de poste » ont pu être amenés dans les débuts de la colonisation, à consacrer la plus grande partie de leur temps au règlement des palabre, « soit pour diminuer l'autorité d'un chef suspect, soit pour suppléer à l'incapacité ou à la faiblesse d'autres chefs. L'état d'anarchie dans lequel vivaient certaines peuplades, l'autorité cruelle ou concussionnaire de quelques chefs, ont ainsi amené les administrateurs à réunir dans leurs mains toute l'autorité »[137]. Dans le souci d'appliquer l'impôt, elle invite à « s'efforcer de donner aux chefs l'autorité qui leur est nécessaire » : le signataire « ne voit pas la possibilité d'un régime financier indigène sans le concours d'une autorité indigène [...] Chaque chef de village devrait commander réellement la population, la maintenir dans l'obéissance et dans l'ordre; il réglerait sous votre contrôle toutes les contestations et querelles entre indigènes; il appliquerait les peines encourues et vous sanctionnerez ses jugements ».

Au contraire, la circulaire du 15 août 1917 de Van Vollenhoven[138] invite à conforter l'autorité des chefs par le respect des règles coutumières dans leur désignation, éventuellement la consultation des populations, l'attribution de décorations, le

---

[135] La circulaire Roberdeau du 13 septembre 1900 souligne : « Si certains chefs faisaient preuve d'une incapacité absolue ou de sentiments hostiles à notre égard, ils seraient dépossédés; leur successeur devrait être **autant que possible** élu par la population et selon les coutumes. C'est seulement devant un choix trop défavorable, que l'administrateur pourrait désigner le chef d'office » (JOCI n°18, 15 septembre 1900, p. 5). M. Landraud relève que les populations se rebellent contre ces « chefs administratifs » (Micheline Landraud, *Justice indigène et politique coloniale. L'exemple de la Côte d'Ivoire*, in *Recueil Penant, revue de droit des pays d'Afrique*, 87ème année, n° 759, janvier-février-mars 1978, p. 5 à 41 et *Recueil Penant...*, 87ème année, n° 760, avril-mai-juin 1978, p. 205 à 249).

[136] Denise Bouche, *Histoire de la colonisation...*, op. cit., pp. 132 et 133.

[137] Le décret du 8 août 1901 qui réorganise la Justice en Guinée, Côte d'Ivoire et au Dahomey, vise à mettre fin à ce cumul de fonctions.

[138] Circulaire du 15 août 1917 - Bulletin du Comité de l'Afrique française n° 12, décembre 1917 - page 270.

relèvement de leur pension. Elle condamne l'abus de sanctions administratives à leur endroit, qui contribue à les déconsidérer. Cependant, elle rappelle le principe de l'administration directe, à laquelle les chefs ne sont appelés à participer, en qualité d'auxiliaires du commandant de cercle, qu'en raison des éclaircies imposées à l'administration, par la guerre : [Les chefs] « ne sont pas d'anciens souverains dont nous voulons ménager les trônes ; les trônes ou bien n'existaient pas ou bien ont été renversés par nous et ne seront pas relevés »[139]. Ces affirmations ne correspondent en rien à la réalité historique ivoirienne. La Côte d'Ivoire n'en subit les effets qu'en raison de son rattachement à la fédération d'AOF et au souvenir du soulèvement de Samory Touré qui prit fin au Nord de la Côte d'Ivoire.

1.5.4. Oppositions entre groupes colonisateurs

L'administration se méfie des colons[140], ce qui est caractéristique des mœurs administratives françaises. Cette méfiance est renforcée par le souvenir du désir d'autonomie qui s'était manifesté à la veille de 1789[141]. Elle se double d'un sentiment identique à l'égard des fonctionnaires qu'elle envoie dans les colonies. Cette seconde méfiance, parfois très justifiée, conduit à les muter très fréquemment[142], ce qui est incompatible avec le vœu maintes fois exprimé au moins implicitement par les dispositions réglementaires, de voir prendre en considération les coutumes des peuples colonisés, ce qui implique l'instauration d'une intimité suffisante entre ces peuples et les administrateurs coloniaux. L'ignorance de ces coutumes, dénoncée par certains auteurs malgré

---

[139] Circulaire du 15 août 1917, Bulletin du Comité de l'Afrique française n° 12, décembre 1917, p. 270

[140] Henri Brunschwig, *Noirs et Blancs dans l'Afrique Noire française*, Flammarion, Paris, 1982, p. 61.

[141] Denise Bouche, *Histoire...*, op. cit., pp. 14 et 15. Cette volonté des colonies de « se gouverner elles-mêmes », à l'exemple du système anglais, se retrouve dans la profession de foi de Pierre d'Espagnat (élections du 14 mars 1897, JOCI n° 12, décembre 1896, pp. 6 à 8).

[142] Félix Houphouët-Boigny, *Rapport sur la suppression du travail forcé...*, op. cit., *Anthologie...*, p. 42.

l'abondant travail de collecte réalisé par les fonctionnaires coloniaux[143], peut s'expliquer par la brièveté des séjours.

Verdier note que : « la Côte d'Ivoire est administrée par 250 fonctionnaires qui ne font rien pour le développement du commerce et de l'industrie nationale ». Il écrit encore, d'une tournée de Louis Binger à Assinie en 1893, qu'elle a « porté un coup fatal aux entreprises commerciales et agricoles dans une région où [Binger[144]] avait complètement abandonné les Français qui avaient besoin de toute la sollicitude de la mère-patrie représentée par le gouverneur » [145]. Ce manque d'intérêt pour le commerce n'exclut pas les compromissions parfois reprochées à des fonctionnaires[146].

Une autre cause de contradiction procède de l'impossibilité de concilier la « mission civilisatrice » et les nécessités liées au maintien de la souveraineté française et de l'ordre public. Un exemple en est donné par les difficultés rencontrées dans l'entrée en vigueur du décret du 27 avril 1848 portant abolition de l'esclavage[147].

1.6. Éléments d'économie coloniale

La prépondérance de l'action économique est illustrée par une circulaire du Gouverneur Louis Mouttet d'août 1896[148] dans laquelle

---

143 Circulaire Clozel, réunion des coutumes en vigueur devant les juridictions indigène (29 mars 1901, JOCI n° 6, 31-03-1901, p. 3-4).

144 Louis-Gustave Binger (1856 - 1926), lieutenant-gouverneur de la Côte d'Ivoire de 1893 à 1908. Il semble qu'il ait vécu en France pendant la plus grande par de cette période, ne faisant que de brefs séjours dans la colonie. Il a notamment bénéficié de l'intérim effectué par Clozel de 1896 à 1906 (F.-J. Clozel, *Dix ans à la Côte d'Ivoire*, Augustin Challamel, Paris, 1906).

145 *Assinie et sa région dans l'histoire*, op. cit., p. 81 et 82.

146 Jean Suret-Canale cite, à ce propos, plusieurs hauts fonctionnaires, dans ses ouvrages *Afrique Noire occidentale et centrale…*, op. cit.

147 C. Garrier, *L'abolition de l'esclavage : du mythe de 1848 à la victoire de 1905… 1946*, in *Sociétés africaines et diaspora* n° 11, septembre 1998, pp. 165-172.

148 Le gouverneur L. Mouttet rappelait aux administrateurs, l'obligation d'adresser « mensuellement un rapport spécial sur la situation politique et économique de la région [...] administrée [...] Le développement

il se réserve de publier dans le J.O.C.I., les renseignements de nature à intéresser le commerce de la colonie. Il en est ainsi jusqu'à la fin de ce chapitre de l'histoire euro-africaine comme le montre l'objet des conférences impériales tenues en 1934-35[149] et 1937.

1.6.1. Chaque colonie couvre ses dépenses administratives

Lorsque débute la colonisation de cette Côte de l'Or, future Côte d'Ivoire, est appliquée depuis 1826 cette règle budgétaire selon laquelle les recettes de chaque colonie sont affectées aux dépenses de ses services intérieurs, tandis que les budgets de la Marine[150] et de la Guerre sont majorés des sommes nécessaires aux dépenses de souveraineté. Sur le fondement de l'article 49 du décret du 20 novembre 1882 sur le service financier des colonies, le Gouverneur du Sénégal et dépendances ouvre au « budget du service local de l'exercice 1883, un crédit supplémentaire [...] destiné au payement du feu d'artifice fourni par la direction de l'artillerie pour la fête nationale du 14 juillet 1883 »[151]. Cette règle est aggravée par l'article 33 de la loi de finance du 13 avril 1900[152] dont les paragraphes 1 et 2

économique de la colonie devant faire l'objet de [...] constantes préoccupations, [les administrateurs devaient] faire connaître [leurs] sur les mesures qu'il y aurait lieu de prendre pour hâter ce développement » (circulaire du 18 août 1896, JOCI n° 8, août 1896, p. 5).

149 Création auprès du ministre des colonies d'un bureau permanent de la conférence économique métropolitaine et de la France d'outre-mer (arrêté du ministre des colonies Louis Rollin, du 1er mai 1933, *Bulletin officiel du ministère des colonies*, 1935, tome 49ème, n° 1 à 12, Paris, 1936, n° 283, p. 475 et 476). Ce bureau permanent est chargé (article 2) :

1° De suivre l'exécution des propositions et résolutions de la conférence de 1935 ;

2° De la préparation et de l'organisation des consultations périodiques de même nature.

150 De laquelle dépend le Secrétariat d'État aux Colonies jusqu'en 1894.

151 *Moniteur du Sénégal et dépendances* n° 1460, 11-12-1883, p. 278.

152 Loi du 13 avril 1900 portant fixation du budget général des dépenses et des recettes de l'exercice 1900.

Le rapport présenté au Sénat par M. Prevet, le 23 mars 1900, précise, relativement à cet article : « en principe, au lieu de continuer à prétendre énumèrent limitativement les dépenses obligatoires pour les colonies d'Océanie, d'Asie et d'Afrique. De même, le décret du 30 août 1900 sur le régime des terres domaniales[153] énumère les « dépenses de colonisation » parmi lesquelles figurent « les dépenses ayant pour objet la gestion du domaine, [...] l'introduction des colons et des travailleurs libres soumis au régime de l'immigration, [...] et en général toutes les dépenses destinées à favoriser le développement économique de la Colonie »[154].

Les Gouverneurs successifs font donc tendre tous leurs efforts au développement des exportations génératrices de droits de douane et droits d'exportation qui alimentent le budget de la colonie. Ils font si bien qu'on relève, à titre d'exemple :

- dans un discours prononcé par le Gouverneur Réné Servatius (16 nov. 1882 au 28 juin. 1883) : « Le projet de budget de l'exercice 1883 s'équilibre en dépenses et recettes par 2.161.000 francs. Les prévisions de recettes, lesquelles sont établies sur une moyenne sévèrement calculée, dépassent de 198.500 francs les prévisions de recettes de l'exercice 1882 »[155] ; dès le mois d'octobre 1883, des arrêtés ont porté ouverture de crédits supplémentaires au titre de l'exercice 1883, notamment d'un crédit de 5.000 francs « pour les dépenses des affaires politiques [dont le crédit] est épuisé et qu'il y a lieu de pourvoir au moyen d'un crédit supplémentaire aux dépenses de cette nature à faire jusqu'à la fin de l'année » [156] ;

---

importer dans toutes nos colonies, quelles que soient leur situation géographique et leur population, notre organisme administratif et notre organisation fiscale, on reconnaît qu'**il faut considérer chaque colonie comme collectivité distincte**, ayant des ressources propres et des intérêts particuliers, s'organisant au fur et à mesure qu'elle se développe, subventionnée éventuellement par la métropole, mais soucieuse avant tout de créer ses finances et son crédit » (Duvergier, *Collection complète des lois...*, année 1900, p. 157). Un argumentaire comparable justifie les différences qui apparaissent entre le décret du 18 juin 1912 qui réorganise l'exploitation forestière de la Côte d'Ivoire, et le Code forestier de métropole (cf. chap. 4 ci-après).

153 JORF, 5 septembre 1900. Arrêté de promulgation en Côte d'Ivoire du 8 octobre 1900, JOCI, 15 octobre 1900, n° 20, p. 1 à 9.

154 Décret du 30 août 1900 sur le régime des terres domaniales, art. 2, al. 2.

155 *Moniteur du Sénégal et dépendances* n° 1453, 23-10-1883, p.232.

156 *Ibid.* n° 1425, 24 avril 1883, p. 80.

- un arrêté du gouverneur général, du 15 décembre 1934, qui constate que les recettes et dépenses du budget local de Côte d'Ivoire, pour l'exercice 1933, font « apparaître un excédent de recettes de 5.591.891,29 F ».

1.6.2. Développer l'agriculture

Dès les premiers temps de la colonisation administrative, l'administration s'intéresse aux productions agricoles. C'est ainsi que l'arrêté local du 20 avril 1896, qui fixe les attributions du Cabinet du Gouverneur et du Secrétariat Général de la Côte d'Ivoire, mentionne l'agriculture et le « jardin colonial », les « domaines, concessions » et les « eaux et forêts », parmi les personnels des divers services payés sur le budget local[157].

Le « jardin botanique » de Dabou dispose de porte-graines et de semences de caféiers, cacaoyers, arbres à caoutchouc du Para. En dehors de ces principales espèces, il existe au jardin, une certaine quantité d'autres plants, tels que: rocouyers, orangers à fruits doux, citronniers, avocatiers, bardaniers, néfliers du Japon, kola, goyaviers, manguiers. Ce jardin est destiné[158] à distribuer des plantes utiles pour les grandes cultures, les fruits comestibles, l'ornementation et divers autres usages.

D'autres chroniques sont publiées dans le J.O.C.I., qui invitent à entreprendre une culture ou récolte particulière dans une région[159].

Concomitamment, la culture de l'hévéa, du rocouyer et du cacaoyer est activement promue, la distinction entre les arbres « forestiers » et les autres n'intervenant qu'en 1935[160]. Jusqu'à cette époque, la plantation de ces arbres, ainsi que d'autres « essences utiles », est admise en compensation de l'abattage des essences « naturelles »[161].

---

[157] JOCI n° 4, avril 1896, p. 2.

[158] JOCI n° 10, 31 août 1897, p. 5.

[159] Exemple: extrait d'un rapport de l'administrateur de Béréby traitant de la culture de la canne à sucre et du riz, de la collecte du latex aux abords de l'embouchure de la Tanoë (JOCI n° 13, 15 octobre 1897, p. 3 et 4).

[160] Décret du 4 juillet 1935 relatif au régime forestier de l'AOF (chap. 4 ci-après).

[161] Circulaire n° 382 BF, du 15 octobre 1912 signée du Gouverneur G.

Plusieurs articles du Journal Officiel de 1895 et 1896 traitent du cacaoyer. C'est ainsi qu'une étude publiée le 15 juillet 1897[162] souligne la nécessité, avant planter cet arbre, de « commencer par défricher [la forêt] sur une surface notablement plus grande que celle qu'on destine à la plantation ». Elle expose ensuite le détail des façons nécessaires pour réussir une telle plantation. Le choix du JOCI pour diffuser des informations d'ordre agronomique, sans caractère réglementaire, montre l'importance accordée dès les premières années de la colonisation administrative, au développement des productions agricoles d'exportation. Cependant, le « Comité Consultatif du commerce et de l'industrie » comporte trois fois plus de commerçants que d'agriculteurs[163].

1.6.3. Faire participer les indigènes au développement économique

A la suite des constatations faites par le Gouverneur De Trentinian au Congo et au Soudan français (aujourd'hui, Mali), des mesures tentent d'inciter les populations à développer la production des denrées agricoles désirées par la Métropole[164]. C'est ainsi qu'Angoulvant écrit que « la principale raison d'être de notre établissement dans ces régions est la **mise en valeur du pays par l'indigène** qui l'habite et à **son profit** ». Malheureusement, il ajoute : « il est de notre devoir de redoubler d'efforts pour amener l'indigène, **même à son corps défendant**, à s'enrichir »[165]. Il ajoute, montrant que la priorité réside, pour les européens, non dans le développement des productions agricoles mais dans celui de la

---

Angoulvant.

162 JOCI n° 8 du 15 juillet 1897, p. 4 et 5.

163 Arrêté du 29 juillet 1896 modifié par l'arrêté du 31 juillet 1897 (JOCI n° 8bis, 1er août 1897, p. 4).

164 Dans le même sens, à propos de l'exploitation forestière du Congo, Paule Brasseur, *Pluridisciplinarité et politique au Soudan français : la mission des "compétents techniques" du général De Trentinian [1898-1899]*, *Société de l'homme et conquête coloniale. Constitution et usage des sciences humaines en Afrique [XIXème et XXème siècle]*, Presse de l'École Normale Supérieure, Paris, 1980, p. 135 à 157.

165 JOCI n° 16, 31 août 1912, p. 484.

transformation et surtout de la commercialisation des produits : « Si, par suite de la densité de la population, ou encore par esprit de labeur, l'autochtone exerçait [les droits traditionnels de récolte les plus étendus sur les produits naturels] de telle sorte qu'il n'y ait plus de place pour les étrangers, tant Européens qu'indigènes, autrement que **dans l'industrie ou le négoce**, l'Administration, loin de le déplorer, ne pourrait que s'en féliciter pour la Colonie, parvenue alors à un degré de **prospérité difficilement imaginable et pour le commerce** qui verrait ses transactions passer du simple au quadruple »[166].

Nous voyons là les premiers pas de la modernisation forcée de la relation entre les hommes et leur activité, qui fonde l'actuelle conception d'un développement imposé de l'extérieur[167].

Pour le Père Joseph-Th. Délos, « le profit se répartira à proportion de la diversité des apports et des besoins vitaux... [Cette collaboration entre le colonisateur et le peuple colonisé] exprime l'essence même de la colonisation et permet de la justifier; elle se légitime sur le principe de l'égalité naturelle des hommes, de la finalité humaine des richesses économiques, par leur affectation solidaire au service de la personne humaine, sous la condition du travail »[168].

1.6.4. Les infrastructures

Dans la profession de foi qu'il publie[169] à l'occasion des élection du délégué de la Côte d'Ivoire au Conseil Supérieur des Colonies, le 14 mars 1897, le candidat Pierre d'Espagnat note que « le commerce se sentira à l'étroit sur la côte » et qu'une « pénétration s'impose qui ne peut être différée plus longtemps ». Il demande « les chemins, les routes, le wharf... enfin le chemin de fer » destiné à concurrencer celui d'Appam à Coumassie[170]. L'époque

[166] *Ibid.*, p. 484.

[167] Dans le même sens, Jean Copans, *Développement mondial et mutations des sociétés contemporaines*, A. Colin, Paris, 2006, p. 14.

[168] A. Picciola, *Missionnaires en Afrique...*, op. cit., p. 224.

[169] JOCI n° 12, décembre 1896, p. 6 à 8.

[170] Cette revendication figurait également dans la profession de foi de son concurrent A. Bouchie De Belle publiée dans le même numéro du JOCI

n'est pas portée sur la sauvegarde de la forêt mais sur sa « percée en règle ».

Tant que le réseau routier n'a pas atteint un développement suffisant et que la charge utile des camions reste faible, le chemin de fer demeure le principal mode d'évacuation des billes.

L'idée de construire un chemin de fer en Côte d'Ivoire est contemporaine des premières années de la colonisation. Le décret du 31 juillet 1897[171], vu le décret du 21 octobre 1893 portant approbation de la convention passée le 20 septembre précédent avec Arthur Verdier[172], « approuve les conventions en date du 28 juillet 1897 passées avec la Compagnie Française de Kong[173] et M. Verdier, relatives :

1° A des concessions territoriales en Côte d'Ivoire ;

2° A l'établissement d'un chemin de fer dans cette Colonie ».

La construction d'un chemin de fer devant relier le Sénégal au Niger dans un intérêt militaire (transport des vivres et du matériel pour les forts du Soudan) et commercial, avait été entreprise dès 1881. Borgnis-Desbordes, Commandant supérieur du Haut Sénégal, en évoque les premiers tâtonnements dans une allocution prononcée le 5 février 1883[174]. Quelques semaines plus tard, « le roi de Cayor a visité les principales autorités administratives de Saint-Louis. [...] La vue du chemin de fer en construction, la marche des wagons et les explications qui lui ont été fournies à ce sujet ont vivement frappé son imagination, et les quelques réflexions qu'il a faites ont prouvé qu'il comprenait dans son ensemble l'œuvre nouvelle qui doit régénérer son pays »[175].

Satisfaction leur est donnée par la loi du 5 juillet 1903 autorisant le Gouvernement de l'AOF à contracter un emprunt de 65 millions de francs pour exécuter divers travaux d'utilité publique et d'intérêt général, article 1er, 3° c. (*Bulletin ... des Colonies*, 1903, n° 162, p. 623 à 626) ; *Rapport au président de la République suivi d'un décret portant ouverture des travaux de la première section du chemin de fer de la Côte d'Ivoire* (*Bulletin ... des colonies*, 1903, n° 253, p. 935 à 937).

[171] Archives d'Abidjan, R 1897, *Forêts*.

[172] Cf. chap. 3 ci-après.

[173] Fondée par Binger en 1882. Cette société gère une plantation de café.

[174] *Moniteur du Sénégal et dépendances* n° 1420, 20 mars 1883, pp. 58-59.

[175] *Moniteur du Sénégal et dépendances* n°1418, 6 mars 1883, p. 49.

Cette réalisation est confortée pour ce qui concerne le tronçon reliant Dakar et Saint-Louis par la loi du 29 juin 1882 portant concession du chemin de fer de Dakar à Saint-Louis, qui déclare d'utilité publique l'établissement de ce chemin de fer[176].

Le réseau ferroviaire est étendu en application de la loi du 5 juillet 1903 autorisant le Gouvernement de l'AOF à contracter un emprunt de 65 millions de francs pour exécuter divers travaux d'utilité publique et d'intérêt général[177].

Il faut inscrire sous cette rubrique tant la voie ferrée publique[178] que les voies Decauville privées, dont les locomotives sont chauffées au bois, installées pour des durées plus ou moins longues pour la desserte des chantiers forestiers, dont certaines atteignent 20 à 30 km.

Parti du littoral ivoirien en 1904, le rail atteint Bouaké en 1912. Il s'agit d'une voie métrique de 316 km. Le choix de cette largeur, alors que l'Europe (hors Russie) exploite un chemin de fer de 1,44 m, est fondé sur un coût inférieur de moitié à celui d'une voie de 1,44 m: les traverses sont plus courtes et moins épaisses. Les virages peuvent être plus serrés[179]. Par contre, le tonnage transporté est faible et la vitesse ne devait pas excéder 40 km/h. Cette tranchée creusée dans la forêt favorise l'exploitation de régions jusque là épargnées et l'évacuation des grumes vers la Côte. Sa prolongation jusqu'à Ouagadougou dans les années 1930, favorisera l'immigration de la main d'œuvre Mossi.

---

[176] *Moniteur du Sénégal et dépendances* n°1422, 3 avril 1883, p. 76. L'*arrêté réglementant à titre provisoire la police, la sûreté et l'exploitation du chemin de fer de Dakar-Saint-Louis* (*Moniteur du Sénégal et dépendances* n°1445, 31 août 1883, pp. 187-196) est publié simultanément en français et en arabe.

[177] *Bulletin ... des Colonies*, 1903, n° 162, page 623 à 626

[178] Décret du 6 novembre 1903 autorisant l'ouverture des travaux de la première section du chemin de fer de la Côte d'Ivoire entre Abidjan et Ery Maconguié et de la coupure donnant accès au port projeté à Abidjan (JORF n° 307, 12 novembre 1903, p. 6849 et 6850; *Rapport au président de la République*, suivi du même décret, n° 308, 13 novembre 1903, p. 6877).

[179] Charles Dollfus et Edgard Geoffry, *Histoire de la locomotion terrestre*, Tome 1, *Les chemins de fer*, p. 240--246.

Simultanément, l'installation de voies étroites privées est favorisée. L'arrêté n° 736 du 22 août 1912 autorise la Compagnie Forestière de l'Afrique Française[180] à établir un chemin de fer d'exploitation à voie étroite sur les voies publiques et sur la passerelle Milliès-Lacroix, se raccordant au réseau général du wharf de Grand Bassam. Ce chemin de fer privé relie l'usine de Moosou de cette compagnie et Grand Bassam. A titre de curiosité, on relève que la traction doit être faite « à bras d'hommes ou par des animaux seulement, sur la passerelle et dans Grand Bassam »[181]. Ce chemin de fer ne peut être utilisé pour transporter des marchandises étrangères ni des voyageurs[182]. L'article 16 stipule que la compagnie « amènera avec ses propres moyens, par [ladite] voie ferrée et par les voies du réseau général du wharf auxquelles elle se raccorde, les bois destinés à l'exportation jusqu'au wharf en lagune ».

Le chapitre 4 ci-après évoque l'obligation imposée, pour l'exploitation de certaines forêts, de disposer d'un chemin de fer Decauville.

1.6.5. Le facteur humain

Les étrangers, notamment ceux venant du Ghana britannique, sont signalés par des circulaires qui les accusent de nombreux méfaits: ils perturbent les populations locales, exploitent les bois[183] sans acquitter les taxes. Cependant, le succès du versant agricole de la colonisation implique, outre la maîtrise de la terre, la disponibilité d'une main d'oeuvre abondante à bas prix. Pour accélérer l'expansion de la culture du café dans le Sud-est de la Côte d'Ivoire, le lieutenant-gouverneur Reste obtient le rattachement administratif d'une partie de la Haute Volta à la Côte d'Ivoire en

---

[180] Société qui exploitait les forêts de la Côte d'Ivoire en vertu d'un arrêté du 2 mai 1910.

[181] Arrêté n° 736 du 22 août 1912, article 6.

[182] *Ibid.*, article 13.

[183] « Il sera possible de réprimer sévèrement les véritables déprédations que commettent, dans les forêts de la colonie, des bandes de récolteurs étrangers [...] » (G. Angoulvant, *Instructions et actes réglementaires pour l'application du décret du 18 juin 1912 sur le régime forestier*, Supplément au JOCI, n° 16, 31 août 1912, p. 463).

1932[184] pour favoriser l'apport de la main-d'oeuvre voltaïque vers la Côte d'Ivoire. Il provoque l'immigration massive de la main d'œuvre voltaïque en 1934, favorisée par la création par les grands planteurs européens, en accord avec les chefs mossis, de la Société Ivoirienne d'Acheminement de la Main d'Œuvre (SIAMO)[185].

Au cours de la période 1920-1950 « les Agnis, autochtones du Sud, réussissent au moins pendant un certain temps, à ne pas céder leurs terroirs tout en utilisant la force de travail allogène et à s'imposer économiquement dans leur région »[186]: en maintenant le rythme migratoire à un faible seuil, ils mettent en place de pratiques destinées à contrôler la main-d'œuvre sans s'aliéner le foncier.

---

[184] 5 septembre 1932. La reconstitution de la Haute Volta, en 1947, aurait résulté à la fois du désir des autorités coloniales, de l'isoler « de la contagion communiste ivoirienne » manifestée par « la violence des luttes de masse » dirigées par Houphouët-Boigny (Samir Amin, *Le développement du capitalisme en Côte d'Ivoire*, Ed. de Minuit, Paris, 1967, p. 277), et d'une *Pétition des peuples voltaïques à Monsieur le ministre de la France d'outre-mer en vue de la renaissance de la Haute-Volta dans ses limites premières* datée du le 21 juillet 1946.

[185] Sur les conséquences lointaines de cette politique, Le Toubabou, *Le millefeuille ivoirien – un héritage de contraintes*, L'Harmattan, Paris, 2005

[186] F. Ruf, *États, Développement, Paysans. CIRAD, Mission économie et sociologie rurale*, 1987, page 16, *Politique et encadrement agricole, partage des tâches en Côte d'Ivoire*.

2. ELEMENTS GENERAUX DE DROIT COLONIAL

> « Nous nous emparâmes de toutes ses villes et nous vouâmes chaque ville à l'anathème [...]. C'est seulement le bétail que nous prîmes pour notre butin, ainsi que les dépouilles dont nous nous étions emparés »
> (*Deutéronome*, 2-34 et 35).

La référence à la coutume, en tant que source du droit, est progressivement devenue une clause de style dans les exposés ou débats portant sur le droit positif français actuel. Par contre, elle est, sans conteste, la source historique de ce droit. Dans un pays dont la structuration est plus récente, il serait regrettable que la coutume soit évincée de la réflexion juridique. Si on admet que la règle juridique est la systématisation des comportements acceptés par une société, on doit reconnaître à la coutume le rôle de première expression du consensus social. Dans ce sens, on relève que les dispositions ivoiriennes antérieures à 1946, prises en matière foncière, comportent des dispositions qui renvoient aux règles coutumières.

Le droit colonial tente, à la jointure des XIXème et XXème siècles, de donner un fondement philosophique et une forme juridique au « droit du plus fort »[1]. Il s'agit d'organiser le prélèvement du maximum de richesses[2] par les colons et les commerçants[3] sans, pour autant, se laisser déborder par ces

---

[1] Jules Harmand, *Domination et colonisation* - Flammarion -Paris, 1910, p. 153.
Charles Regismanset, *Questions coloniales*, Larose -Paris, 1912, p. 183.

[2] Albert Sarraut écrit que « la patrie peut y puiser des moyens, en quelque sorte illimités, [...] » (Albert Sarraut, *La mise en valeur des colonies françaises*, Payot, Paris, 1923, p. 27).

[3] Gabriel. Angoulvant, *La pacification de la Côte d'Ivoire*, Larose, Paris, 1916, p. 159.

derniers[4]. Cependant, pour se faire accepter et répondre aux objections d'une partie de l'opinion française, le droit tente d'intégrer des dispositions qui sauvegardent partiellement les règles coutumières.

2.1. Sources du droit colonial

Au plan civil, jusqu'à l'Indépendance, coexistent trois statuts :

- le statut des « français ou assimilés » qui s'applique de plein droit aux européens et, facultativement, aux indigènes qui le désirent. Il inclut le droit de propriété individuelle inscrit dans les articles 544 et suivants du Code Civil[5] ;
- le statut musulman, en vigueur dans les colonies musulmanes au profit des populations islamiques[6] ;
- le statut indigène qui concerne les autres populations colonisées[7]. Ce dernier est, en fait, pluriel en raison de la grande diversité des coutumes[8].

Une justice indigène remaniée à plusieurs reprises (Annexe *III - Justice indigène*), est chargée de trancher les conflits privés. Le recours aux juridictions françaises n'est obligatoire, en matière civile ou commerciale, que pour les Français et assimilés. Les matières foncières (chap. 3, ci-après) et forestières (chap. 4, ci-après) relèvent, au contraire des tribunaux français.

Le système judiciaire colonial tend à faire juger chaque personne suivant les règles qu'elle connaît et auxquelles elle acquiesce : l'attribution au Gouverneur d'une compétence exclusive sur les affaires concernant les Français apparaît dès les traités de

---

[4] G. Angoulvant, op. cit., p. 191.

[5] En ce sens, le décret du 16 septembre 1896, celui du 10 novembre 1903 (Titre II, articles 3 à 34) ; cf. annexe 2.

[6] Exemple : décret du 10 novembre 1903, article 29.

[7] Exemple : décret du 16 septembre 1896, article 27, cité dans l'annexe 2.

[8] « [...] ces coutumes ne sont pas les mêmes sur toute l'étendue du sol. Variables suivant les pays, [...] il arrive même qu'au sein de groupes politiques, unis pourtant par une communauté d'origine, d'idiome et de traditions, elles diffèrent de village à village [...] » (*Circulaire au sujet de la réunion des coutumes indigènes,* Le Gouverneur p.i. de la Côte d'Ivoire à Messieurs les Administrateurs, Bingerville, le 29 mars 1901, Clozel).

protectorat (Annexe *I*). Il ne s'agit pas d'une « législation à deux vitesses »[9] mais de l'acceptation d'une **pluralité de contrats sociaux** : « pour les indigènes, la justice est rendue par des juridictions spéciales composées de juges de même race et de même statut que les intéressés »[10] qui appliquent « en toutes matières les **coutumes locales**, en tout ce qu'elles n'ont pas de contraire aux principes de la civilisation française »[11]. Le droit coutumier est donc ici la règle[12] qui ne peut qu'être exceptionnellement écartée. A partir de 1932, le recours aux tribunaux français est compatible avec l'application du droit coutumier en matière civile[13].

On comprend la gêne de certains auteurs, très marqués par le centralisme pratiqué en France depuis l'entrée en vigueur du Code civil. Ils ne devraient pas perdre de vue que « la chose commune n'est pas le tout » et que la « **souveraineté, même populaire, est une conception royaliste** et monacale, une conception destructrice de la liberté et ruineuse de la chose publique comme de la chose privée » ; ou « **ni les individus, ni les familles ne veulent mettre en commun leur manière d'être privée**, leur bonheur individuel ou domestique »[14].

---

[9] Terme péjoratif utilisé par Étienne Le Roy pour décrire le droit foncier rural ivoirien (Étienne Le Roy, *La réforme du droit de la terre dans certains pays d'Afrique francophone*, FAO, Étude législative 44, Rome, 1987, p. 66).

[10] Robert Delavignette, *Exposition coloniale internationale de Paris. Commissariat général. Afrique occidentale française*, bois gravés de Germaine Bernard, Société d'éditions géographiques, maritimes et coloniales, Paris, 1931 (12 janvier 1932), p. 193.

[11] Décret du 10 novembre 1903 portant réorganisation du service de la justice dans les colonies relevant du Gouvernement général de l'Afrique occidentale, article 75 ; Circulaire Roume de 1905, pour l'application du décret du 10 novembre 1903 (*Histoire et coutumes...*, tome I, op. cit., p. 78), citant l'article 75 dudit décret.

[12] Le sérieux avec lequel les règles coutumières foncières sont alors analysées ressort, par exemple, des arrêts rendus par la Cour d'Appel de Tananarive en application du Code malgache et de l'usage qu'en fait l'administration à son profit dès 1857 au Sénégal (cf. chap. 3 ci-après).

[13] Décret du 20 novembre 1932 concernant la justice musulmane et l'assessorat indigène auprès des juridictions de droit français en AOF (JORF n° 276 du 26 novembre 1932, p. 12309 et 12310).

[14] Sieyes, cité dans *La déclaration des droits de l'homme et du citoyen*,

La Constitution du 27 octobre 1946 permet aux ressortissants des territoires d'outre-mer d'accéder à la qualité de citoyen français en conservant leur statut civil personnel tant qu'ils n'y ont pas renoncé[15]. Ces dispositions fondent la loi du 7 mai 1946, dite « loi Lamine Gueye », qui fait de tous les anciens « sujets », des citoyens français sans mettre en cause leur statut civil, contrairement à la naturalisation pratiquée antérieurement qui impose aux ex-sujets naturalisés de se conformer aux règles du Code civil.

Pratiquement, la référence à la coutume est une constante dans le droit colonial. A titre d'exemple, on la relève jusque dans le décret n° 45-1352 du 18 juin 1945 instituant un code du travail indigène pour l'AOF[16].

2.2. Droit coutumier

Lorsque les populations et leurs chefs souscrivent les traités de protectorat, dans la seconde moitié du XIXème siècle, le représentant de la France leur garantit la possession de leurs biens et le maintien de leurs coutumes[17]. Plus précisément, ces traités ne soumettent à la juridiction du Gouverneur de Grand Bassam que les litiges survenus entre les Français et les autochtones, ce qui maintient les litiges entre autochtones sous la juridiction coutumière. Les terres ne sont occupées par le colonisateur, pour la construction

---

présentée par Stéphane Rials, Hachette, Paris, 1988, p. 401.

[15] Constitution du 27 octobre 1946, art. 80 : Tous les ressortissants des territoires d'outre-mer ont la qualité de citoyen, au même titre que les nationaux français de la métropole ou des territoires d'outre-mer. Des lois particulières établiront les conditions dans lesquelles ils exercent leurs droits de citoyen.

Art. 82 - Les citoyens qui n'ont pas le statut civil français **conservent leur statut personnel** tant qu'ils n'y ont pas **renoncé**. Ce statut ne peut en aucun cas constituer un motif pour refuser ou limiter les droits et libertés attachés à la qualité de citoyen français.

[16] J.O.R.F. n° 144 du 20 juin 1945, p. 3719 à 3724. Art. 6: L'inspecteur du travail veille à ce que les embauches pour le compte d'une même entreprise aient lieu autant que possible dans le même groupement ethnique afin de permettre aux travailleurs de constituer des villages de formation homogène, composés d'indigènes d'une même origine et **de mêmes coutumes**.

[17] Denise Bouche, *Histoire...*, op. cit., p. 210.

de fortifications et d'un comptoir, qu'après leur concession par l'autorité coutumière. Le viol des traités, l'intervention des colonnes de pacification, l'asservissement des rois et des grands chefs coutumiers, l'éclatement de leurs territoires en multiples cantons parfois dans des cercles différents, envoie la première promesse aux archives dans l'attente de temps meilleurs, au contraire de la seconde : le colonisateur accepte que les droits coutumiers coexistent avec la loi française malgré les difficultés qui naissent de la délimitation du champ d'application des droits traditionnels ou des conflits internes de lois[18].

Le maintien du droit coutumier soulève la contestation de certains auteurs, tel R. Delavignette, pour lequel, bien plus qu'une « manifestation de la compréhension du colonisateur », il « témoigne de son impuissance à codifier les usages des sociétés indigènes ou à leur appliquer » son propre code[19].

2.2.1. Les trois contenus du terme « coutume »

Le mot « coutume » couvre trois acceptions :

- l'ensemble des règles non écrites qui gouvernent la vie d'un peuple. Leur connaissance revêt une importance particulière pour la compréhension du fonctionnement des sociétés qui ne pratiquent pas l'écrit ;
- les redevances perçues par les chefs coutumiers. On note qu'en anglais, le même mot désigne « la douane » et « les coutumes » ;
- dans le vocabulaire colonial, le système des chefferies.

2.2.1.1. Ensemble de règles non écrites

Dans la circulaire Clozel relative à la réunion des coutumes en vigueur devant les juridictions indigènes, du 29 mars 1901, ce mot évoque, au sens usuel du terme, l'ensemble des règles non écrites

---

[18] Guy A. Kouassigan, *Quelle est ma loi ? Tradition et modernisme dans le droit privé de la famille en Afrique francophone*, Collection du Centre de recherche, d'étude et de documentation de l'Université de Dakar sur les institutions et les législations africaines, tome XI, Pédone, Paris, 1974.

[19] Pierre Guillaume, *Le monde colonial XIXe-XXe siècle*, Armand Colin, Collection U, Paris, 1974, p. 159.

que respecte une collectivité. En ce sens, elle est considérée comme un archaïsme que le colonisateur « est là pour modifier »[20].

2.2.1.2. Redevances perçues par les chefs locaux

Dans le vocabulaire de certains traités de protectorat[21] et celui de Verdier, « coutume » désigne les redevances versées aux chefs locaux, à prélever sur les recettes douanières, destinées à intéresser ces « potentats » au développement du commerce sur leurs terres[22]. De façon plus générale, la coutume est l'ensemble des pouvoirs détenus par un chef[23], définition voisine de celle en vigueur en France au XIème siècle.

---

[20] Voir, en ce sens, G. Angoulvant, op. cit..

[21] Voir ci-dessous, l'annexe 1.

[22] Cette proposition est conforme à la règle coutumière actuelle des Agnis Sanwi qui imposent à l'étranger de s'adresser au chef pour obtenir une parcelle de terre. Lorsqu'elle lui est attribuée, la récolte doit être portée au Roi ou au Chef qui en retient une partie pour les sacrifices à la chaise, sans aucune limite (Kone Moussa Mamadou, *L'économie de plantation villageoise et la déstructuration du système foncier dans la région des Agnis Sanwi : origines, causes, implications*, Mémoire de maîtrise, Faculté des lettres et sciences humaines, Département d'ethnosociologie, Abidjan, 1991, p. 45).
Dans la pratique sénégalaise du XIXème siècle, le montant des « coutumes » est arbitraire et aléatoire. Faidherbe les remplace « par un droit fixe de 3% perçu au profit des rois maures sur le commerce de la gomme » (*La grande encyclopédie…*, op. cit., tome 30, *Soudan*, p. 301).
Le *Livre des Métiers* d'Étienne Boileau, rédigé entre 1261 et 1269 utilise déjà le mot « coutume », successivement, dans son sens fiscal (« Dans la seconde partie, nous entendons traiter des droits de chaussées, [...] et de tous les autres droits de coutume », cité par Jean-Pierre Bayard, *Le compagnonnage en France*, Histoire Payot, Paris, 1977, 1990, p. 76) et dans celui d'obligation (« Peut être maçon à Paris [...] travaille suivant les usages et coutumes du métier [...] », même ouvrage, p. 77).

[23] Jean-François Lemarignier, *La France médiévale, institutions et société*, Armand Colin, Paris, 1970, p. 119.

2.2.1.3. Le système des chefferies

Dans le vocabulaire de la colonisation, la coutume désigne également le système de la chefferie. Dans ce troisième sens, certains administrateurs coloniaux voient dans le respect de la coutume, le prétexte permettant de faire barrage à toute revendication. « Le prétendu caractère 'traditionnel' de la chefferie sera toujours le prétexte invoqué pour justifier l'arbitraire et la barbarie du système administratif colonial »[24]. L'imbrication entre ce système et le succès de la colonisation est telle que certains africains affirment aujourd'hui qu'il est le **produit de la colonisation**, conservé par les élites issues de l'Indépendance, dans leur seul intérêt, parfois aux dépends de populations chez lesquelles il n'a pas de fondement historique.

La multiplicité des sens de ce mot sera source de désillusions. Dans un discours qu'il prononce le 3 mai 1956, Félix Houphouët-Boigny[25] utilise presque simultanément le premier et le dernier signifiés, mais en insistant particulièrement sur la compromission des Chefs coutumiers dans la lutte politique : ils ont trop complaisamment fait le jeu de l'administration. Il n'y a pas lieu de s'étonner que « [leurs] intérêts [soient] opposés le plus souvent à ceux de l'élite » apparue dans les dernières années de la Seconde Guerre Mondiale[26].

Par contre, la confusion faite entre ces deux signifiés de la coutume eut pu conduire à rejeter les « règles coutumières » en ce qu'elles différent des dispositions françaises. L'écart entre leur contenu et le vœu des « élites », explique leur évincement après l'Indépendance.

L'attitude du roi de Krinjabo qui, voulant tirer profit de l'offre d'Indépendance inscrite dans la Constitution du 28 septembre 1958,

---

[24] Jean Suret-Canale, *Afrique noire, l'ère coloniale 1900-1945*, op. cit., p. 109 et 113.

[25] *Hommage à son village natal*, in *Anthologie...*, op. cit., tome 1, p. 126.

[26] Félix Houphouët-Boigny, *Hommage à son village natal*, op. cit., p. 129.

envisage l'autonomie d'Aboisso[27], n'est pas de nature à réduire la méfiance du nouveau Président à l'égard des Chefs coutumiers.

2.2.2. Place de la coutume dans le droit colonial

Le Général de Trentinian, gouverneur du Soudan en 1897, a le premier pris l'initiative de faire collecter les coutumes. Il est suivi par Clozel qui, en 1901, signe un arrêté[28] rappelant que « l'un des buts [de la mission du Président Liontel, Inspecteur des Services judiciaires] doit être l'amélioration et la régularisation des usages séculaires des indigènes, que le Gouvernement de la République s'est engagé à respecter ». Cette reconnaissance conduit à entreprendre un puissant effort de collecte et de transcription des coutumes locales tant sur l'initiative de chercheurs isolés, que de l'Administration qui finance et coordonne une vaste compilation[29]. Ces travaux sont entachés d'erreurs qui peuvent être imputées à la culture même des rédacteurs coloniaux, qui les incite « à établir des similitudes entre le droit des groupes ethniques et le droit romain »[30].

Les administrateurs coloniaux ne disposent d'aucune formation les prédisposant à la découverte de mœurs et de coutumes très éloignées. Dans ce contexte, la connaissance des usages, coutumes ou règles propres aux populations colonisées ne peut qu'être empirique, partielle et, parfois, partiale, quelles que soient les intentions affichées de les faire entrer dans la sphère du droit positif.

---

[27] Après la déclaration d'investiture, le Président Houphouët-Boigny répond à différentes questions, 30 avril 1959, in *Anthologie...*, op. cit., tome 1, p. 271.

[28] Arrêté du 14 février 1901 nommant une commission, chargée de réunir et de codifier les coutumes en usage devant les juridictions indigènes (Clozel, Gouverneur p. i. de la Côte d'Ivoire), in *Histoire et coutumes de la Côte d'Ivoire, Monographie des cercles, Cercle des Lagunes, les Ébriés*, tome I, Abidjan, dépôt légal n° 666, p. 49 et 50.

[29] La circulaire Brévié du 19 mars 1931, présente un bref historique du rôle joué par l'administration dans ce domaine et rappelle aux lieutenants-gouverneurs qu'ils doivent, « dans l'exercice de leurs attributions judiciaires, étudier avec la plus grande attention les cas d'application des coutumes indigènes » (*Histoire et coutumes...*, tome I, op. cit., p. 79).

[30] C. Cangah, préface à *Histoire et coutumes de la Côte d'Ivoire, Monographie des cercles, Cercle des Lagunes, Les Ébriés,* Abidjan, p. 4.

En outre, quoique fonctionnaires et militaires coloniaux soient incités à plusieurs reprises à apprendre les langues vernaculaires[31], les commandants de cercle les ignorent le plus souvent, ce qui les place sous la dépendance de leur interprète qui bénéficie ainsi d'un pouvoir sans contrôle : les fréquentes mutations, destinées à empêcher les fonctionnaires de nouer des liens avec les intérêts locaux, ont pour corollaire une impossibilité pratique de s'insérer dans le milieu, d'en étudier la langue[32].

2.2.3. La collecte des règles coutumières

Alors que le Sénégal est la seule colonie française d'Afrique, l'administration s'emploie déjà à collecter les règles coutumières du pays : un état général des coutumes du Sénégal est dressé entre 1783 et 1794[33], puis étoffé au cours des années allant de 1797 à 1850[34]. Un dépouillement par contrée est opéré en 1846[35]. Un coutumier juridique du Soudan est rédigé en 1897[36].

« Certains commandants de cercle se font ethnographes, linguistes, historiens ou pratiquent d'autres sciences humaines ou naturelles. Les monographies de cercle qu'ils rédigent sur ordre entre 1902 et 1914 et qui demeurent inédites dans les archives de Dakar[37], comportent des rapports remarquables et montrent, en tous cas, que dans leur majorité, leurs auteurs ne manquent ni de curiosité ni de culture »[38]. Thérèse Pujolle cite l'exemple de Marcel Griaule et Germaine Dieterlen qui, dès 1931, commencent à comprendre la

---

[31] En ce sens : une circulaire du Ministre des Colonies Albert Decrais, relative à la constatation des connaissances en langues indigènes des troupes de la Marine, dispose : « J'ai pensé qu'il y aurait intérêt à ce que l'octroi dudit brevet fut étendu au personnel militaire connaissant les dialectes les plus usités de nos possessions d'Afrique » (JOCI, 31 décembre 1900, p. 3).

[32] Denise Bouche, *Histoire...*, op. cit., p. 135.

[33] *Répertoire des archives*, Série G : politique et administration générale, Sous-Série 5G : affaires politiques, administratives et musulmanes : Côte d'Ivoire 1838-1919 - 13-G 13.

[34] *Répertoire.....*, op. cit, - 13-G 14, 15 et 16.

[35] *Ibid.*, 13-G 17.

[36] *Ibid.*, op. cit., 1-G 229.

[37] Archives nationales de la République du Sénégal, 1 G 283 à 1 G 345.

[38] Denise Bouche, *Histoire...*, op. cit., p. 131.

culture dogon et à y reconnaître un système d'interprétation du monde[39].

Cet intérêt pour le droit coutumier va, de même, profiter à la connaissance des coutumes de la Côte d'Ivoire, bien qu'il soit « plus difficile de démêler les fils embrouillés de la légitimité chez les peuples de la forêt de la Côte d'Ivoire que dans les États et les grandes chefferies mieux connus de l'administration et depuis plus longtemps, du Sénégal et du Soudan »[40].

La diversité du « droit fondé sur l'usage » ne permet pas à « un magistrat nouveau venu de France de mettre ses décisions en harmonie avec les préceptes d'une législation si diverse et que parfois connaissent bien seulement les notables ou les anciens du pays »[41]. Des enquêtes sont décidées à l'effet d'éclairer les magistrats sur le contenu des règles coutumières. On note que les « coutumiers » ainsi publiés, quelle que soit l'autorité qui a incité à leur rédaction, demeurent des œuvres privées qui ne s'imposent pas aux magistrats[42]. Cependant, H. Labouret écrivait en 1931 que les coutumes sont ignorées des administrateurs qui ne les ont jamais sérieusement étudiées[43].

Un débat subsiste entre spécialiste : est-il pertinent de parler de « droit coutumier » en Afrique subsaharienne ? Dans l'approche française, le droit coutumier est un droit d'essence coutumière ; il énonce une coutume de caractère juridique. En Afrique, comme dans d'autres parties du pays du Tiers-monde, la coutume est sentie, voire définie, comme une règle ancienne ratifiée par la constance de son application ; ainsi, c'est une conduite sociale et, davantage, une règle de conduite[44].

---

[39] Thérèse Pujolle, *L'Afrique noire*, Flammarion, Paris, 1994, p. 31 et 118.

[40] Denise Bouche, *Histoire...*, op. cit., p.133.

[41] Circulaire relative à la réunion des coutumes en vigueur devant les juridictions indigènes, 29 mars 1901, Clozel, gouverneur par intérim. Dans le même sens, le gouverneur Roume écrit dans une circulaire du 10 novembre 1903 : « dans les matières civiles, les coutumes ne sont pas les mêmes ».

[42] François Luchaire, *Manuel de droit d'outre-mer, Union française, Afrique du nord, Territoires d'outre-mer, Indochine*, Sirey, Paris, 1949, p. 445.

[43] Henri Labouret, *A recherche d'une politique indigène…*, op. cit., p. 13.

[44] Annie Rouhette, *Droit coutumier*, © Encyclopædia Universalis 2004.

En ce sens, la coutume est ce qui a été légué par les Anciens, au sens étymologique, une *tradition*[45]. Se référer à la coutume, c'est aller au-delà de l'énoncé d'une règle de droit, c'est rappeler le fondement de l'existence du groupe. Alors qu'en France, l'énoncé de la règle coutumière incombe à des professionnels, les parères, en Afrique subsaharienne, ce sont les notables qui disent collectivement la coutume ; est coutumier non seulement la règle, mais aussi le bien auquel elle s'applique. C'est ainsi qu'on parle d'un « terroir coutumier ». En France, l'application du droit coutumier va concerner la relation entre deux personnes, par exemple deux propriétaires de terrains mitoyens qui se disputent la propriété sur le fossé qui les sépare. En Afrique, la connaissance de la coutume et son application concernent tout le groupe. C'est ainsi que la notion de « purge des droits coutumiers » portant sur une parcelle de terrain urbain, introduite par le décret le décret n° 96-884 du 25 octobre 1996, ouvre la voie à des litiges à l'issue parfois très violente. En effet, il « [met] en place un système d'indemnisation des possesseurs coutumiers ». En contrepartie de cette indemnisation, les possesseurs cèdent leur terre, contrairement à l'usage coutumier. Quel que soit le soin apporté au choix du (des) possesseurs apparents, il y a toujours des « cousins » (l'étendue de la famille africaine est alors considérable) qui apparaissent ultérieurement pour affirmer leur droit non sur l'argent remis par l'administration, mais sur la parcelle dont l'attribution à un tiers est contestée.

Il aurait convenu, après une première rédaction, tenant compte des observations présentées, qu'il soit procédé aux corrections nécessaires. A titre de comparaison, on note que la rédaction des coutumes de France a requis plusieurs siècles, malgré un environnement plus favorable. La brièveté de la colonisation politique explique, même si elle ne la justifie pas, les insuffisances relevées dans ce domaine.

Nous verrons plus avant que les textes de droit colonial réservent une place importante à la garantie des droits des « indigènes ». Il semble que l'application qui en est faite n'en respecte pas toujours la lettre et l'esprit. L'arrivée au pouvoir des radicaux est marquée, sous couvert d'assimilation, par la liquidation

[45] Du latin *tradere*, donner, transmettre.

ou l'ignorance volontaire des institutions traditionnelles dénoncées comme féodales ou barbares[46]. La Constitution de la IVème République, quoiqu'elle consacre son titre VIII (articles 60 à 82) à l'Union Française, n'envisage pas expressément d'incorporer dans le droit positif propre à chaque territoire d'outre-mer, les coutumes qui s'y pratiquent. Elle ne s'oppose pas, cependant, à ce que, dans les matières qui relèvent de leur compétence, ces territoires cherchent leur inspiration dans leurs fonds coutumiers.

Raymond Dronne[47] souligne, à la suite de l'expérience qu'il a vécue au Cameroun, la difficulté à se référer à un ensemble de règles par nature variables et mal connues, « au moment où elles sont en pleine mutation » « sous l'influence des européens, de la pression de l'Islam et du christianisme ». Les tribunaux en viennent à appliquer des règles dépassées.

La Conférence de Brazzaville (1944) constate que « la masse indigène est restée fidèle à ses institutions coutumières »[48]. « En ce qui concerne les affaires civiles et commerciales, [la Conférence préfère] qu'elles continuent à être jugées selon la coutume et, dans toute la mesure du possible en première instance, par des **juges purement indigènes**. La codification de la coutume est apparue comme présentant plus d'inconvénients que d'avantages : elles doivent demeurer pour le présent le libre fondement du droit civil »[49].

2.3. Droit privé issu du Code Civil

L'arrêté du 5 novembre 1830 modifié par le décret du 1er octobre 1897, promulgue le Code civil au Sénégal[50]. Vers 1880, Jules Ferry note que « les lois françaises ne se transplantent pas étourdiment. Elles n'ont pas la vertu magique de franciser les rivages sur lesquels on les importe : **les milieux sociaux résistent** et se

---

[46] J. Suret-Canale, *Afrique noire, l'ère coloniale 1900-1945*, op. cit., p. 99.
[47] Raymond Dronne, *Vie et mort d'un empire*, op. cit., p. 303.
[48] Ministère des Colonies, *Conférence Africaine Française*, op. cit., p. 39.
[49] *Conférence Africaine Française*..., op. cit., p. 42.
[50] Sur l'histoire de l'introduction du Code civil au Sénégal et l'application de ce texte en Côte d'Ivoire, Albert Ley, *Le régime domanial et foncier*..., op. cit., p. 262 à 272.

défendent ». De même, dans sa circulaire commentant le décret du 10 novembre 1903 portant réorganisation du service de la justice dans les colonies relevant du Gouvernement général de l'Afrique occidentale[51], le gouverneur général Roume souligne : « nous ne pouvons imposer à nos sujets les dispositions de notre droit français **manifestement incompatibles avec leur état social**. Mais nous ne saurions davantage tolérer le maintien, à l'abri de notre autorité, de certaines coutumes **contraires à nos principes d'humanité** et au droit naturel »[52]. Il souligne ainsi la place attribuée aux règles coutumières de droit privé, ainsi que le principe en raison duquel certaines sont nécessairement écartées. Une difficulté d'application de cette définition, réside dans le concept de « droit naturel », alors perçu comme universel[53], alors qu'il est contingent à « l'état social ». Le délai supplémentaire de deux années, consenti en 1905, nécessaire pour réprimer la traite coutumière[54] des esclaves en Afrique occidentale[55], illustre cette relativité du droit naturel.

---

[51] Année 1905, citée par le qouverneur général Brévié dans sa circulaire relative à la codification des coutumes indigènes, du 19 mars 1931 (*Histoire et coutumes de la Côte d'Ivoire, ..., Les Ébriés*, op. cit., p. 78).

[52] Henri Solus, *Traité de la condition des indigènes en droit privé*, Sirey, Paris, 1927, p. 308.

[53] La République radicale perpétue la « philosophie des Lumières ». Il est donc intéressant de se reporter, sur l'universalité du droit naturel, aux textes écrits par les rédacteurs de la *Déclaration...* de 1789 (Stéphane Rials, *La déclaration des droits de l'homme et du citoyen*, Hachette, Paris, 1988, p. 350 à 354).

[54] « [...] il pouvait encore subsister d'une manière dissimulée [...] dans certaines contrées reculées où le contrôle de nos administrateurs ne peut que difficilement se faire sentir en raison de l'éloignement et de la difficulté des communications » (Extrait du rapport au président de la République, J.O. de l'AOF, 6 janvier 1906, page 17).

Dans le même sens, les explications données par l'amiral Jauréguiberry et le ministre de la Marine et des Colonies, au cours du débat du 1er mars 1880 (JORF, 2 mars 1880, Sénat, p. 2423).

[55] Rapport au président de la République, suivi du décret du 12 décembre 1905 relatif à la répression de la traite des esclaves en Afrique occidentale et au Congo français (J.O. de l'AOF, 6 janvier 1906, p. 17 et 18).

Félix Eboué, gouverneur de l'AEF, dans une circulaire du 8 novembre 1941[56] rappelle que « faire ou refaire une société, sinon à notre image, du moins selon nos habitudes mentales, c'est aller à un échec certain. L'indigène a un comportement, des lois, une patrie qui ne sont pas les nôtres. Nous ne ferons son bonheur ni selon les principes de la Révolution française, qui est notre Révolution, ni en lui appliquant le Code Napoléon, qui est notre Code, ni en substituant nos fonctionnaires à ses chefs, car nos fonctionnaires penseront pour lui, mais non en lui... Nous nous attacherons à développer le sentiment de sa dignité et de sa responsabilité, progrès moral, et à l'enrichir, progrès matériel, mais nous le ferons dans le cadre de ses institutions naturelles »[57]. En 1944, fidèle à lui-même, Félix Eboué soutient, à la Conférence de Brazzaville, contre l'idée d'assimilation défendue notamment par Raphaël Saller, le principe d'une évolution dans le cadre des coutumes africaines[58]. Félix Éboué reste fidèle au principe énoncé par Clozel au début du siècle, selon lequel il convient de corriger les coutumes existantes, de supprimer ce qu'elles peuvent avoir de barbare[59], mais aussi de préserver ce qui fait l'**identité africaine**. C'est pourquoi, les dispositions du Code civil ne concernent que les « citoyens français », les « naturalisés », puis, à partir de 1946, en outre, les indigènes ayant **renoncé à leur statut coutumier**.

Cependant, L'École coloniale créée en 1889 (Etienne Aymonier, 1889-1926), devenue en 1934 l'École nationale de la France d'Outre-Mer (ENFOM), forme les administrateurs des colonies sur le modèle de l'administration métropolitaine[60]. En application de la Loi-cadre du 23 juin 1956, les trois dernières promotions (1956, 1957 et 1958) comptent autant d'Africains, et de Malgaches que de métropolitains.

---

[56] Journal Officiel de l'Afrique française libre et de l'AEF, 1er décembre 1941, p. 687-699.

[57] Circulaire du gouverneur général de l'AEF, Félix Éboué, du 8 novembre 1941, JO de l'Afrique française libre et l'AEF, 1er-12-1941, p. 687-699.

[58] Raymond Dronne, *Vie et mort...*, op. cit., p. 51.

[59] *Ibid.*, p. 52.

[60] Mogni Ali, *Le handicap de l'éducation pour les économies africaines*, Université du Littoral Côte d'Opale, Lab. RII, documents de travail n° 84, mars 2004. http://rii.univ-littoral.fr/doc_travail/pdf/doc74.pdf

2.3.1. Un droit de nature réglementaire

Les colonies bénéficient pendant de courtes durées de dispositions issues des assemblées législatives. Pendant la plus grande parties de la présence française, elles sont soumises au seul pouvoir réglementaire.

Le droit en vigueur en Côte d'Ivoire de 1893 à 1945, est construit suivant cette logique. Le gouvernement est ainsi investi du pouvoir de créer le droit colonial sans contrôle parlementaire. C'est pourquoi, l'allusion à la loi, ajoutée à la fin de l'article 21 de l'arrêté du 8 juin 1907, ne peut être envisagée dans son sens technique précis mais dans une acception plus large. Ce régime reste en vigueur jusqu'à la Constitution de la IVème République dont la politique est fondée sur une volonté d'intégration marquée par la participation de députés des colonies aux travaux de l'Assemblée Nationale.

Deux principes essentiels de la Déclaration de 1789, la participation des citoyens à l'élaboration des lois par l'intermédiaire de leurs représentants et l'approbation parlementaire des impôts, sont ainsi écartés dans les possessions d'Afrique Noire jusqu'à la Constitution de la IVème République Française, en 1946, malgré la présence de députés du Sénégal à la Chambre des Députés depuis 1914. En outre, le Pouvoir Réglementaire freine l'application des rares interventions du Pouvoir Législatif[61]. Par contre, les tribunaux judiciaires constatent l'illégalité des décrets coloniaux qui contredisent les lois[62].

---

[61] J. Suret-Canale, *Afrique noire, l'ère coloniale 1900-1945*, op. cit., p. 94.

[62] C.E., 29 mai 1908, colonie du Sénégal, Rec. 578 ; S. 1909.3.26, note Girault. A propos du décret du 4 octobre 1927 sur le régime de la presse en Indochine, dont l'article 18 modifie les règles de compétence fixées par l'article 45 de la loi du 29 juillet 1881. Ce décret doit être considéré comme juridiquement inefficace, seul le Parlement ayant qualité pour modifier les règles posées par la loi précitée (Cour d'Appel Saigon, 17 octobre 1933, D. Penant, *Recueil général...*, 1934, volume XLIII, article 5511 *Jurisprudence*, p. 108 et *Table de la jurisprudence...*, p. 14).

	Les colonies sont régies par des lois	Les colonies sont régies par le seul pouvoir réglementaire
Constitution du 5 fructidor An III (22 août 1795)	Les colonies sont parties intégrantes de la République et soumises aux mêmes lois	
Loi du 30 floréal An X		Article 4 : « Nonobstant toutes les lois antérieures, le régime des colonies est soumis pendant dix ans aux règlements qui seront faits par le gouvernement
Charte de 1814	Les colonies sont régies par des lois et règlements particuliers.	En fait, très tôt, elles sont régies par des ordonnances.
Loi du 24 avril 1833	Le régime législatif est rétabli pour les colonies.	
Constitution du 4 novembre 1848	Les colonies et l'Algérie sont des territoires français, mais elles sont soumises au régime de lois particulières.	
Sénatus-consulte du 3 mai 1854		Les colonies, autres que celles de la Martinique, de la Guadeloupe et de La Réunion[63], sont soumises au régime des décrets.

[63] L'article 18 du sénatus-consulte du 3 mai 1854 attribue au seul pouvoir réglementaire le soin de dire le droit dans les colonies : « [les colonies] sont régies par décret de l'Empereur, jusqu'à ce qu'il ait été statué à leur égard par un sénatus-consulte ». Ce dernier n'est jamais venu.

2.3.2. Importation forcée du droit français

Le droit privé français est fondé sur les concepts de « propriété privée », « autonomie de la volonté », « liberté de contracter » et « égalité des contractants » issus du Code Civil, en opposition avec les cadres sociaux traditionnels, avec les hiérarchies anciennes.

Les préoccupations des populations autochtones ne sont pas explicitement prises en compte ; elles ne participent pas à l'élaboration des lois et règlements qui leur sont imposés : les colonisés sont, en fait, en situation de minorité civile. Ce comportement est conforme à celui pratiqué le plus couramment par les forces occupantes.

Très vite, le colonisateur institue un *juris personae*[64] : à côté du « droit moderne », appliqué par les tribunaux de l'ordre judiciaire, destiné aux européens et assimilés, est instauré un « droit fondé sur les règles coutumières », appliqué par les tribunaux indigènes et musulmans, auquel l'administration n'apporte qu'un visa d'équité. On note que, malgré la participation de certains administrateurs à leur rédaction, les coutumiers juridiques n'acquièrent pas force obligatoire. De la sorte, chacun est sensé contracter, être jugé, etc, en fonction des règles qui lui sont familières.

2.4. Place des principes généraux du droit dans le droit administratif colonial

En l'absence de contrôle parlementaire, reste la censure juridictionnelle[65]. La jurisprudence du Conseil d'État[66] depuis 1908

---

[64] Sur le choix de la coutume, lorsque les deux plaideurs ne relèvent pas de la même, Micheline Landraud, *Justice indigène et politique coloniale. L'exemple de la Côte d'Ivoire*,, in *Recueil Penand, revue de droit des pays d'Afrique*, n° 759, janvier-février-mars 1978, p. 5 à 41 et *Recueil Penand...*, n° 760, avril-mai-juin 1978, p. 26, note 75.

[65] « La confusion entre les mains [des administrateurs coloniaux, avant 1901], des pouvoirs administratifs et judiciaires [pouvait] exposer leurs décisions à de graves critiques » (*Rapport au Président de la République*, 6 août 1901, cité par Roger Villamur, *Les attributions judiciaires des administrateurs et chefs de poste en service en Afrique*, Pédone, Paris, 1902).

admet le recours pour excès de pouvoir contre les décrets pris par le chef de l'État en matière coloniale. En outre, le Conseil d'État admet, à partir de 1935, que certains principes généraux du droit s'imposent au « législateur colonial »[67] avec une force égale à celle de la loi[68]. « Parmi ces principes fondamentaux [posés par les déclarations des droits ou déduits par le juge], qui sont à la base de notre régime politique, il faut sans doute ranger l'égalité des citoyens, la garantie des libertés essentielles, la séparation des pouvoirs et l'autorité de la chose jugée, la non-rétroactivité des actes de la puissance publique et l'intangibilité des droits acquis, le droit pour le citoyen de contester les actes du pouvoir que ce soit dans une attitude passive ou par son action. Il faut y ranger également, en contrepartie, le principe de la continuité des services publics essentiels à la vie de la Nation »[69].

---

[66] « Bien que les colonies, autres que les Antilles et la Réunion soient, aux termes de l'article 18 du sénatus-consulte du 3 mai 1854, régies par des décrets [... ceux-ci] n'en constituent pas moins des actes administratifs susceptibles d'être déférés au Conseil d'État par la voie du recours pour excès de pouvoir » (D. Penant, *Recueil général de jurisprudence, de doctrine et de législation coloniales et maritimes*, 1934, volume XLIII, articles 5477 à..., *Jurisprudence, table alphabétique des arrêts, jugements et décisions diverses*, p. 13., sous Cons. d'État, 22 décembre 1933, art 5488, p. 25, Ackein c. Duc et Gouvernement général de l'Indochine).

[67] C.E., 20-12-1935, Etablissements Vézia, 23-11-1936, Abdoulhoussen et autres, Rec. 1015 ; S. 1937.3.25, note M.L., *Les grands arrêts de la jurisprudence administrative,* 8ème édition, Sirey, Paris, 1984, p. 477.

[68] C.E. 9-03-1951, Société des Concerts du Conservatoire ; C. E. 7 février 1958, Syndicat des propriétaires de forêts de chênes-lièges d'Algérie, Rec. 74 ; A. J. 1958.II.130, conclusions Grévisse, C.E. 19-02-1960, Fédération algérienne des syndicats de défense des irrigants, Rec. 129 et 130.

[69] C. E. 26 juin 1959, Syndicat général des ingénieurs-conseils, Rec. 394 - S. 1959.202 note Drago ; D. 1959.541, note L'Huillier ; R.D.P. 1959.1004, conclusions Fournier ; Revue juridique et politique d'Outre-mer, 1960.441, conclusions Fournier ; A.J. 1959.I.153, chronique Combarnous et Galabert ; Revue de droit administratif 1959.381, note Georgel.

TITRE II – UNE EXPLOITATION CALCULÉE DE LA FORÊT

L'ambivalence de la colonisation se manifeste dans le domaine forestier, d'un côté par l'accaparement de la plus grande partie des terres dont la couverture forestière est présumée manifester la vacance et l'absence de maître et, de l'autre, par l'appel lancé aux populations de coopérer au développement de la colonie par l'exploitation des arbres naturels et le reboisement au moyen des essences privilégiées par l'administration.

3. DROITS DOMANIAL ET FONCIER COLONIAUX

> « Le culte des ancêtres, le respect de la tradition, l'amour de ce qui est permanent dans le passé, ce sont là les vertus d'une trame solide et à l'épreuve des hasards. C'est sur de pareilles vertus qu'il faut fonder les Républiques ».
> (Charles Mauras).

Il n'est pas dans notre propos de revenir sur les éminents travaux de Messieurs Albert Ley[1] et Fian Assemian[2], mais de rechercher, dans le droit foncier antérieur à l'Indépendance et dans la pratique qui en résulté, la place consentie aux populations indigènes.

Bien loin de se cantonner au seul plan de l'Histoire, les exposés qui suivent appartiennent à l'actualité en ce que certaines dispositions de droit foncier héritées du pouvoir colonial demeurent en application, et que la conception d'ensemble persiste au moins jusqu'à la loi du 23 décembre 1998.

3.1. Premières relations foncières entre les rois indigènes et les Français

Les premiers établissements français d'Assinie et de Grand Bassam ne résultent pas d'actions de force mais de « traités de protectorat » signés par les responsables locaux. Ces traités constatent la reconnaissance de la **souveraineté de la France** alors que la propriété « pleine et entière » des terrains n'est **concédée que pour la superficie nécessaire** à la construction d'une fortification et d'un établissement. Le traité du 20 avril 1852[3] précise même que

---

[1] *Le régime domanial et foncier et le développement économique de la Côte d'Ivoire*, op. cit.

[2] *Le droit foncier de l'État ivoirien*, op. cit.

[3] *Traité passé le 20 avril 1852 entre la France et les chefs du pays des*

cette cession sera effectuée « moyennant payement d'après estimation de la valeur des dits terrains ». La référence au prix n'apparaît plus dans le traité du 2 février 1869[4] mais il n'est pas encore question d'un accaparement général des terres. Le roi Amatifou peut espérer que la frontière entre la Gold Coast et la Côte de l'Or, définie entre la France et la Grande Bretagne, mette fin aux intrusions des Appoloniens qui créent des champs et des hameaux sans autorisation, dans son royaume.

Malgré les échauffourées qui suivent les premières implantations françaises, le vieux roi Amatifou et le chef d'Aby permettent, en 1881, à Amédée Brétignère, représentant de Verdier[5] à Assinie, de créer une plantation de café sur le plateau de M'boin, près du village d'Elema d'une superficie initiale de 125 hectares, progressivement étendue[6].

Déjà, le 4 juillet 1843, Amon N'diffou avait signé un traité d'alliance avec la France représentée par Fleuriot de Langle. Plus d'un siècle plus tard, en mai 1959, le roi de Krinjabo tire prétexte de ce traité pour proclamer l'indépendance du Sanwi. Le 5 février 1960, il instaure un « gouvernement provisoire en exil » à Accra (Ghana).

En 1890, le roi de Krinjabo attribue à Verdier une vaste concession confirmée par Delcassé, ce qui montre que certains rois ne sont pas hostiles à la présence d'étrangers blancs sur leur domaine. D'une manière générale, les accords de toute nature signés avant 1893, portent sur la moitié Est de la Côte d'Ivoire.

Jacks, Cf. annexe *I*.

[4] *Traité passé le 2 février 1869 à Alindja entre la France et Dirabou roi de Grands Jack Jacks.*

[5] Négociant à La Rochelle, propriétaire de comptoirs à Grand Bassam et Assinie. Profitant du départ des militaires, en 1871, il s'attribue la qualité de « gardien du Pavillon ». Nommé résident de France à Grand Bassam et Assinie, sous le contrôle du commandant de la division navale de l'Atlantique et du commandant supérieur du Gabon, il démissionne de cette charge en 1889. Pour Henri Brunschwig, « le plus remuant des commerçants et colons européens de la Côte d'Ivoire » (*L'Afrique Noire au temps de l'empire français*, Destins croisés/Dénoël, Paris, 1988, p 136). La nature des relations qu'il entretient avec Binger reste sujette à débats.

[6] Ministère de l'Intérieur, *Assinie et sa région dans l'histoire*, op. cit., p. 68.

3.2. Limites du droit de propriété foncière des « indigènes »

Jusqu'à la fin du XIXème siècle, le colonisateur n'a aucune connaissance des règles coutumières qui président à l'affectation ou l'appropriation des terres de la Côte d'Ivoire, et à leur utilisation. Les notions de « dépendances du Sénégal » puis d'Afrique occidentale permettent d'appliquer à un ensemble de colonies, les règles dégagées chez les populations du Sénégal.

L'administration coloniale constate l'absence de propriété privée sur les terres mais aussi que le droit de gérer les terres collectives, de les louer, de les concéder, etc, à l'exclusion de les vendre, est une prérogative des souverains locaux du Sénégal[7]. Accaparant, en raison de la conquête ou des traités, le pouvoir qu'elle leur présume, elle s'attribue des droits portant sur le sol[8]. C'est en cela que la « spoliation » serait « légitime »[9] : elle serait le prix de la défaite des colonisés. En restituant les terres, le colonisateur renoncerait alors, au moins partiellement, à son pouvoir. On peut cependant remarquer que l'implantation initiale est

---

[7] Sur l'absence de droit de propriété individuelle en droit coutumier et les limites du pouvoir d'administration exercé par les chefs de groupement, lire Micheline Landraud, *Justice indigène et politique coloniale. L'exemple de la Côte d'Ivoire*, op. cit., p. 219 et note 193.

[8] Un arrêt de la Cour d'Appel de Dakar du 24 juin 1903 (D. Penant, *Recueil général de jurisprudence...*, op. cit., volume XII, Paris, 1903, art. 2006, *Jurisprudence* p. 204, table p. 15 *Domaine colonial*) rappelle que le royaume du Cayor « entré dans le domaine colonial par l'effet, soit de l'annexion résultant du **droit de conquête, soit des traités**, est demeuré sous la souveraineté de la France ». Ce faisant, la Cour enlève tout contenu aux traités de protectorat, en traitant sur un même pied les territoires qu'ils visent et ceux qui ont été conquis.

L'article 10 du décret du 23 octobre 1904 en attribuant à l'État « les terres vacantes et sans maître dans les colonies et territoires de l'AOF », abolit ce qui pouvait rester de la souveraineté des chefs africains (Jean Suret-Canale, *Afrique noire, l'ère coloniale 1900-1945*, op. cit., p. 98).

[9] Pour une critique de l'assimilation des pouvoirs exercés par les chefs à un droit de propriété transmissible, lire Micheline Landraud, *Justice indigène et politique coloniale...*, op. cit., p. 220 et note 195.

contractuelle, que ce soit à Saint-Louis du Sénégal, ou en Côte d'Ivoire, ce qui enlève bien du poids à cette justification tardive.

En Côte d'Ivoire, le même principe est appliqué après 1893. L'État colonial s'empare de toutes les terres affirmées « sans maître » privé[10]. Pratiquement, il s'agit, le plus souvent de forêts ou de jachères. Postérieurement, cette appropriation publique permet de procéder à une redistribution des terres et à une sélection des attributaires par l'administration coloniale[11].

3.2.1. La maîtrise du sol, facteur du développement

L'arrêté portant organisation du Service des Travaux Publics de la Côte d'Ivoire[12] charge notamment ce service (article 1er): [...]
7° de la conservation des terrains faisant partie du domaine de la colonie;
8° de la vérification des plans joints à toutes demandes d'acquisition ou de concession de terrains, mines et carrières;
9° des rapports sur la délimitation, l'estimation, la concession ou la vente de ces terrains;
10° de la rédaction et du dépôt des titres et plans concernant l'aliénation de ces terrains [...]

---

[10] La référence à la coutume enlève tout caractère systématique aux notions de « vacance » et « d'absence de maître ». C'est ainsi qu'à Madagascar, « ne sont réputées vacantes et sans maître que les **terres non occupées** : à l'égard de celles cultivées ou **possédées par des tiers**, l'État, en vertu du principe qui **soumet son domaine privé aux mêmes obligations que les particuliers**, sauf exceptions prévues par les lois spéciales, doit faire la preuve du droit invoqué » (Cour d'Appel de Tananarive, 20 août 1902, État français c. Ranarivelo et autres, D. Penant, article 1809, p. 22 à 28, 1903, *Jurisprudence, Recueil général de jurisprudence, de doctrine et de législation coloniale…*, 1903, volume XII, articles 1803 à..., Paris).

[11] Albert Ley, *Le régime domanial et foncier...*, op. cit. : « La réforme agraire en Côte d'Ivoire comme moyen de choisir le titulaire du droit de propriété [de la terre] », p. 479 à 481 ; « La redistribution des terres en Côte d'Ivoire sous l'administration française », p. 482 à 484 ; « La réforme agraire sous l'administration française en Côte d'Ivoire comme moyen d'augmenter la productivité des exploitations agricoles », p. 484 à 486.

[12] JOCI n° 5, mai 1897, page 2.

L'étendue du domaine que l'Etat colonial s'arroge à partir de 1900, donne à ce service une importance capitale. Cependant, en l'absence d'un cadastre rural, la plus grande partie des travaux qui lui sont confiés est approximative, comme le montrent les descriptions de demandes de concessions présentées à la même époque dont, prudemment, certaines sont rédigées au conditionnel[13]. En règle général, ni le bornage, ni le voisinage ne sont indiqués[14].

3.2.2. Le droit de propriété individuelle des indigènes

Les fonctionnaires coloniaux ignorent les relations existant entre les populations africaines et leur sol. En Afrique noire traditionnelle, la terre ne peut être l'objet de propriété. Elle est le bien collectif d'un village ou d'un clan qui en attribue l'usage à l'un de ses membres ou, plus rarement, à une personne étrangère au groupe[15], Or, les rédacteurs des coutumiers utilisent le vocabulaire propre aux concepts issus du droit romain, adaptés aux besoins de la société industrielle.

« Au cours des années 1860, au Sénégal, on se demande s'il convient ou non de reconnaître un droit de propriété individuelle aux indigènes, conforme aux dispositions du Code civil. L'arrêté du 28 février 1862 affirme l'inexistence d'un tel droit. Celui du 11 mars 1865 reconnaît la possibilité de faire transformer un droit coutumier en droit de propriété en vertu d'une concession[16]. Puis

---

[13] Exemple: JOCI n° 7, 1er juillet 1897, MM. Domergue et Cie.

[14] Exemples : les demandes de concessions agricoles publiées dans le JOCI n° 8 bis, 1er août 1897, p. 5.

[15] En ce sens, L. S. Senghor, conférence donnée à Strasbourg le 20 novembre 19964, in É. Le Bris, É. Le Roy, P. Mathieu, *L'appropriation de la terre en Afrique Noire - Manuel d'analyse, de décision et de gestion foncières*, Karthala, Paris, 1991, p. 29

[16] A. Ley, *Le régime domanial et foncier...*, op. cit., p. 236 et 237.
« [...] les indigènes, chefs ou subordonnés occupant des parcelles de terrain, lorsqu'ils ne sont pas soumis aux exigences de l'arrêté Faidherbe du 11 mars 1865, à l'effet de solliciter et d'obtenir de l'administration sénégalaise, sous forme de concession, un titre régulier de propriété, ne peuvent être regardés que comme détenteurs précaires incapables de posséder *animo domini* et de prescrire » (Cour d'Appel de Dakar, 24 juin 1903 - D. Penant, *Recueil général de jurisprudence…*, 1903, volume XII, articles 1803 à..., Paris,, art.

l'administration des Domaines, en l'absence de toute demande de concession, considère, qu'aucun indigène n'est ni propriétaire ni même possesseur régulier »[17].

Un arrêt de la Cour d'Appel de Dakar, rendu en 1903[18], affirme « que la propriété individuelle est inconnue au Sénégal au regard des territoires que la conquête a eu pour effet d'annexer au domaine de la France. [...] le Damel (ou roi) du Cayor concentrait en sa personne le droit de propriété du sol sur lequel il ne concédait aux chefs qu'un simple droit de jouissance révocable *ad nutum* ». Un auteur récent soutient qu'une « caractéristique fondamentale des sociétés lignagères est qu'elles sont fondées sur les hommes et non sur la terre »[19]. Il s'en suit que les limites territoriales sont imprécises et que de vastes étendues « neutres » sont disponibles entre les terroirs. L'appréciation de la Cour est donc fondée mais, partielle, elle tend vers une erreur couramment commise par le colonisateur.

Au contraire, le décret du 24 juillet 1906 organise la constatation des droits fonciers coutumiers et leur transformation en droits de propriété par l'immatriculation[20]. Les termes très généraux de ce décret n'excluent pas qu'il profite à des collectivités perçues comme indivisions.

La jurisprudence exige de la coutume, un caractère traditionnel et a tendance à ne pas reconnaître l'élaboration des coutumes nouvelles[21].

Certains auteurs, tel François Luchaire continuent d'affirmer l'absence d'un droit de propriété individuel coutumier en Afrique noire bien après le second conflit mondial : « La terre ne paraît pas à l'indigène, objet de propriété. Il n'occupe que ce qu'il cultive ; la terre est souvent une divinité qu'il ne saurait être question d'aliéner. On ne

---

2006, *Jurisprudence* p. 204, table p. 15 *Domaine colonial*).

[17] Etienne Le Roy, *La réforme du droit de la terre…*, op. cit., p. 13.

[18] Cour d'Appel du Sénégal, 24 juin 1903 (D. Penant, *Recueil général de jurisprudence…*, 1903, volume XII, articles 1803 à..., Paris, art. 2006, *Jurisprudence* p. 204, table p. 15 *Domaine colonial*).

[19] Jean-Philippe Plateau, *Réforme agraire et ajustement structurel en Afrique subsaharienne : controverses et orientations*, Étude F.A.O., Développement Économique et Social, Rome 1993, p. 95.

[20] Albert Ley, *Le régime domanial et foncier...*, op. cit., p. 243 à 245.

[21] Dakar, 13 novembre 1924, Penant, 1925, p. 101.

peut donc reconnaître qu'un droit d'occupation »[22]. Cependant, à partir de 1946, le régime de propriété foncière décrit dans le Code civil, s'applique à tous ceux qui n'ont pas le statut personnel indigène; au contraire, mais non aux citoyens qui n'ont pas renoncé à leur statut coutumier[23].

3.2.3. Les droits fonciers coutumiers collectifs des indigènes

L'administration coloniale est bien informée d'une prérogative foncière exercée par les chefs coutumiers[24]. Elle considère qu'il s'agit d'un droit de propriété. Ce faisant, elle assimile un pouvoir informel de gestion au droit éminent[25] exercé par les grands féodaux sur leurs

---

[22] François Luchaire, *Manuel de droit d'outre-mer, Union française, Afrique du nord, Territoires d'outre-mer, Indochine*, Sirey, Paris, 1949, p. 446.

[23] François Luchaire, *Manuel de droit d'outre-mer,...*, op. cit., p. 426.

[24] Ce droit coutumier est bien connu du colonisateur, comme il ressort d'une espèce pendante devant le contentieux administratif du Sénégal en 1857, opposant le chef du service administratif de cette colonie à un particulier, le sieur Crespin, relatif à la prétendue propriété d'un terrain dans le Walo. Le contrôleur colonial, après avoir noté que le Code civil n'est pas encore la loi du Walo, soutient « que **la coutume du** Walo défend à toute personne de disposer de la terre à titre définitif, le brack ou roi, (**aux droits duquel se trouverait maintenant l'État français** par suite de la conquête) ne pouvant être privé de sa terre par le fait de son sujet » (Conseil d'État n° 28.501, 18 novembre 1858, le contrôleur colonial c. Crespin, commentaires Ch. d'Aubigny, *Recueil de jurisprudence coloniale en matière administrative, civile et criminelle, contenant les décisions du Conseil d'État et les arrêts de la Cour de Cassation*, Paris, Imprimerie impériale, 1862, tome 1, *Décisions du Conseil d'État*, 1816-1861, p. 175).

[25] Cour d'Appel de l'AOF arrêts des 8 février et 19 mars 1907. La théorie du « domaine éminent » empruntée à l'ancien droit féodal du colonisateur est utilisée par les services des Domaines des colonies pour asseoir leurs revendications. Albert Ley conteste l'application du concept médiéval de « droit éminent » à la réalité africaine (A. Ley, *Le régime domanial et foncier...*, op. cit., p. 12 à 14) :

- il n'est généralement pas prouvé que les chefs locaux soient titulaires d'un tel droit ;
- le décret du 16 juillet 1792 abolit la distinction entre « domaine éminent » et « domaine utile ». La doctrine coloniale revient donc à ressusciter dans les

terres à partir du Vème siècle[26]. Prenant le contre-pied de la doctrine énoncée par Portalis à la fin du XVIIIème siècle[27], elle considère que, dans cette colonie, le pouvoir foncier est **une part de la souveraineté** des chefs coutumiers dont elle s'empare en même temps qu'elle les prive de l'ensemble de leurs pouvoirs. Il reste à déterminer le contenu de ces droits.

Un état de possession particulier est reconnu au profit des « communautés indigènes et des chefs qui les représentent »[28] sous la condition implicite que les unes ou les autres se manifestent lorsque leur droit est attaqué par une demande de concession ou un transfert de propriété. Il leur appartient de tirer avantage des procédures décrites par les décrets successifs en matière foncière, organisent la publicité des demandes et la purge judiciaire des éventuelles oppositions. Cependant, la nouveauté de l'immatriculation, au début du siècle, et son caractère facultatif, ne concourent pas à en vulgariser l'usage.

Ce qui oppose fondamentalement les dispositions du Code Civil de 1804 et celles imposées par le colonisateur en Côte d'Ivoire, c'est que les premières organisent la **transmission** de la propriété

---

les colonies d'Afrique un droit disparu en métropole ;
- pour sauver la théorie, on affirme qu'il ne s'agit pas d'un droit féodal mais d'un droit de propriété selon le Code civil. Mais, dans la tradition juridique française, le souverain ne peut être propriétaire de toutes les terres (Albert Ley, *Le régime domanial et foncier*..., op. cit., p. 12 à 14).

[26] Aux temps mérovingiens et carolingiens, les droits réels sur la terre sont subdivisés entre un grand propriétaire qui conserve un domaine supérieur, le domaine éminent, et un tenancier qui finit, en raison de la **durée pendant laquelle** il a exploité la terre, par acquérir également un **droit réel**, le domaine utile (Jean-François Lemarignier, *La France médiévale, institutions et société*, Armand Colin, Paris, 1970, p. 169).

[27] « Au citoyen appartient la propriété, et au souverain l'empire » (Portalis, cité par P. Chrétien, *L'inconcevable domaine...*, op. cit., p. 162). Son ouvrage intitulé *De l'usage et de l'abus de l'esprit philosophique durant le XVIIIème siècle* montre que, pour cet auteur, cette maxime ne souffre aucune restriction, pas même à propos de ce qu'on appelle aujourd'hui le Domaine privé (cf. Patrice Chrétien, *L'inconcevable domaine national*, in *Propriété et Révolution, Actes du Colloque de Toulouse 12-14 octobre 1989*, textes réunis par Geneviève Koubi, CNRS, Toulouse I, 1990, p. 159 à 163).

[28] Décret du 15 novembre 1935, article 1er, 3ème alinéa.

foncière individuelle dont la première constitution est extrêmement ancienne[29], alors que les secondes **instituent** ce droit et la constatation de son existence sur des immeubles que des circonstances diverses ont maintenus hors du commerce. Cela implique qu'une procédure permette de s'assurer de l'absence effective de tout maître et, d'autre part, que les rédacteurs du droit ivoirien entendent instituer des règles sans relation avec les usages.

La quasi-simultanéité de la promulgation des trois décrets du 20 juillet 1900[30] et de celui du 30 août 1900 sur le régime des terres domaniales à la Côte d'Ivoire[31] est une nécessité: leurs dispositions sont complémentaires quoiqu'ils relèvent de branches distinctes du droit. Pour que la construction d'ensemble apparaisse, il aurait été souhaitable qu'ils soient publiés en plaçant en tête le « régime des terres domaniales », qui organise la mise sur le marché des biens vacants et sans maître, suivi du « domaine public » puis du « régime forestier », qui organisent l'exploitation des biens que l'État conserve à un titre quelconque, puis du « régime de la propriété foncière » qui organise l'acquisition et la transmission de la propriété privée des terrains.

Il ressort d'une lecture globale de ces textes et de ceux qui en découlent, que le droit colonial répartit les biens fonciers en quatre groupes principaux :

- ceux appartenant aux collectivités indigènes et aux chefs qui les représentent ;
- ceux dont la possession privée est antérieure à la date de publication de ces décrets[32] ;

---

[29] L'origine de propriété d'un immeuble, transcrite en tête de l'acte, montre que pendant une longue période les transferts successifs ont été régulièrement effectués ; mais l'ensemble repose sur la **présomption** que le plus ancien propriétaire cité est régulièrement titré ; l'émergence du droit individuel de propriété des immeubles est immémoriale et sa transcription est également bien antérieure à 1804.

[30] Domaine public, régime forestier et régime de la propriété foncière, tous trois publiés dans le JORF 5 septembre 1900.

[31] JORF 5 septembre 1900 ; arrêté de promulgation du 8 octobre 1900 (JOCI, 15 octobre 1900, n° 20, p. 1-9).

[32] Décret du 26 juillet 1932, article 83 : « Dans les parties de l'AOF où la tenure du sol par les habitants ne présente pas tous les caractères de la propriété privée, telle qu'elle existe en France, le fait, par un ou plusieurs

- ceux sur lesquels porte un droit de propriété privée ;
- le domaine de l'État, subdivisé en un domaine public et un domaine privé.

Le droit colonial règle les conditions de forme et de fonds permettant à un bien de passer d'un groupe à l'autre.

3.3. La garantie des droits coutumiers des indigènes

Implicitement, le droit colonial analyse le droit des indigènes en deux branches que sépare le concept de « mise en valeur » :
- les terres nécessaires pour l'implantation des villages et pour les productions agricoles ;
- celles sur lesquelles ils se livrent à la cueillette ou font paître leurs troupeaux.

La possession des premières est réservée par les textes de droit foncier alors que l'usage des secondes est organisé de façon restrictive dans le cadre du droit forestier.

3.3.1. Appropriation par l'État colonial des biens vacants et sans maître

La très forte liaison qui existe, dans les colonies, entre le droit foncier et le droit administratif procède de l'obligation que s'impose l'État de vérifier l'absence de toute possession sur les biens qu'il répute « sans maître » avant de les introduire dans le circuit économique. Depuis le décret du 29 septembre 1928[33], l'état de vacance présumée n'exclut pas la possession[34].

---

détenteurs de terres, d'avoir établi par la procédure de l'immatriculation, l'absence de droits opposables à ceux qu'ils invoquent, a pour effet, quels que soient les incidents de ladite procédure, de consolider leurs droits d'usage et de leur conférer les droits de disposition reconnus aux propriétaires par la loi française ».

Sur la contradiction qui existerait entre la « prescription acquisitive » et les règles coutumières de Côte d'Ivoire : Albert Ley, *Le régime domanial et foncier...*, op. cit., p. 267 à 272.

[33] Décret du 29 septembre 1928, réglementant le domaine public en AOF (JORF n° 257, 31 octobre 1928, p. 11590 sqq).

[34] « [...] les possesseurs de terrains compris dans le domaine public ne

L'article 1er du décret du 30 août 1900 sur le « régime des terres domaniales » définit le domaine de l'État par la négative : les « biens sans maître sont ceux sur lesquels aucune possession coutumière ni moderne, aucune propriété, ne sont revendiquées ». Le silence fonde le droit de l'État. L'article 1er ne préjuge pas de l'étendue de ces « biens sans maître ». Or, c'est d'un changement quantitatif que peut jaillir un nouveau concept[35] : alors qu'en France, le Domaine de l'État, public ou privé, ne couvre qu'une étroite superficie, et que les dispositions du Code Civil relatives aux biens sans maître ne concernent, en pratique, que ceux en déshérence[36] et ne sont donc appliquées qu'exceptionnellement et sans contestation, le décret du 30 août 1900 concerne, en l'absence de toute collaboration active des populations et de leurs chefs coutumiers, la quasi-totalité du territoire de la colonie. D'un droit d'exception on passe à une règle générale. L'État n'est plus principalement détenteur de la souveraineté, face à des citoyens propriétaires, il fait du droit de propriété l'un des attributs de sa souveraineté, au mépris des principes dégagés par les juristes révolutionnaires[37].

---

peuvent être évincés que moyennant le paiement [...] d'une juste et préalable indemnité. [...] certains propriétaires de terrains présumés vacants [...] ne se révèlent qu'après plusieurs années d'occupation par les services publics [...] » (Rapport au président de la République suivi du décret du 7 septembre 1935 portant modification au décret du 29 septembre 1928, réglementant le domaine public en AOF *Bulletin officiel du ministère des colonies*, 1935, tome 49ème, n° 1 à 12, Paris, 1936, n° 583, p. 925).

[35] « Le domaine privé [...] est plus étendu que dans la métropole. En effet, l'État a recueilli dans les territoires annexés, les propriétés des anciens souverains [...] qui comportait une sorte de droit féodal éminent sur beaucoup de terres laissées en jouissance aux tribus (voir, pour le Dahomey, Dakar, 10 mars 1933, Penant, 1933, I, p. 252). Enfin, les biens vacants et sans maîtres sont assez étendus. Ils sont parfois difficiles à délimiter, car [...] les tribus laissent longtemps une terre en repos » (F. Luchaire, *Manuel de droit d'outre-mer*.., op. cit., p. 426).

[36] Code civil, art. 539.

[37] En ce sens, Patrice Chrétien, *L'inconcevable domaine national*, op. cit., p. 159 à 163. « Une nation est souveraine et n'est pas propriétaire : les individus qui composent cette nation sont seuls propriétaires... » (La Galissonnière, Archives parlementaires, 1ère série, Tome 9, 2 novembre 1789, p. 632). S'il y a une logique propre au Code civil, elle repose incontestablement sur une même opposition de la souveraineté et de la

De leur côté, la doctrine et la jurisprudence coloniales reconnaissent à l'État français un monopole foncier et des prérogatives particulières tant pour consolider sa propre prétention à s'installer partout où cela lui est nécessaire, que pour favoriser l'apparition du droit de propriété individuelle[38].

S'agissant de forêts, le décret du 4 juillet 1935[39] confirme le droit de l'État en affirmant que « les forêts vacantes et sans maître en AOF[40], ainsi que les périmètres de reboisement définis à l'article 6 appartiennent à l'État ». La fin de cet article introduit une innovation : alors que l'article 32 du décret du 18 juin 1912 se contente d'interdire de défricher :
1° Les versants de montagne et coteaux offrant un angle de 35 degrés et au-dessus,
2° Les terrains désignés par arrêtés motivés du lieutenant-gouverneur.

L'article 6 du décret du 4 juillet 1935 « classe obligatoirement comme périmètres de reboisement, les parties de terrain nu ou insuffisamment boisé comprenant :
1° Les versants montagneux offrant un angle de 35° et plus, dont la mise en réserve serait reconnue indispensable ;
2° Les dunes du littoral ;
3° Les terrains où pourraient se produire des ravinements et éboulements dangereux ».

Ce faisant, le décret de 1935 crée un nouveau cas d'expropriation fondé sur une appréciation des faits dont l'arbitraire n'est pas exclu[41]. Aucune indemnisation n'est envisagée en contrepartie « des droits d'usage ordinaires »[42].

---

propriété.
[38] Etienne Le Roy, *La réforme du droit de la terre...*, op. cit., p. 14.
[39] Décret du 4 juillet 1935, art. 1er.
[40] En AOF, la vacance résulte de l'inexploitation pendant dix ans d'un bien non immatriculé ne faisant pas l'objet d'un titre d'occupation (décret du 15 novembre 1935, art. 1er).
[41] Décret du 4 juillet 1935, art. 6 : « Insuffisamment boisé » ; « reconnue indispensable » ; « où pourrait se produire... » ; art. 15 : « ... surfaces boisées **très largement** suffisantes... »
[42] Décret du 4-7-1935, art. 10.

3.3.2. La polémique

La polémique émerge dès les premiers temps de la colonisation. C'est ainsi que, Pierre Dareste note, en 1908, que « les indigènes ne demandent pas de concession parce qu'ils ont la conviction inébranlable de posséder un titre très supérieur à celui qu'on leur offre, résultant du droit héréditaire, traditionnel et collectif de la famille »[43]. De même, en 1920, J. B. Forgeron[44] note qu'il « n'y a pas un pouce de terrain qui n'ait son ou ses propriétaires » en Afrique tropicale. A la même époque, le conseiller J. B. Mockey[45] rappelle: « aucun mètre carré de terrain ne peut être considéré comme sans maître. Vacant ? Sans doute. Mais le plus souvent momentanément, périodiquement, par le jeu des rotations des cultures, par l'utilisation intermittente des pâturages. Sans maître ? A coup sûr, non. Aucune terre d'Afrique ne peut être considérée comme sans maître ».

De son côté, E. Dunglas rapporte[46] que les Bétés posent comme règle : « la forêt appartient à tout le monde; on ne peut empêcher personne de l'abattre ». L'auteur précise que chez les Niaboua et les Doboué, cette règle ne souffre aucune atténuation. On note qu'un tel libre accès caractérise, dans l'optique du droit français, une *res nullius*.

Cet auteur signale que, dans le canton de Daloa, les coutumes bétées en matière immobilière ont évolué depuis 1920 sous l'effet d'une densité de population un peu plus forte qu'à Issia, en raison du développement des cultures industrielles et de l'arrivée de nombreux étrangers Baoulés, Fantis et Dioulas. L'autorisation d'installer des plantations leur a été donnée par les chefs de village moyennant versement d'une indemnité en argent. Les chefs de famille peuvent,

---

[43] Pierre Dareste, *Le régime de la propriété foncière en Afrique Occidentale Française*, in *Recueil de législation, de doctrine et de jurisprudence coloniale*, Marchal et Billard, 1908, Tome XI, p. 13.

[44] J. B. Forgeron, *Le protectorat en Afrique Occidentale Française et les chefs indigènes*, Bordeaux, Y. Cadoret, 1920.

[45] Rapport adopté à l'unanimité par le Conseil général de la Côte d'Ivoire, cité par Jean Suret-Canale, *Afrique noire... 1900-1945*, op. cit., p. 327.

[46] E. Dunglas, *Coutumes et mœurs des Bété*, in *Coutumier juridique de l'AOF*, Tome III, Larose, Paris, 1939, p. 412 à 423.

en outre, accorder aux étrangers l'autorisation d'exploiter du vivrier à proximité de la zone familiale. Cette autorisation n'est valable que pour une seule récolte. En 1939, cette autorisation est donnée à titre gratuit.

Dans les autres cantons bétés, Dunglas rapporte que l'accès à la forêt est admis avec la restriction suivante : « un étranger au village n'a pas le droit d'abattre la forêt à proximité de la zone réservée aux familles du village et doit toujours s'installer assez loin de cette zone pour permettre à ces familles d'étendre progressivement les cultures vivrières pendant une période d'une dizaine d'années ». Les environs du village sont donc, au regard du droit français, propriété collective ; ils bénéficient d'une protection organisée par les décrets domaniaux, fonciers ou forestiers. La partie la plus profonde de la forêt est, ici encore, *res nullius* ; les populations y conservent des droits d'usage.

Dans la coutume Agni-Sanwi, la terre appartient symboliquement au Roi. Toutefois, celle-ci étant inaliénable, celui-ci ne peut qu'en autoriser l'usage pour une durée indéterminée, au profit des étrangers qu'il désire accueillir. « Toutes les sommes versées, tous les objets remis par un individu ou un groupe, au chef coutumier ou politique à l'occasion de la concession d'une parcelle de terre, forment ce qu'on appelle en agni « n'zan » c'est-à-dire « boisson » et ne saurait être considérées comme « assié-goua » ou prix d'achat »[47].

Cette polémique est d'autant plus inépuisable qu'aucun effort de clarification n'est entrepris sur les relations existant ou à créer entre l'usage du sol, sa possession et son appropriation, sur ce qui est symbolique et ce qui est physique[48]; cette clarification doit, en outre

---

[47] Amon d'Aby, *Croyances religieuses et coutumes juridiques des Agnis de Côte d'Ivoire*, Larose, Paris, 1960, p. 172.

[48] « Daba daba ("ancien, ancien", c'est à dire les plus vieux) racontent que lorsque l'univers était debout sur la terre (maan dji assi), le monde entier appartenait aux Sanwi ». A cette époque, personne n'imaginait une décadence possible de leur univers. « Anomaan Bayala (oiseau de la famille des toucans aux plumes rouges et noires) parcourait l'espace du nord au sud, de l'est à l'ouest, en disant : "man o kpi, o bô" (littéralement : "chaque fois qu'une société devient dense, elle éclate", autrement dit, quand une société atteint son apogée, elle amorce sa décadence ou sa déstructuration). Mais tous riaient de la prophétie de l'oiseau. Aujourd'hui, ils se rendent compte qu'

distinguer les biens communs à des niveaux divers (village, lignage, etc) de ce qui est privé, analyse très éloignée des conceptions héritiées des physiocrates, sur l'avis desquels les biens communaux avaient été réduits au minimum[49] :

- le droit de vaine pâture organisé par le Code Rural français[50] n'ouvre pas, à lui seul, droit à l'appropriation du sol : « le droit de vaine pâture ne fait pas obstacle à la faculté que conserve tout propriétaire, soit d'user d'un nouveau mode d'assolement ou de culture, soit de se clore »[51] ;
- le droit de pâturage ou de panage, les droits d'usage sur les terres de l'État, n'entraînent pas transfert de propriété ;
- il en est de même de l'usage du glanage admis après les récoltes.

Au plan démo-agricole, l'apparence de terres vierges[52] peut s'expliquer à la fois par la faible densité de la population[53] et par la durée du cycle des jachères.

Alors qu'en France, l'assolement, avant l'introduction des fourrages artificiels, ne laissait qu'une année sur trois ou quatre pour la jachère, en Afrique, celle-ci occupe, pour le moins, les 9/10 de la

---

Anomaan Bayala les avait prévenus » (légende rapportée à l'auteur par Koné Moussa Mamadou).

[49] Lire sur ce point les analyses faites par Marc Bloch (*La lutte pour l'individualisme agraire*, in *Annales d'Histoire Économique et Sociale*, 1930, p. 329 à 511) et la thèse de M. Bourde (*Agronomie et agronomes en France au XVIIIème siècle*, Paris-Sorbonne, thèse de doctorat ès-lettres, vol. I, p. 130 et vol. II, p. 1005. Certains députés de 1789 tendent à restreindre les *res communae* aux routes, fleuves, voies générales de communication, lavoirs, etc. Ainsi, F.L. Legrand de Boislandry : « les rivières navigables et les grands chemins, quant à l'usage appartiennent à tous les citoyens ; et quant à la propriété, ils n'appartiennent à personne » (Le projet de déclaration de Boislandry, in Stéphane Rials, *La déclaration des droits de l'homme et du citoyen*, par op. cit., p. 730).

[50] Livre 2ème, *Des animaux et des végétaux*, Titre 1er, *Vaine pâture*, art. 189-199.

[51] Code rural français, art. 192.

[52] Le rapport intitulé *Les bois à la Côte d'Ivoire*, page 37, archives d'Abidjan VI-12-214) souligne « la **faible densité** de la population de la forêt ».

[53] « Seule la forêt humide reste [...] une zone de basse pression démographique tant la végétation est indomptable, bloquant tout horizon, impénétrable, aux sols marécageux » (Thérèse Pujolle, *L'Afrique noire*, Flammarion, Paris, 1994, p. 22).

superficie. En outre, la jachère d'Europe est un pâturage, celle d'Afrique est laissée dans un apparent abandon et reprise par la forêt.

D'informations recueillies de façon empirique auprès des ingénieurs agronomes, il ressort que les besoins alimentaires d'un groupe de huit à dix personnes de tout âge, sont satisfaits, en l'absence de toute idée de culture de rente ou à finalité commerciale, pour une année, par un hectare de terres. Compte tenu d'un cycle de jachère de dix ans, les paysans doivent disposer de dix hectares pour le même groupe. Cela confirme la validité de la proportion d'un hectare par habitant inscrite dans l'article 43 du décret du 18 juin 1912[54].

On estime la population de la Côte d'Ivoire à un million et demi d'habitants[55] au début de XXème siècle, répartie comme suit :

- familles de la zone forestière : 942 000

réparties de façon à peu près homogène : 428 000 pour les familles de l'Ouest et 514 000 pour celles de l'Est ;

- familles de la zone de savane : 579 500
- divers 20 000[56]

A propos des habitants de la zone de savane, en partie Malinkés, on cite l'opinion donnée par le commandant supérieur du Haut-Sénégal Borgnis-Desbordes qui déclare que « le Malinké est doux, malléable, communicatif, qu'il accepte notre autorité

---

[54] « La densité moyenne de la population étant 8,3 au km^2 dans la subdivision d'Issia, cela fait une surface moyenne de douze hectares pour chaque habitant », dont plus de 90 % est couvert par la forêt équatoriale primaire. « Chez les Niaboua et chez les Duboué [...] la superficie disponible dépasse vingt hectares par habitant » (E. Dunglas, *Coutumes et mœurs bété*, op. cit., p. 412 à 423).

[55] G. Joseph divise la population en « sept familles ethniques » (Joseph Gaston, *La Côte d'Ivoire, le pays, les habitants*, Larose, Paris, 1917, p. 97). En 1889, Alfred Rambaud note que « dans la Guinée du Nord [postes commerciaux de Grand-Bassam et Assinie] et au Gabon, nous avons environ 3.000 kilomètres carrés peuplés d'environ 200.000 habitants » (*Les nouvelles colonies de la République française*, Armand Colin, Paris, 1889, p. 9), soit 1 habitant pour 1,5 hectare. L'*annuaire statistique de l'Union française* (1939-1949, chap. 9 *Territoire et population*) mentionne 2.066.000 habitants pour la colonie de Côte d'Ivoire.

[56] Pour une analyse plus détaillée, Le Toubabou, *Le millefeuille ivoirien – un héritage de contraintes*, L'Harmattan, Paris, 2005, p. 43.

sans arrière-pensée ». Il ajoute : « Vous savez enfin que les Malinkés et les Bambaras ne sont pas musulmans. Ne saurions-nous rien faire de ces populations que la religion du Prophète n'a pas figées dans une immobilité sans remède ? »[57]. Quoique prononcés à « Bammako », ces opinions intéressent la Côte d'Ivoire dont le Nord est habité par une population en partie malinkée. En effet, à la fin du XIXème siècle, les Malinké du Sud, à la suite de deux siècles de long métissage avec les populations locales animistes, ont oublié les préceptes de l'islam. C'est ainsi que Laafiya, père de Samori Touré, ne fait plus les prières quotidiennes. Pour unifier son empire, Samori impose l'islam, ce qui soulève contre lui la « guerre du refus » en 1889-1889, menée par des groupes animistes.

En retenant la superficie de 4 hectares par habitants, mentionnée dans l'arrêté n° 1865 A.G. du 7 octobre 1929 réservant une forêt dans le cercle d'Agnaby[58], on estime à 6 millions d'hectares la surface brute agricole, soit environ 18 % de la superficie du pays.

Cette prétention à une occupation historique sans discontinuité du terroir est abandonnée dès l'indépendance par le pouvoir politique[59] : l'argument n'avait été avancé que dans un but polémique contre le colonisateur. Encore en 1960, l'Ouest est présenté comme un « désert vert presque total »[60]. L'article 13 du Code forestier de 1965[61] permet de suspendre temporairement les droits d'usage portant sur le sol forestier, dans certains cas, « dans des régions encore peu habitées et dépourvues de cultures ».

---

57 *Moniteur du Sénégal et dépendances* n° 1420, 20 mars 1883, p. 59.

58 JOCI n° 19 du 15 octobre 1929, page 675.

59 Houphouët-Boigny, le 2 décembre 1959, affirme que l'Afrique est « vide d'hommes » (*2 décembre 1959, Anthologie des discours*, op. cit., p. 307).

60 *République de Côte d'Ivoire, Région du Sud-Ouest, Première étude de planification*, volume 5, *Thèse provisoire de développement harmonisé, Objectifs et postulats politiques et sociaux*, Cie d'équipement international, Paris-Abidjan, 1960.

61 Loi n° 65-425 du 20 décembre 1965, JORCI n° 3, 13 janvier 1966, p. 38 et suivantes.

3.3.3. Le droit coutumier est incorporé dans le droit foncier positif

L'article 2 du décret du 20 juillet 1900 sur le régime de la propriété foncière constate que « les biens appartenant aux indigènes sont régis par les coutumes et usages locaux pour tout ce qui concerne leur acquisition, leur conservation et leur transmission », ce qui exclut les règles du Code civil. Par ailleurs, la procédure d'immatriculation[62] comporte des dispositions propres à favoriser l'intervention des « chefs indigènes » lorsqu'ils l'estiment utile:

- un extrait du texte de la réquisition d'immatriculation est affiché dans les marchés du territoire[63] ;
- l'agent chargé du bornage provisoire de l'immeuble consigne au procès-verbal les protestations qui peuvent se produire[64] ;
- s'il existe des oppositions ou contestations, la demande en immatriculation est portée devant le tribunal de première instance ou de justice de paix à compétence étendue du lieu de la situation de l'immeuble[65].

3.3.4. Contrôle de l'État sur les mutations d'immeubles entre indigènes et Européens ou assimilés

Le décret du 20 juillet 1900 donne à l'État les moyens utiles au contrôle de l'équité des conventions passées entre indigènes et européens[66]. Bien entendu, fondé sur le principe de l'autonomie de la volonté, le décret n'interdît pas expressément aux indigènes de vendre leurs terres. Mais l'obligation d'immatriculer emporte celle de se conformer au Code civil.

---

[62] Décret du 20 juillet 1900 sur le régime de la propriété foncière.
[63] *Ibid.*, article 11, al. 4.
[64] *Ibid*, art. 12, al. 1er.
[65] *Ibid*, art. 21.
[66] *Ibid*, art. 7, al. 2°: « exceptionnellement, l'immatriculation est obligatoire dans tous les cas où des Européens ou assimilés se rendent acquéreurs de biens appartenant à des indigènes ».

3.3.5. La garantie de la possession des terres nécessaires aux cultures et à la construction des villages

L'article 43 du décret du 18 juin 1912 attribue à chaque village forestier, pour les jardins et plantations de bois, ainsi que pour le terrain de parcours de bétail, une superficie égale à celle qu'il occupe actuellement augmentée « d'un hectare par habitant nouveau » à « chaque fois que le recensement de la population fera ressortir un accroissement de cent habitants au moins par arrêté du lieutenant-gouverneur ». Pour les terrains de parcours et en cas de développement de l'élevage indigène, cette superficie pouvait également être étendue par arrêté du lieutenant-gouverneur.

« En vue de l'application [de cette disposition], l'administration [doit faire dresser], dans l'année de la promulgation du décret (1912 ou 1913), un état indiquant, pour chaque village, la superficie affectée aux usages sus-indiqués » (article 44). Cette disposition impose à l'administration d'inventorier les superficies affectées aux cultures et à l'élevage.

L'article 45 impose que « tout déplacement des cultures de villages [soit] autorisé par le lieutenant-gouverneur dans les conditions ci-après :

1. Ces déplacements ne peuvent avoir lieu qu'après une période minimum de quatre années consécutives d'exploitation du terrain et après que le nouvel emplacement aura été agréé par l'administrateur du cercle.

2. Les jardins et cultures ne peuvent être transférés que trois fois consécutives dans des terres vierges, après quoi ils doivent revenir à l'emplacement primitif et ne peuvent, dans la suite, être déplacés qu'en suivant le même cycle que précédemment.

3. Les villages qui justifient avoir complètement planté un emplacement abandonné, en palmiers, kolatiers, cacaoyers, caféiers, arbres à caoutchouc ou en toute autre essence arbustive donnant des produits usités dans le commerce ou l'industrie, peuvent, sur le rapport de l'administrateur commandant de cercle, et sur l'attestation conforme du Service Forestier, être autorisés par arrêté pris en conseil d'administration, soit à déplacer leurs plantations avant l'expiration de la période de quatre ans prévue ci-dessus, soit à faire en terrain vierge une nouvelle plantation ». Ce texte prétend rationaliser la rotation des cultures et leur migration après installation de cultures pérennes.

3.3.6. Contrôle par l'administration des conventions faites entre indigènes

Le décret du 2 mai 1906[67] institue un mode de constatation écrite des conventions passées entre indigènes. Son article 1er permet que soient constatées en un écrit affectant le caractère d'acte civil, en vue de la preuve, moyennant l'observation des dispositions qu'il édicte, les conventions conclues entre indigènes, selon les règles et formes coutumières non contraires aux principes de la civilisation française. Par contre, il ne précise pas si la coutume applicable est fixée *rationae personae* ou *rationae loci*. Cette dernière solution semble prévaloir, ce qui revient à favoriser les autochtones.

Le rôle de l'administration coloniale, représentée par le commandant de cercle ou au chef de poste de la circonscription, est décrit dans l'article 3: l'écrit lui est présenté par tous les contractants, accompagnés, s'il y a lieu, des témoins nécessaires à la validité du contrat. Ce fonctionnaire, après avoir pris connaissance de l'acte, s'être assuré de sa régularité au point de vue de la forme et s'être ensuite enquis, par tels moyens qu'il juge convenables de l'identité des comparants, fait donner à ceux-ci lecture, en leur idiome par l'interprète assermenté de l'intégralité du texte, les interroge individuellement sur l'intelligence qu'ils ont de leurs obligations et sur la liberté de leur consentement, interroge également les témoins dont la présence est exigée par la coutume sur l'accomplissement des formalités coutumières prévues en pareil cas et souscrit, à la suite de l'écrit, une formule d'affirmation.

La dualité de droit rencontre une limite: celle des conventions conclues entre indigènes, portant sur un immeuble que l'immatriculation place dans le domaine du « droit moderne ». L'article 6 autorise exceptionnellement, les indigènes propriétaires d'immeubles soumis à la loi française du fait de leur immatriculation sur les livres fonciers, à faire rédiger en la même forme, les contrats passés avec d'autres indigènes, relativement à ces immeubles.

---

[67] JORF n° 123, 6 mai 1906, p. 3145.

Ces dispositions sont complétées par le décret du 8 octobre 1925 qui « institue un mode constatation des droits fonciers des indigènes en AOF », fondé sur l'absence de droit coutumier de propriété privé du sol et l'impossibilité d'aliéner les terres collectives[68]. Son article 1er précise son domaine d'application *rationae juri*: « lorsque la tenure du sol ne présente pas tous les caractères de la propriété privée, telle qu'elle existe en France, et lorsque les terres qui en font l'objet sont détenues suivant les règles du droit coutumier local, les détenteurs ont la faculté de faire constater et affirmer leurs droits au regard de tous tiers moyennant l'observation des dispositions suivantes ». L'article 13 ajoute que ce décret « ne touche en rien aux dispositions du décret du 24 juillet 1906 » portant organisation de la propriété foncière: le titre délivré par le chef de circonscription a la valeur des actes conclus dans la forme établie par le décret du 2 mai 1906 pour les conventions entre indigènes et confirme le possesseur dans les droits qu'il énumère, mais il n'est valable que tant que dure l'occupation effective du bénéficiaire ou de ses ayants-droit[69].

L'article 3 définit le rôle du « chef de circonscription ou de son représentant: après avoir prévenu les chefs et notables du lieu, il fait, sur place et publiquement, toutes constatations relatives au terrain déclaré, quant à sa nature, sa superficie, sa description, ses limites, la revendication dont il est l'objet. Sommation est faite aux assistants de révéler tous droits opposables à ceux dont la reconnaissance est demandée, sous peine des sanctions prévues à l'article 10 ci-après [...] Les oppositions reçues sur place sont mentionnées sur ledit procès-verbal [...] ».

Ce texte accepte le principe d'une propriété individuelle coutumière. Le nombre des requêtes en aurait démontré l'existence.

3.3.7. Les droits d'usage

Les dispositions garantissant les droits d'usage des indigènes se trouvent plus particulièrement dans les textes régissant le régime forestier. Elles sont analysées au chapitre suivant.

---

[68] François Luchaire, *Manuel de droit d'outre-mer...*, op. cit., p. 446.
[69] Décret du 8 octobre 1925, article 5.

3.4. La garantie des droits de possession antérieurs au 30 août 1900

L'appropriation par l'État des « terres vacantes et sans maître » ne fait pas obstacle à la survie d'états de possession nés antérieurement à la publication du décret du 30 août 1900 sur le régime des terres domaniales. Il appartient aux bénéficiaires de titres qui les confirment[70], de manifester leur prétention à l'occasion des enquêtes *de commodo et incommodo*, préalables à l'attribution de concessions ou, au plus tard, à l'occasion de la procédure préalable au transfert de propriété.

C'est pour consolider cette constatation qu'un bornage provisoire est effectué au cours duquel « les protestations qui peuvent se produire [...] sont consignées au procès-verbal »[71] et que la requête est publiée au Journal Officiel et qu'un délai de deux mois est donné pour l'inscription d'éventuelles oppositions[72].

L'examen des oppositions ou la constatation de la régularité du dossier en l'absence d'oppositions, relève du tribunal de première instance ou de justice de paix à compétence étendue[73]. Par contre, il est exclu de se fonder sur des faits de possession postérieurs[74].

3.5. Le domaine de l'État

Le nouveau droit colonial applique avec la plus grande rigueur la notion de « propriété publique » qui vient de prendre, en 1878, sa forme quasi définitive[75]: le droit de l'État n'est pas incompatible avec celui des collectivités locales, sous la condition implicite minimale qu'elles disposent d'une personnalité juridique. Les collectivités coutumières ne disposent pas de cette personnalité,

---

[70] L'état de possesseur non titré n'est pas admis, ce qui restreint étrangement la portée de cette disposition, dans un pays où l'écrit est des plus exceptionnel.

[71] Décret du 30 août 1900 sur le régime des terres domaniales, art. 12.

[72] *Ibid.*, art. 13.

[73] *Ibid.*, art. 19 à 26.

[74] *Ibid.*, art. 1er.

[75] Cf. notamment T. Ducrocq, *Cours de droit administratif, 1897-1905*, Thorin, Tome IV, p. 461 et suivantes.

ce qui permet de leur contester tout droit sur leur terroir. Une solution sera apportée par une jurisprudence fondée sur le décret du 26 juillet 1932 portant réorganisation du régime de la propriété foncière en AOF, leur attribuant la qualité d'incapable permettant de les faire représenter par le chef de village (voir ci-après).

Le rapprochement des décrets du 30 août 1900 portant sur le « régime des terres domaniales » et celui du 20 juillet relatif au « domaine public », montre que le droit colonial conserve la division du domaine de l'État héritée de la conception romaine, en deux branches:

- le domaine nécessaire, composé des biens fonciers indispensables au fonctionnement des services publics, inaliénables et insaisissables, qui relèvent du droit administratif ;
- le domaine affecté, composé des biens fonciers que l'autorité ne gère que de façon incidente en appliquant les dispositions du Code Civil, parmi lesquelles figurent les biens sans maître et ceux de mainmorte. C'est ce second ensemble que le droit colonial va considérablement étendre pour l'affecter à sa politique d'exploitation.

Ce dernier couvre, dans les colonies, une étendue considérable, pour l'essentiel couverte de forêts. L'État conserve ce patrimoine dont il concède l'usage. Ne procède du droit privé que la fraction du sol pour laquelle des titres de propriété ont été validés.

3.5.1. Le Domaine public

Le domaine nécessaire, également appelé « Domaine public de l'État », est composé des terrains limitativement énumérés à l'article 1er du décret du 20 juillet 1900 sur le Domaine public[76]. Il porte notamment mention des cours d'eaux navigables et flottables (alinéa b/), des sources et cours d'eaux non navigables ni flottables (alinéa c/), des lacs, étangs et lagunes (alinéa d/), mais, conformément à la doctrine et à la jurisprudence française, il ne comporte aucune mention des forêts qui font donc partie du domaine privé. Les dispositions ultérieures ne remettent pas en cause ce classement.

[76] JO, n° 20, 15 octobre 1900, p. 8.

Ce décret ne comporte aucune disposition qui réserve les droits des populations. Bien au contraire, son article 10, qui subordonne la dépossession des « détenteurs éventuels de terrains compris dans le Domaine public" au "payement ou à la consignation d'une juste et préalable indemnité », ne bénéficie qu'aux personnes qui « possèdent ces terrains en vertu de titres réguliers et définitifs antérieurs à la promulgation du décret ».

Le décret du 29 septembre 1928

Le décret du 29 septembre 1928 porte réglementation du Domaine Public et des servitudes d'utilité publique en AOF Son article 1er énumère les immeubles non bâtis et bâtis qui composent ce Domaine. Les forêts n'y figurent pas quoique ce texte soit contemporain des premières mises en réserve de forêts au profit du Service Forestier. Sa rédaction les maintient donc dans le Domaine privé de l'État, conformément à la jurisprudence française[77]: susceptibles de propriété, elles ne peuvent être incluses dans l'alinéa j)[78].

3.5.2. Le Domaine privé de l'État

Les terrains accaparés par l'État, autres que ceux énumérés dans l'article 1er du décret du 20 juillet 1900 sur le domaine public, constituent le domaine privé de l'État dans lequel on trouve les « terres vacantes et sans maître » visées par le décret du 30 août 1900 portant régime des terres domaniales[79].

---

[77] Long M., Weil P. Braibant G., *Les grands arrêts de la jurisprudence administrative*, 8ème édition, op. cit., p. 457 et 458.

[78] Décret du 29 septembre 1928, art. 1er, alinéa J) : « et généralement les biens de toute nature que le Code Civil et les lois françaises déclarent non susceptibles de propriété privée ».

[79] Décret du 30 août 1900, article 1er (JOCI Sixième année, n° 20, 15 octobre 1900, p. 9).

F. Luchaire note que « le Domaine privé est plus étendu que dans la métropole [...] parce que les terres vacantes et sans maître sont nombreuses » (*Droit d'Outre-Mer*, PUF, Paris, 1959, p. 345-346).

L'attribution à l'État des biens sans maître ne souffre pas trop de difficultés dans un pays où le droit de propriété individuelle est ancien et constaté en des actes écrits et un cadastre. Il en est tout différemment dans une colonie ou ces règles et pratiques sont à peu près inconnues: seules les villes sont cadastrées, c'est-à-dire une fraction infime de la superficie. Les terrains ruraux ne le sont ni à cette époque, ni près d'un siècle plus tard. Faute d'une connaissance fine des implantations foncières des indigènes et d'une administration assez nombreuse pour établir et gérer ces informations, l'article 1er du décret du 30 août 1900 précité ne peut conduire qu'à des conflits.

3.6. La concession provisoire, premier pas vers l'appropriation d'une terre du domaine de l'État

Le capitaine Binger est représentatif de cette collusion qui a existé entre certains tenants du capital et une part de l'administration coloniale: bien avant sa nomination, en 1892, à la suite de son exploration de la Côte d'Ivoire, de la fin d'avril 1887 à mai 1889, il publie[80] sa préférence pour le partage des colonies en grandes concessions attribuées à de puissantes sociétés : il est de ceux qui préconisent que les charges de colonisation soient supportées par de grande sociétés financières privées en contrepartie de l'attribution de vastes territoires à titre de concession. Il propose que « l'exploitation de notre colonie [soit concédée] à des sociétés particulières ou à des concessionnaires isolés sous certaines garanties » : « l'État aurait tout à gagner sans de lourdes charges pour son budget ». En « conférant des droits, l'État peut exiger en échange des compensations : "dépôts de charbon ou de vivres [nécessaires à la Marine], construction d'un wharf, d'écoles, l'organisation du service postal local, des facilités d'établissement pour nos braves missionnaires ».

Les concessions peuvent être réparties en trois groupes :

- Celles qui portent sur des terrains urbains, généralement de petite superficie, sises dans une localité. Assez rapidement, elles seront désignées par des références cadastrales.
- Celles qui sont destinées à l'exploitation agricole ou forestière,

---

[80] Louis-Gustave Binger, *Du Niger au Golfe de Guinée par le pays de Kong et de Mossi (1887-1889)*, Hachette, Paris, 1892.

dont l'aire varie d'une dizaine d'hectares à quelques milliers. Leur désignation, purement géographique, se réfère aux fleuves et aux parallèles.

- Celles qui sont destinées à l'exploration, de très vaste étendue.

A titre d'exemple de délimitation approximative en matière forestière, on relève[81] une lettre datée du 24 février 1907, par laquelle Paul Gournac demande, conformément au décret du 20 juillet 1900 fixant le régime forestier, « l'autorisation d'exploiter des bois le long de la rivière Agnéby ». Dans une lettre du même jour, Georges Person s'engage « à [se] soumettre à toutes les obligations nouvelles qui pourraient m'être imposées » par l'arrêté approuvé le 12 janvier 1907 par le conseil d'administration de la colonie. Il décrit le territoire demandé : « prenant sur la voie ferrée le km 72 comme centre deux carrés de 5 km situés sur le côté Ouest de la voie ferrée, soit une longueur de 10 km comprise entre le km 77 et 67, sur une profondeur de 5 km, la voie formant la limite Ouest de ces concessions ». Dans une autre lettre reçue le 27 février par le Gouvernement[82], Paul Gournac demande une autre concession forestière qui « prendrait sur la rive gauche de la rivière Agnéby, après le pont du chemin de fer, au point où cesserait la concession demandée par Monsieur Dattet, soit 15 km en amont, sur une longueur de 15 kilomètres et une profondeur de 5 kilomètres ».

3.6.1. L'éphémère concession Verdier

Le sous-secrétaire d'État des Colonies, Delcassé[83], fait adopter deux décrets au profit de deux sociétés implantées au Congo[84] et la convention qu'il signe le 20 septembre 1893 avec Verdier[85], lui attribuant une concession de 5 millions et demi d'hectares en Côte d'Ivoire (annexe *V*), avec la faculté d'en faire bénéficier une société à constituer. Une mention particulière doit être faite de l'article 2, préfigurant des dispositions usuelles dans les décrets à venir, qui garantit les droits des populations portant sur les terres agricoles et

---

[81] Archives d'Abidjan, 3RR159.

[82] Archives nationales d'Abidjan, n° 1236.

[83] Premier ministre des colonies en 1894.

[84] J. Suret-Canale, *Afrique noire, l'ère coloniale 1900-1945*, op. cit., p. 30.

[85] Décret du 21 octobre 1893.

sur l'usage de la forêt pour leurs besoins propres. De même, l'article 3 autorise le concessionnaire à « ouvrir des routes et créer des voies de communication », sous réserve qu'il « respecte les propriétés des indigènes et en accorde toute liberté de circulation aux commerçants européens ou indigènes ».

L'article 4 confère au concessionnaire « la propriété définitive » des « terrains qui seront mis en exploitation effective ». Cette dernière disposition est également appelée à un long avenir.

L'article 6 impose une condition qui va permettre d'annuler cet accord : le concessionnaire doit, « à peine de déchéance, constituer dans le délai d'un an à partir de l'approbation du présent cahier des charges, une société en commandite ou anonyme au capital de deux millions... » Mais, prudemment, l'appel à l'épargne publique était interdit.

L'article 7 annonce la sanction : « La déchéance serait prononcée si le concessionnaire ne commençait pas l'exploitation dans le délai d'un an ou si dans la période suivante, il ne donnait pas à cette exploitation le développement que comporte l'importance de la concession qui lui est accordée ».

Nous voyons là, ainsi que dans le titre 2 de la même convention, l'introduction du concept d'expropriation pour insuffisance de mise en valeur encore présent dans le droit foncier ivoirien.

En même temps que cette convention « publique », les mêmes acteurs signent une « convention additionnelle destinée à rester secrète », dans laquelle « M. Verdier s'engage à créer des comptoirs commerciaux à Kong et à Bettié ». En contrepartie, « pendant une période de sept ans à compter de la création de ces comptoirs ou tout au moins de l'un d'eux, l'administration lui versera, pour le défrayer de ses frais et risques, une subvention égale à la moitié des droits de douane qui auront été perçus sur les marchandises par lui importées dans ces comptoirs ».

Cette seconde convention annonce les divers avantages fiscaux et douaniers qui seront consentis ultérieurement pour appeler les investisseurs.

La convention publique signée par Delcassé confirme la concession consentie à Verdier en janvier 1890 par le roi de Krinjabo, portant sur l'exploitation exclusive de l'or et des essences forestières, sur la culture du café dans tout le royaume[86]. Binger, malgré ses prises de position antérieures, s'oppose à cette attribution, rejoint par Étienne[87], qui se retranche derrière l'absence de dispositions législatives[88]. Freycinet, président du conseil, présente ce projet au Parlement, où il s'enlise en commission[89]. Le capital de deux millions n'étant pas versé en temps opportun, la Compagnie Française de Kong est déchue le 4 septembre 1895 mais bénéficie du paiement d'une indemnité attribuée par un arrêt du conseil d'État du 5 mars 1897.

Par une nouvelle convention du 28 juillet 1897, la colonie de Côte d'Ivoire s'engage à verser diverses indemnités à Verdier et à la Compagnie française de Kong et accorde à cette société des concessions agricoles, forestières et minières d'une superficie maximale de 300 000 hectares à San-Pedro en toute propriété du sol et du sous-sol[90] ainsi que des concessions de terrains à Petit-Bassam en vue de la création de factoreries. Une autre convention (chap. 1er ci-avant) confère à la même société le privilège de la construction et de l'exploitation d'un chemin de fer. Cette tentative est la seule d'une

---

86 *Assinie et sa région dans l'histoire*, Ministère de l'Intérieur, Archives nationales, Abidjan, 1973.

87 Député des colons d'Oran, étroitement lié aux milieux d'affaires marseillais ; en 1885, premier sous-secrétaire d'État aux Colonies dont l'administration soit soustraite au ministre de la Marine (Jean Suret-Canale, *Afrique Noire occidentale et centrale, géographie, civilisation, histoire*, Éd. Sociales, Paris, 1958, p. 207). Henri Brunschwig précise que « tout le monde le savait favorable aux grandes compagnies » (*L'Afrique Noire au temps de l'Empire français*, Destins croisés/ Denoël - Paris, 1988, p. 139). Le ministère des Colonies devient autonome en 1894. L'« Infanterie de la marine » est détachée du ministère de la Marine et transférée au ministère de la Guerre en 1901 ; elle devient « Infanterie coloniale ».

88 Jean Suret-Canale note que « dès 1891, Étienne prépare un projet créant par décrets, de grandes compagnies concessionnaires qui disposeraient, pour 99 ans, de véritables droits de souveraineté sur de vastes territoires » (*Afrique Noire, l'ère coloniale 1900-1945*, op. cit., p. 30). On relève, cependant, qu'Étienne ratifie les accords passés par huit colons avec des chefs indigènes pour l'abattage d'acajou.

89 J. Suret-Canale, *Afrique noire, l'ère coloniale 1900-1945*, op. cit., p. 30.

90 Cette concession est ultérieurement cédée à l'Ivory Coast Cie qui la rétrocède à M. Vizioz, lequel sera président de la chambre de commerce de Grand Bassam pendant le Grande Guerre.

telle envergure en Côte d'Ivoire[91]. Un rapport publié en 1900 condamne le système des grandes concessions en AOF[92].

3.6.2. Autres concessions antérieures au 30 août 1900 sur le régime des terres domaniales

Tandis que l'affaire Verdier est en débat, Binger se fait attribuer le droit de concéder des terres par voie d'arrêté local : l'arrêté du 10 septembre 1893 réglementant le régime des concessions à la Côte d'Ivoire[93], comporte un article 7 qui dispose que « le gouverneur juge souverainement des motifs d'après lesquels la concession doit être accordée ou refusée, ainsi que des limites de la concession ». L'article 3 donne quinze jours pour réclamer contre les demandes de concession, publiées au Journal officiel. Ce texte anticipe sur des travaux ministériels dont les travaux n'aboutissent qu'en 1904.

Les concessions accordées en 1895-97, portant sur 56 petits établissements[94], sont tout de suite définitives et gratuites. Parmi elles, figurent quatre terrains attribués à la Compagnie Française de Kong pour l'établissement de factoreries, situés respectivement à Andiamé[95], d'une part, à Grand Lahou, Dabou et Thiassalé[96], d'autre part. En outre, on relève sept concessions agricoles de 20 à 1 000 ha, la plus grande étant accordée dans le Sanwi. On note une concession

---

[91] Le nom de Verdier est encore respecté en 1912, comme le montre le bon accueil que reçoit son petit-neveu, M. Brétignère, lors d'un voyage effectué en Côte d'Ivoire. Il bénéficie d'une introduction du gouverneur général de l'AOF, William Ponty (22 juin 1912) puis de télégrammes diffusés par Angoulvant à divers administrateurs et chefs de poste (archives d'Abidjan 1DD51).

[92] F. Bohn, *Compagnie française de l'Afrique occidentale - Rapport adressé à M. Cotelle, conseiller d'État, président de la commission des concessions coloniales*, Imprimerie marseillaise, Marseille, 1900.

[93] Dit « arrêté Binger », Bulletin officiel de la Côte d'Ivoire, 1902, page 84.

[94] Factoreries et constructions diverses dont une scierie mécanique à M. A. Quint et Cie (JOCI 2ème année, n° 4, avril 1896, page 3, arrêtés des 9 et 10 avril 1896); des terrains urbains à Grand Bassam, Lahou et Dabou, dont 26 à la demande d'africains.

[95] JOCI n° 8, 15 juillet 1897.

[96] JOCI n° 8 bis, 1er août 1897.

de permis de recherche de 10 000 hectares dans l'Attié et le Sanwi[97] et le renouvellement de permis dans le Sanwi et l'Alangoua[98]. Les huit concessions forestières pour abattage d'acajous sont délivrées pour un an renouvelable, pour 10 000 à 100 000 hectares, moyennant 0,10 F-or par hectare[99]. Les terres défrichées sont concédées à 0,50 F-or aux exploitants agricoles et à moins encore à d'éventuels éleveurs[100]. On voit que, déjà, une **terre défrichée est payée plus cher qu'une forêt**. En 1898, les concessions agricoles de Côte d'Ivoire couvrent 2 450 hectares[101].

Dès 1899, le gouverneur Trentinian et son intérimaire, le colonel Vimard, ne cachent pas leur réticence à l'égard de cette solution. A propos du Congo, Trentinian écrit que « les Noirs auraient fini par exploiter eux-mêmes les forêts, sans passer par un intermédiaire dangereux »[102]. Au Soudan, en 1897, il enjoint aux commandants de cercle « d'aider et de conseiller les indigènes sur leurs cultures » en recherchant et en encourageant particulièrement les produits d'exportation[103]. Auguste Chevalier, l'un des « compétents techniques » de Trentinian, auteur de plusieurs ouvrages sur la botanique et la forêt ivoiriennes, remarque le soin avec lequel les paysans mettent leur pays en valeur. Il en conclut qu'ils seront, à l'avenir, des auxiliaires précieux. Pour Jules

---

[97] JOCI 2ème année, n° 4, avril 1896, page 3, arrêtés des 9 et 10 avril 1896.

[98] JOCI 2ème année, n° 8, août 1896, p. 4.

[99] Ce système de la tarification à l'hectare des exploitations forestières est conservé avec quelques nuances dans le système des « permis temporaires d'exploitation » à partir du 20 juillet 1900, puis des « conventions d'aménagement-exploitation » des années 1990.

[100] Source: JOCI, 1895-1898.

[101] Plantation de café d'Élima : 200 hectares ; plantation de café et de cacao de l'Impérié à Bonoua : 150 hectares; plantation de la Société coloniale de la Côte de Guinée à Dabou : 600 hectares. *Bulletin du Comité de l'Afrique française. Renseignements coloniaux*, 1900, n° 4, *Rapport sur la situation générale de la Côte d'Ivoire en 1898.*

[102] Paule Brasseur, *Pluridisciplinarité et politique au Soudan français : la mission des "compétents techniques" du général Trentinian, 1898-1899, Société de l'homme et conquête coloniale. Constitution et usage des sciences humaines en Afrique, XIXème et XXème siècle*, Presse de l'École Normale Supérieure, Paris, 1980, p. 135-157.

[103] Denise Bouche, *Histoire...*, op. cit., p. 171.

Harmand, le véritable colon doit être l'indigène, **au besoin, sous la contrainte**[104]. Ce dernier membre de phrase oppose exploitation et développement.

3.6.3. Situation issue du décret du 30 août 1900 sur le régime des terres domaniales

Une première réglementation foncière coloniale est expérimentée en Algérie, la loi Warnier promulguée le 26 juillet 1873, qui vise à franciser la terre musulmane et à délivrer aux indigènes des titres de propriété. On constate la propriété individuelle là où elle existe ; on la constitue sur des territoires de propriété collective à la suite d'enquête s'appliquant à tout un douar ou à toute une tribu. Ayant donné lieu à divers abus, cette loi est amendée en 1887 puis suspendue en 1890.

L'Administration coloniale cherche alors un autre modèle qu'elle trouve dans le *Torrens Act* australien initialement conçu pour l'immatriculation des navires : en 1858, Robert Torrens, administrateur australien des douanes, avait imaginé une méthode pour enregistrer la propriété des bateaux, selon laquelle chaque propriétaire de bateau recevait un certificat qui portait certaines informations. Quand un navire était vendu, le vendeur rendait le certificat pour annulation et un nouveau certificat était remis au nouveau propriétaire. Etendu à la propriété des terres, cette méthode présente de gros inconvénients qui ont limité son application et l'ont fait abandonner par plusieurs pays, dont les principaux sont sa lourdeur et le coût de l'ensemble de la procédure à la fois administrative et judiciaire.

Cependant, à partir de 1900, sur ce modèle est institué en Côte d'Ivoire « le régime foncier de l'immatriculation » en application des premières conclusions de la commission extraparlementaire du cadastre réunie de 1891 à 1905. Ce système crée un état civil de la terre[105]. L'article 5 du décret du 30 août 1900 sur le régime des terres domaniales dispose que « la concession de jouissance temporaire d'une terre domaniale est donnée :

---

[104] *Ibid.*, p. 169.

[105] François Luchaire, *Droit d'Outre-Mer*, P.U.F., Paris, 1959, p. 348.

1° Lorsque la superficie de la concession ne dépasse pas 10 000 hectares, par le gouverneur en conseil d'administration suivant les conditions d'un règlement général approuvé par le ministre des colonies, après avis de la commission des concessions coloniales instituée par le décret du 16 juillet 1898 ;
2° Lorsque la superficie dépasse 10 000 hectares, par un décret avec cahier des charges, sur le rapport du ministre des Colonies, après avis de la commission des concessions coloniales ».

L'article 4 (alinéa 3°) autorise l'aliénation des terres ainsi concédées au profit de l'exploitant de la concession.

3.6.3.1. Concessions rurales de 10 000 hectares et plus

L'arrêté du 27 avril 1901 portant régime des concessions rurales de 10 000 hectares et au dessus[106], organise les conditions dans lesquelles sont accordées les concessions rurales de 200 à 10 000 hectares, dont l'octroi est réservé au gouverneur. Les concessions de terrains ruraux d'une contenance inférieure à 200 hectares sont accordées par le gouverneur en conseil d'administration, à titre gratuit ou onéreux et à des conditions déterminées pour chaque concessionnaire dans l'acte de concession. Pour le calcul des redevances (articles 3 et 8), cet arrêté partage le pays en deux zones (« région côtière » et « région de l'intérieur ») et distingue :

- les concessions de terrains propres aux cultures industrielles (cacao, café, caoutchouc, etc) ;
- les concessions de terrains propres à l'élevage.

Dans ce système, l'exploitation forestière n'est que la conséquence de « la mise en valeur » du terrain concédé, quand bien même elle est soumise aux dispositions du décret du 20 juillet 1900 portant régime forestier. L'arrêté du 27 avril 1901 stipule que « la mise en valeur comporte le défrichement, sous réserve des mesures destinées à empêcher la destruction des essences utiles, l'assainissement du terrain, l'ouverture de routes ou de chemins, et l'aménagement des exploitations forestières et agricoles ». Le gouverneur Clozel, signataire de cet arrêté, ne s'interroge pas sur la contingence de la notion d'utilité d'une essence : à cette époque,

---

[106] JOCI, 30 avril 1901, p. 4.

seuls l'acajou, les plantes tinctoriales et celles donnant le latex[107], bénéficient de cet attribut en Côte d'Ivoire.

L'article 13 énumère les travaux auxquels le concessionnaire est astreint à peine de déchéance. La **mise en valeur du quart** de la superficie concédée entraîne la transformation de la concession provisoire en un titre définitif de propriété. On rappelle que cette transformation est subordonnée à l'immatriculation[108] dont la procédure comporte à nouveau publicité et purge judiciaires des oppositions.

Les demandes sont publiées[109] par affiches exposées au chef-lieu et à la résidence de l'administrateur de la circonscription dans laquelle est située la concession et insertion dans le Journal Officiel, à l'effet que les éventuelles oppositions puissent être formées. Le dossier doit comporter un plan de la concession. Un *avis très important* informe le public qu'à compter du 1er novembre 1901, « toute demande de concession accompagné d'un plan non convenablement établi [...] sera rigoureusement écartée sans autre examen »[110].

Pour les concessions de 10 à 10 000 hectares, il prescrit que l'échelle soit du dix millième; au dessus de 10.000 hectares et pour les concessions minières, une échelle du cinquante millième ou un extrait des cartes Pobéguin. Dans tous les cas, ces plans doivent être fournis en trois originaux et porter mention de leur origine (levée ou désignation de la carte originale). Les motifs de rejet publiés au JOCI, montrent que l'insuffisance du plan fourni en est le plus fréquente. Au plan fiscal, cet arrêté prévoit deux taxes :

- une taxe de délimitation[111] de 0,50 F par hectare[112] ;
- une redevance fixe annuelle, croissant avec le temps, de 5 centimes[113] par hectare, la première année à 1 F par hectare[114] à

[107] Les plantes donnant le latex sont particulièrement visées par l'alinéa 3 de l'article 11 de l'arrêté du 27 avril 1901.
[108] Décret du 20 juillet 1900 portant régime foncier, article 8, al. 3°.
[109] Arrêté du 27 avril 1901, art. 1er, § 5.
[110] JOCI n° 21, 15 novembre 1901, p. 10.
[111] Arrêté du 27 avril 1901, art. 5.
[112] 1 505 FCFA de 2006 (cours du Napoléon, 20-07-2006, 91,80 €).
[113] 151 FCFA de 2006.
[114] 3 011 FCFA de 2006, soit environ 8,6 % du salaire minimum mensuel ivoirien actuel.

partir de la 10ème année pour les terres de la zone côtière affectées à des cultures industrielles. Il est prévu que, dans le cas où l'impôt foncier serait instauré, cette taxe serait déduite du montant dudit impôt[115].

Les contestations entre les concessionnaires et l'administration sont soumises au Conseil du contentieux de la colonie[116]. Le concessionnaire doit respecter les droits de jouissance reconnus aux indigènes par l'Administration. Cette dernière se réserve la faculté d'approuver les contrats passés entre les concessionnaires et les indigènes[117] : on retrouve ici le souci de protéger ces derniers contre les éventuels abus des entrepreneurs. Le règlement des litiges entre les concessionnaires et les indigènes est soumis à la juridiction administrative régionale à charge d'appel devant le gouverneur en conseil d'administration[118].

L'affaire Verdier étant trop récente et, la même année 1901, le ministre des Colonies décide de n'octroyer, en AOF, aucune concession d'une superficie supérieure à 10 000 ha. Pour toute cette fédération, avant 1914, alors que 60 demandes ont été présentées, il n'en agrée qu'une qui excède 2 000 ha, qui concerne une exploitation d'acajou en Côte d'Ivoire qui semble présenter des perspectives intéressantes.

3.6.3.2. Concessions rurales d'une superficie inférieure à 10 000 hectares et de courte durée

L'attribution de concessions de dimensions plus modestes relève de l'administration locale. Le paysannat africain qui fournit l'essentiel de la production, à l'exception de quelques plantations européennes (café, bananes) dans les régions forestières ou semi-forestières de Côte d'Ivoire ou de Basse-Guinée. Quelques concessions forestières sont également attribuées en Côte d'Ivoire[119]. Mais aucune ne bénéficie de l'extension attribuée à l'éphémère

---

[115] Arrêté du 27 avril 1901, art. 9.
[116] Ibid., article 18.
[117] Ibid., article 6.
[118] Ibid., article 17.
[119] J. Suret-Canale, *Afrique noire, l'ère coloniale 1900-1945*, op. cit., p. 40.

Compagnie française de Kong qui, encore en 1912, sous la plume d'Angoulvant, reste l'exemple de l'erreur à éviter.

Le décret du 23 octobre 1904

Le décret du 23 octobre 1904 établit le régime du domaine public et des terres domaniales en AOF « En conséquence de cette annexion, ce n'est plus aux chefs indigènes que les colons et commerçants s'adressent pour obtenir les terrains dont ils ont besoin, mais au représentant de l'autorité française à qui, seul, il appartient d'assurer l'aliénation de ces terrains, sauf à régler les indemnités qu'il y aurait lieu d'accorder aux occupants indigènes »[120]. En 1910[121], pour la première fois depuis les aventures politico-commerciales de Verdier, une société importante, la Société Civile Forestière de l'Afrique Occidentale, se monte et obtient une concession de 50 000 hectares sur la rive gauche de la Comoé, pour trente ans. Un arrêté ministériel du 29 janvier 1912 autorise la substitution de la Compagnie Forestière de l'Afrique française, société anonyme au capital de 2 millions de francs entièrement souscrit en espèces, à la précédente société civile, conformément aux dispositions de l'article 3 du décret du 2 mai 1910 modifié par l'article 1er du décret du 11 avril 1911, après avis émis par la commission des concessions coloniales dans sa séance du 12 décembre 1911.

Cette attribution soulève la réprobation des petits coupeurs qui craignent de voir la colonie répartie entre quelques grandes sociétés et eux-mêmes mis dans l'impossibilité de travailler. Aussi, aucune nouvelle concession de cette importance et de cette durée n'est accordée. Cependant, ce contrat et le cahier des charges qui lui est annexé comportent diverses dispositions intéressantes dont pourraient utilement s'inspirer les rédacteurs des « conventions d'approvisionnement des usines », en cours d'étude en 1993 :

---

[120] *Rapport d'ensemble sur la situation de la Guinée française en 1906*, Imp. Ternaux, Conakry, 1907, p. 21-22.

[121] Cahier des charges du 30 avril 1910, décret du 2 mai 1910 modifié par les décrets des 11 avril et 27 août 1911.

- paiement par le concessionnaire une redevance fixe annuelle croissante avec le temps, augmentée d'une redevance proportionnelle aux quantités exploitées[122] ;
- droit pour l'administration de reprendre à titre gratuit, à une époque quelconque, les terrains qui lui seraient nécessaires[123] ;
- droit conféré au concessionnaire, de céder ses droits sur une superficie limitée avec l'autorisation de l'administration[124] ;
- la réserve des droits des populations voisines[125] ;
- création aux seuls frais du concessionnaire de la totalité des voies et aménagements qui lui sont nécessaires et prise en charge de la moitié du coût des installations qui seraient éventuellement créées par l'administration[126] ;
- obligation de replanter selon une méthode imposée et d'entretenir les jeunes plants[127].

Au début de 1912, en Côte d'Ivoire, les concessions couvrent 3.290 hectares auxquels s'ajoutent 40.000 hectares de concessions forestières[128].

En 1920, J. Meniaud écrit[129] : « l'on en est encore, à la Côte d'Ivoire, au premier stade de l'exploitation forestière. Il faut permettre aux premiers venus de faire fortune, s'ils le peuvent, pour que d'autres, tentés par les gains réalisés, viennent à leur tour monter des exploitations nouvelles ».

D'autres vastes concessions agricoles sont accordées par la suite mais aucune n'a l'ampleur de celle qu'ont effleuré Verdier et sa Compagnie française de Kong. On relève un arrêté du 29 avril 1933 qui accorde à la société Union Tropicale de Plantation, la concession définitive d'un terrain rural de 3.905 hectares, 32 ares, dans la savane de Dabou[130].

---

122 Arrêté ministériel du 29 janvier 1912, art. 7.
123 *Ibid.*, art. 8.
124 *Ibid.*, art. 11.
125 Cahier des charges du 30 avril 1910, art. 2 et 4.
126 *Ibid.*, art. 5.
127 *Ibid.*, art. 7.
128 *Bulletin du Comité de l'Afrique française*. Renseignements coloniaux, 6 juin 1912, n° 6 - page 232.
129 *La forêt de la Côte d'Ivoire et son exploitation*, cité dans *Les bois à la Côte d'Ivoire*, op. cit., p. 17.
130 JOCI 1933, p. 492.

3.6.3.3. Les limites du concept de concession

Toute autorisation d'exploiter le domaine de l'État n'est pas nécessairement une concession ouvrant droit à un éventuel transfert de propriété. A lui seul, le défrichage d'un terrain domanial n'en est pas la mise en valeur, comme le souligne l'article 12 de l'arrêté du 8 juin 1907 réglementant l'exploitation des essences forestières[131] qui dispose que « le permis d'exploiter [...] ne confère aucun droit de propriété sur le terrain »[132].

3.7. La conversion de la concession provisoire en un transfert de propriété

Les terres du Domaine de l'État, concédées, peuvent être aliénées au profit du concessionnaire sous trois conditions :

- un contrat régulier de concession au nom de celui qui requiert le transfert de propriété ;
- la mise en valeur des terres dans les termes du contrat de concession ;
- l'aboutissement d'une procédure en partie administrative, mais dont la décision est judiciaire.

L'article 4 du décret du 30 août 1900 sur le régime domanial dispose que « les terres domaniales de la Côte d'Ivoire peuvent être aliénées [...] 3° A titre gratuit, au profit de l'exploitant d'une concession de jouissance temporaire, en ce qui concerne les parcelles qu'il aura mises en valeur dans les conditions spécifiées par l'acte de concession ». Le transfert de propriété constitue alors une sorte de récompense de la mise en valeur.

3.7.1. La mise en valeur d'un terrain

Deux concepts semblent se contredire: celui de mise en valeur dont la première étape est le défrichage, et celui de forêt privée, constant depuis le décret du 20 juillet 1900 sur le régime forestier[133].

---

[131] JOCI du 15 juin 1907, p. 148 à 150.
[132] Egalement, arrêté du 15 avril 1912, art. 22.
[133] Décret du 20 juillet 1900, art. 19 ; décret du 18 juin 1912, art. 1er ; décret du 4 juillet 1935, art. 30.

La forêt privée s'oppose à la forêt domaniale qui relève tant du décret du 30 août 1900 sur le régime domanial que de ceux à caractère technique[134]. Ces contradictions ne sont qu'apparentes, tant que l'appropriation d'une parcelle n'est subordonnée qu'au défrichement partiel de sa superficie : la partie dont le défrichement est facultatif constitue bien une forêt privée. La contradiction devient insoluble dès que les textes imposent que toute la surface concédée soit défrichée.

Au fur et à mesure des décrets successifs, l'étendue de la mise en valeur nécessaire pour justifier l'attribution du titre de propriété a évolué de même que la nature des actes qui la constituent. Le rôle de ce concept dans la naissance et la conservation du droit de propriété d'une terre, impose qu'on en approfondisse le contenu.

3.7.1.1. Les plantations d'arbres

Compte tenu du fait d'évidence que près de la moitié de la surface du pays est couverte de forêts au début du siècle, la « mise en valeur » s'analyse en une destruction de cette forêt. L'usage agricole qui consiste à cultiver des terres arrachées à la forêt pour les abandonner après quelques années, va dans le même sens. Mais cette destruction n'est pas la négation de tout arbre. En 1912, Angoulvant invite ses administrateurs de cercle et chefs de poste à faire planter des cacaoyers, caoutchoutiers, kolatiers et palmiers à huile, en remplacement des acajous abattus[135]. En l'absence de commentaires ou de décisions de Justice, la question demeure en ce qui concerne d'éventuelles plantations privées de bois à haute valeur marchande (acajou, teck, etc). On constate qu'elles seraient précédées d'un

---

[134] Décret du 18 juin 1912, Titre I du ; décret du 4 juillet 1935 Titre II.

[135] Voir l'arrêté n° 737 du 23 août 1912 et le commentaire qui publié à sa suite : « Si l'intérêt de la Colonie est de voir se couvrir encore des portions de forêt entièrement exploitées, il ne s'ensuit pas que la reconstitution doive se faire exclusivement en espèces ligneuses. A ces dernières peuvent fort bien être **substituées des peuplements de plantes économiques** arbustives telles, par exemple, le caoutchoutier, le palmier à huile, le cacaoyer et le kolatier, dont la création devient possible pour des exploitants temporaires. Ceux-ci seraient alors exonérés de la taxe de repeuplement » (JOCI n° 16, 31 août 1912, p. 479).

défrichage et que tout les distinguerait de la forêt spontanée (ou « naturelle »), ce qui justifierait qu'une telle opération soit considérée comme une mise en valeur.

Contrairement aux textes antérieurs, le décret du 4 juillet 1935 oppose les arbres « principalement exploités pour leur bois », de nature forestière, et les autres, de nature agricole. Cette distinction est reprise dans la loi n°65-425 du 20 décembre 1965 portant Code forestier.

3.7.1.2. L'aménagement forestier

Il semble que les décrets de 1900 excluent l'aménagement d'une forêt « naturelle » privée et son exploitation rationnelle, des travaux de mise en valeur du sol. Aux termes de l'article 11 du décret du 20 juillet 1900, « la mise en valeur comporte le défrichement ». Cette opération est donc nécessaire mais non suffisante. Mais la suite de l'article introduit une réserve relative aux « mesures destinées à empêcher la destruction des essences utiles » : le défrichement peut être limité ou même interdit.

L'introduction de la notion de « forêt jardinée » par le décret du 18 juin 1912, quoiqu'elle soit appliquée au Domaine de l'État, pourrait justifier un revirement. L'absence de jurisprudence et la rareté, sinon l'absence de décisions d'expropriation pour insuffisance de mise en valeur, ne permettent pas de trancher plus fermement. Ce décret autorise les particuliers à exercer sur les bois et forêts qui leur appartiennent à titre définitif, tous les droits résultant de la propriété[136] : la décision de défricher leur appartient donc, sous réserve de la restriction introduite à la fin de l'article 32 qui énumère les terrains dont le **défrichement est interdit**. En maintenant « dans le patrimoine des particuliers, quoiqu'ils ne soient pas défrichés » « les terrains à forte pente et ceux désignés par arrêté du lieutenant-gouverneur, qui ne sont pas défrichables », ce décret réduit la portée de l'obligation de défricher. En outre, l'obligation de défrichage étant préalable à l'attribution en pleine propriété, et ne concernant que le quart de la superficie, rien n'empêche de conserver le surplus en forêt. Dans ce sens, le rapport au président de la République qui

---

[136] Décret du 18 juin 1912, art. 32.

présente ce qui va être le décret du 4 juillet 1935[137], emploie le terme « mise en valeur » pour désigner implicitement les aménagements, nécessaires dans les forêts de l'Afrique occidentale, qui permettent, dans « nos forêts métropolitaines, [une] exploitation en coupes régulières ».

3.7.2. L'immatriculation

Un État moderne a besoin de connaître les patrimoines fonciers, sources d'impôts, susceptibles d'hypothèques et de saisies. L'immeuble, objet de ces droits, est matérialisé à la Conservation, par un titre foncier qui comporte les indications permettant d'identifier les terrains, ainsi que l'historique des droits de toute nature qui les ont grevés. L'immatriculation d'un immeuble consiste dans la constitution et l'enregistrement du titre de propriété de cet immeuble[138].

3.7.2.1. Le décret du 20 juillet 1900 sur le régime de la propriété foncière

Le décret du 20 juillet 1900[139] institue « l'immatriculation des immeubles et des titres de propriété », par la suite fort contestée, mais toujours en vigueur. Son titre II régit « les transmissions de propriétés et les constitutions de droits réels ». Ses titres III, *Obligations et responsabilité du conservateur*, IV, *Immatriculation des immeubles vendus à la barre des tribunaux*, et V *Dispositions générales*, sont d'ordre administratif ou procédural. Ce texte ne s'applique qu'aux « immeubles appartenant [...] à des Européens et descendants d'Européens ou à des indigènes naturalisés français ». Les règles du **Code civil** ne sont applicables qu'en ce qu'elles n'ont **pas de contraires** à ce décret.

La procédure d'immatriculation est placée sous le contrôle du tribunal de première instance ou de la justice de paix à compétence

---

[137] JOCI 1935, p. 760.

[138] Décret du 20 juillet 1900, art. 4.

[139] Décret du 20 juillet 1900 organisant le régime de la propriété foncière en Afrique occidentale française, titre I, JORF 5 septembre 1900, JOCI n° 20, 15 octobre 1900, p. 2.

étendue[140] dont les jugements sont rendus à charge d'appel[141]. Les décisions en matière d'immatriculation ne sont pas susceptibles de recours en cassation[142]. Cette restriction constitue une exception d'autant plus regrettable que les tribunaux français de la colonie sont présidés par des fonctionnaires non magistrats et composés, pour partie, de notables[143].

L'immatriculation est facultative, sauf dans trois circonstances[144]:

1° Dans tous les cas de vente ou concession en pleine propriété de terrains domaniaux ;

2° Dans tous les cas où des européens ou assimilés se rendent acquéreurs de biens appartenant à des indigènes (voir plus haut) ;

3° Dans tous les cas où, après mise en valeur aux conditions spécifiées par son cahier des charges, un concessionnaire acquiert la propriété de terrains concédés.

Le 1° et le 3° permettent de contrôler l'aliénation des terrains domaniaux. Alors que l'immatriculation instaure un droit jusque là inconnu, elle feint de le constater[145]. A titre de comparaison, on relève qu'à Madagascar, « l'immatriculation n'est pas nécessaire pour établir la propriété d'une façon indiscutable. Le décret du 16 juillet 1897 n'a pour but que d'établir la propriété sur des bases définitives, mais non de créer le droit lui-même et la procédure qu'il organise montre que la loi présuppose toujours le droit de propriété au profit de celui qui se déclare propriétaire d'un immeuble et en demande l'immatriculation »[146]. Dans le même sens, la Cour d'Appel de Tananarive relève que « le décret du 16 juillet 1897 n'a pour effet de faire disparaître le régime foncier antérieurement existant mais, au contraire, il a expressément entendu laisser subsister le ou les

---

[140] Décret du 20 juillet 1900 sur le régime de la propriété foncière, art. 16, 17, 19, 20, 21, 22, 23 et 26.

[141] Décret du 20 juillet 1900 sur le régime de la propriété foncière, art. 24.

[142] *Ibid.*, art. 25.

[143] Décret du 10 novembre 1903 portant réorganisation du service de la justice dans les colonies relevant du Gouvernement général de l'AOF, JORF n° 319, 24 novembre 1903, p. 7094 à 7097 et textes ultérieurs..

[144] Décret du 20 juillet 1900 sur le régime de la propriété foncière, art. 7.

[145] *Ibid.*, article 8.

[146] Cour d'Appel de Madagascar, 28 mai 1902, Florens Orville c. Colonie de Madagascar, Penant, 1903, vol. XII, *Jurisprudence*, art. 1875, p. 205 à 218.

régimes fonciers du droit commun qui existaient auparavant, résultant soit du Code civil, soit du Code malgache, suivant la nationalité des individus »[147]. Peuvent seuls la requérir:

1° Le propriétaire et le copropriétaire ;

2° Le bénéficiaire de droits d'usufruit et d'emphytéose ;

3° Le créancier hypothécaire non payé ;

4° Les bénéficiaires de droits de servitude foncière, d'usage, d'habitation ou d'hypothèque, avec le consentement du propriétaire ou du co-propriétaire.

Le premier cas surprend dans un environnement qui ignore à la fois la propriété privée et l'écrit; il favorise les prétentions de l'Administration et les manœuvres des opérateurs venus d'Europe ou des abords de la Méditerranée; cette situation a perduré jusqu'à la loi n° 98-750 du 23 décembre 1998 relative au domaine foncier rural. Le troisième est destiné à permettre au créancier de réaliser son hypothèque dans les meilleures conditions à la fois pour lui et pour l'acheteur éventuel. On note que l'hypothèque n'est publiable qu'avec le consentement du propriétaire tant que celui-ci respecte ses engagements, solution qui ne favorise pas l'information des tiers appelés à traiter avec un propriétaire foncier: des hypothèques peuvent être demandées et consenties bien au-delà de la valeur de l'immeuble. Elle privilégie le secret des affaires du propriétaire au détriment de la sécurité financière de ses créanciers. Cette solution était condamnée par plusieurs auteurs dès le milieu du XIXème siècle.

Celui qui entreprend cette procédure doit disposer de titres de propriété, contrats, actes publics ou privés et documents quelconques[148]. Cette contrainte est incompatible avec le droit coutumier[149]. Elle ne permet donc pas qu'un possesseur l'utilise pour convertir son état en un droit de propriété en soutenant sa prétention par des témoignages. Cette contrainte revient à évincer les éventuels possesseurs coutumiers individuels, sans qu'il leur soit possible de se

---

147 Cour d'Appel de Tananarive, 19 novembre 1902, Deutsch Ost Gesellschaft c. Administration de la conservation de la propriété foncière de Madagascar, Penant, 1903, vol. XII, *Jurisprudence*, art. 1834, p. 94 à 100

148 Décret du 20 juillet 1900 sur le régime de la propriété foncière - article 8, 4°, alinéa 4.

149 Il n'existe pas de titre en droit coutumier (Bolot c. Colonie du Sénégal, Penant, 1908, *Jurisprudence*, p. 247.

défendre mais, aussi, à exclure l'application dans la colonie de l'article 226, 2° du Code civil qui dispose que : « toutes les actions tant réelles que personnelles, sont prescrites par trente ans, sans que celui qui allègue cette prescription soit obligé d'en rapporter un titre, ou qu'on puisse lui opposer l'exception déduite de la mauvaise foi ». Par contre, le recours à l'article 226, 5° a été envisagé, selon lequel « celui qui acquiert de bonne foi et par juste titre un immeuble, en prescrit la propriété par 10 ans, si le véritable propriétaire habite dans le ressort de la Cour d'Appel dans l'étendue de laquelle l'immeuble est situé ; et par 20 ans, s'il est domicilié hors dudit ressort »[150].

Après épuisement des délais et voies de recours, la décision bénéficie de la force de la chose jugée. Un titre de propriété est établi par le conservateur de la propriété foncière[151] après qu'il ait procédé à l'immatriculation[152], après rectification du bornage et du plan s'il y a lieu. Le titre de propriété est définitif et inattaquable[153]. A dater de l'immatriculation, aucun droit réel, aucune cause de résolution ou de rescision du chef des propriétaires antérieurs ne peuvent plus être opposés au propriétaire actuel ou à ses ayants cause[154]. Cette force du titre de propriété découle de la publicité préalable à son attribution et de la forme judiciaire de la décision. Pour rigoureuse qu'elle puisse paraître, cette mesure a pour objet de mettre un terme aux contestations et de préserver la paix sociale. La seule condition est que des dispositions convenables soient prises pour que « les biens appartenant aux indigènes » soient tenus à l'écart.

3.7.2.2. Les décrets des 24 juillet 1906 et 26 juillet 1932

Le décret du 24 juillet 1906 organise le régime de la propriété foncière en Afrique occidentale française. Il est abrogé en même temps que les décrets des 20 juillet et 5 août 1900 et 24 mars 1901

---

[150] Cf. A. Ley, *Le régime domanial...*, op. cit., p. 269 à 272.
[151] Décret du 20 juillet 1900 sur le régime de la propriété foncière, art. 29.
[152] *Ibid.*, art. 27.
[153] *Ibid.*, art. 36.
[154] *Ibid.*, art. 37.

par le décret du 26 juillet 1932 qui porte réorganisation du régime de la propriété foncière en Afrique occidentale française.

Le droit d'usage d'un particulier peut être transformé en un droit de propriété[155]. Seules l'aliénation et la concession des terres domaniales sont obligatoirement soumises à cette formalité[156]. Mais, dans la mesure où les communautés villageoises ne sont pas admises à se faire délivrer un titre foncier et que les paysans n'estiment pas utile d'en requérir, ce régime conduit à transférer à l'Administration coloniale la propriété de la plus grande partie du territoire. A la **stratification juridique voulue** par le colonisateur (voir chap. 2 ci-avant) se **superpose dans les faits**, un « droit du plus habile » constitutif d'un « droit foncier rural à deux vitesses, celle des investisseurs impliqués dans l'économie de marché et ayant besoin de garanties bancaires ou de titres juridiques opposables à des tiers et les autres producteurs-planteurs »[157] qui reste d'actualité. La fonction du Service de la Conservation de la propriété foncière et des droits fonciers, instituée par le décret du 24 juillet 1906, est confirmée[158]: assurer aux titulaires la garantie des droits réels qu'ils possèdent sur les immeubles soumis au régime de l'immatriculation. Perpétué après l'indépendance, ce service est divisé en quatre conservations régionales au début des années 2000, pour tenir compte de la multiplication des dossiers, au début du XXIème siècle.

Dès 1932, est institué[159] un système de compte particulier ouvert pour chaque immeuble dans les livres fonciers, où sont publiés tous les droits réels attachés à chacun, ainsi que des modifications de ces mêmes droits, ladite publication étant précédée de la vérification des justifications produites et faisant foi à l'égard des tiers. Les immeubles doivent être préalablement immatriculés sur les livres fonciers, à la suite d'une procédure spéciale tendant à provoquer la révélation de tous droits réels déjà constitués[160].

155 Décret du 26 juillet 1932, art. 83 et 90.
156 *Ibid.*, art. 5.
157 Étienne Le Roy, *La réforme du droit de la terre…*, op. cit., p. 66.
158 Décret du 26 juillet 1932, art. 1er.
159 *Ibid.*, art. 2.
160 *Ibid.*, art. 3.

L'immatriculation demeure facultative[161], sous réserve des exceptions énumérées:
1° Dans le cas d'aliénation ou de concession des terres domaniales;
2° Dans le cas où un immeuble, détenu jusque là dans les formes admises par les coutumes indigènes, doit faire, pour la première fois, l'objet d'un contrat écrit, rédigé en conformité des principes du droit.

En 1932, une circulaire du gouverneur général Brévié reconnaît que les chefs traditionnels sont « des représentants de la population ». Le 2 novembre 1934, un arrêt de la Cour d'Appel de Dakar[162] reconnaît aux collectivités coutumières le droit d'immatriculer à leur compte les terres sur lesquelles s'exerce leur autorité. Fondé sur l'article 98 du décret du 26 juillet 1932[163], la Cour assimile la communauté indigène dépourvue de personnalité morale, à un incapable. Pour accueillir avec le plus grand libéralisme toutes les contestations qui s'élèvent contre les prétentions à une requête en immatriculation [fondées sur l'article 3 du décret du 26 juillet 1932], et permettre que tout soit mis en œuvre pour qu'aucun droit ne soit lésé, elle répute « alliés », au sens du texte précité, les chefs des villages dont le territoire serait amputé par l'effet de l'immatriculation. Cet arrêt fait application d'une jurisprudence définitivement fixée :

- il permet que les collectivités coutumières soient représentées et défendue par ses membres malgré l'absence de personnalité juridique ;
- il renverse la thèse soutenue par l'Administration selon laquelle l'État français, successeur des anciens souverains indigènes, aurait acquis par l'annexion les droits de propriété que ces souverains possédaient. « Cette prétention ne peut se soutenir qu'en méconnaissance des dispositions légales, aux termes

---

[161] *Ibid.*, art. 5.

[162] Cour d'Appel de l'AOF, 2 novembre 1934, État français c. M'Baye Samba Gueye et consorts (D. Penant, *Recueil général de jurisprudence*..., 1937, volume XLVI, Paris, art. 5704, *Jurisprudence*, p. 18 et 19, commentaires C.A.).

[163] Décret du 26 juillet 1932, article 98 (J.O.R.F. des 1er et 2 août 1932) : « Sont admis à intervenir par voie d'opposition ou de demande d'inscription : [...] 3° au **nom des incapables**, outre leurs représentants légaux, leurs parents, **alliés** ou créanciers et le procureur de la République ».

desquelles les droits d'exploitation et d'usage des terres, résultant de la coutume, ont été maintenus au profit des indigènes ou de leurs collectivités »[164] ;

- en outre, « ces droits, soumis à l'épreuve de la procédure d'immatriculation, se complètent du *jus abutendi* et, ainsi, se transforment en véritable droit de propriété »[165]. « L'État fait ainsi abandon de ce domaine éminent dont il avait pu hériter des anciens souverains et dont l'existence était **contraire aux conceptions du droit public** français, en acceptant sa réunion au domaine utile sur la tête du détenteur indigène »[166] ;
- il leur permet de bénéficier de la protection que confère l'immatriculation, au moins en ce qui concerne les terres entrant dans le cycle d'exploitation de dix ans.

Dans une certaine mesure, cet arrêt préfigure le décret du 20 mai 1955. Dans le même sens, Mme Coquery-Vidrovitch (1982) relève que « l'opposition d'une communauté indigène est recevable et peut être déclarée fondée, alors même que cette communauté n'a pas elle-même requis à son profit l'immatriculation des mêmes terrains »[167]. Dans le même sens, Etienne Le Roy évoque les jugements rendus au Sénégal, au profit des communautés Toucouleurs, par les tribunaux de paix de la période coloniale, constatant leurs droits fonciers[168]. Postérieurement à l'Indépendance, ces populations opposent ces décisions aux prétentions de l'État moderne.

---

[164] Cf. Rolland et Lampué, *Législation et finances coloniales*, p. 238.

[165] Décret du 26 juillet 1932, art. 83, reproduisant l'art. 58 du décret du 24 juillet 1906. Commentaire C.A. sous arrêt Cour d'Appel Dakar, 2 novembre 1934, op. cit., p. 19.

[166] Commentaire C.A. sous arrêt Cour d'Appel Dakar, 2 novembre 1934, op. cit., p. 19

[167] Cité par Jean-Philippe Plateau, *Réforme agraire et ajustement structurel...*, op. cit. p. 119.

[168] Etienne Le Roy, *La réforme du droit de la terre...*, op. cit., p. 26.

3.7.2.3. Le décret du 15 novembre 1935 précise et cantonne les droits de l'État

Le décret du 15 novembre 1935 portant réglementation des terres domaniales en AOF[169], abroge les décrets du 20 juillet 1900 et 24 mars 1901[170] sur le Domaine public et le régime des terres domaniales dans les colonies [...] de Côte d'Ivoire [...], du 23 octobre 1904 sur le régime du domaine public et des terres domaniales en AOF Il rappelle le principe de l'appartenance à l'État des terres vacantes et sans maître[171] ainsi que « des terres qui, ne faisant pas l'objet d'un titre régulier de propriété ou de jouissance [...] sont inexploitées ou inoccupées depuis plus de dix ans »[172]. Cette précision limite la durée de la jachère à dix années sur les terres sur lesquelles ne porte aucun titre de propriété ou de jouissance. Par contre, l'exploitant ou l'occupant qui dispose d'un titre, est libre de fixer une durée de jachère supérieure. Ce texte se satisfait d'une exploitation ou occupation de fait si elle excède dix ans. Il impose donc d'appliquer aux « terres coutumières », une rotation des cultures qui ne laisse aux jachères qu'une durée inférieure à dix ans. Par contre, l'exploitant ou l'occupant titulaire d'un titre est libre de fixer une durée de jachère supérieure. Comparant le décret du 23 octobre 1904 à celui du 15 novembre 1935, un auteur note que ce dernier pourrait avoir cet effet « inattendu peut-être par l'administration, de l'obliger à abandonner la pratique suivie [jusqu'à cette époque], de tout incorporer, ou peu s'en faut, au domaine de l'État » pour se cantonner aux seules terres inexploitées depuis plus de dix ans[173].

3.7.2.4. Droits de jouissance collective

Le décret de 1935 maintient un régime particulier en faveur des « terres sur lesquelles les collectivités indigènes ou les chefs qui

---

[169] JO AOF 1935 p. 1066 et suivantes.
[170] Décret du 15 novembre 1935, art. 14.
[171] *Ibid.*, art. 1er, premier alinéa.
[172] *Ibid.*, art. 1er, second alinéa.
[173] D. Penant, *Recueil général de jurisprudence...*, art. 5631..., 1936, volume XLV, Paris, *Doctrine et économie politique coloniale*, p. 5.

les représentent exercent un droit de jouissance collective »[174] qui « ne peuvent être cédées ou louées [à un européen ou assimilé] qu'après approbation par arrêté du lieutenant-gouverneur en conseil ».

On note que le libellé de ce texte contient la confusion entre « droit de jouissance collective » et « chefs ». Il entérine la confusion entre les droits collectifs des communautés villageoises, pour l'exercice desquels une représentation nécessaire est confiée à des institutions différentes suivant les coutumes, et les droits personnels (peut-être de nature féodale) qui appartiendraient en propre aux chefs. Cette imprécision évite d'avoir à attribuer à ces communautés la personnalité juridique. En outre, il semble définir une sorte de « minorité civile » des « collectivités indigènes » en même temps que leur tutelle administrative. Pour que ce texte reçoive une application satisfaisante, il eut fallu qu'une cartographie précise de ces terres ait été préalablement établie. En son absence, le second alinéa prend la priorité. En ce sens *Le Démocrate*[175] relève que « l'Africain qu'on a conquis, s'il a son village sur les hauteurs, est relégué dans les zones marécageuses ». Pour Abidjan, le cas s'est présenté : Anoumabo, Cocody, installés sur le plateau, furent évacués. Des « zones spéciales furent octroyées », traversées de nombreuses rigoles ou marécageuses, et malsaines. Les droits coutumiers sont à la fois reconnus et bafoués comme le montre l'arrêté n° 4055 A.G. du 24 décembre 1935 prononçant l'occupation pour cause d'utilité publique « des terrains [de divers] villages sis dans l'emprise [de la] voie ferrée [...] et détenus selon la coutume par les indigènes ». Le substantif « occupation » (et non « expropriation ») rappelle que les villageois ne disposent pas d'un **droit de propriété** mais seulement d'un **fait de jouissance** qui, pour être ancestral, n'en reste pas moins subordonné au bon vouloir de l'État : au fait coutumier, le colonisateur oppose la décision administrative. On relève que le décret du 15 novembre 1935 n'interdît ni organise l'immatriculation des terres sur lesquelles portent les droits coutumiers collectifs.

---

174 Décret du 15 novembre 1935, article 1er, 3ème alinéa.

175 Organe du Rassemblement Démocratique Africain, Abidjan, 23 novembre 1950.

3.7.2.5. Confirmation de l'absence de droits coutumiers individuels

Le décret du 15 novembre 1935 donne à l'Administration une base juridique pour rejeter les réclamations individuelles en se fondant sur une définition précise des terres vacantes et sans maître[176]. Il attribue à l'État les terres inoccupées ou inexploitées depuis plus de dix ans, quel que soit le droit individuel coutumier de l'éventuel possesseur. La circulaire du gouverneur général de l'AOF n° 515/S.E./4 du 7 décembre 1935 confirme : « par suite de ces dernières dispositions qui sont nouvelles, vous pouvez désormais vous opposer aux prétentions de certains spéculateurs qui tentent de faire immatriculer sans aucun droit ou de revendiquer des terrains depuis longtemps vacants et sans maître, en déclarant que leurs ancêtres les ont cultivés autrefois ».

Cette circulaire tend à combattre la jurisprudence fondée sur le décret foncier de 1932 : les africains décidés à tirer avantage des dispositions antérieures et de consolider sous une forme écrite un droit coutumier individuel portant sur une très ancienne jachère, reçoivent une fin de non recevoir, ce qui ne peut que dissuader les plus timorés. Il n'y a donc pas seulement une croyance populaire en un droit coutumier supérieur aux règles écrites : l'Administration construit un système de défense privant les possesseurs coutumiers de tout recours.

3.7.2.6. Procédure d'attribution des concessions

Ce décret édicte des règles particulières, qui régissent l'attribution à titre de concession des terrains domaniaux attribués à l'État au titre des deux premiers alinéas de l'article 1er du décret du 15 novembre 1935. Les concessions rurales, accordées à titre provisoire, sont converties en concessions définitives lorsque les clauses et conditions imposées pour leur mise en valeur sont remplies[177]. « Les occupations de plus de 100 hectares doivent être approuvées par le gouverneur général en commission

---

[176] Décret du 15 novembre 1935, art. 1er.

[177] Décret du 15 novembre 1935, art. 4, dernier alinéa.

permanente »[178]. Cette disposition est destinée à soumettre ces occupations importantes à l'appréciation d'un fonctionnaire présumé moins sensible aux pressions que le lieutenant-gouverneur: elle est une manifestation de cette méfiance de l'Administration à l'égard de ses fonctionnaires, évoquée plus haut. Dans le même sens, « les concessions portant sur une étendue comprise entre 200 et 2.000 hectares sont accordées par le gouverneur général en commission permanente »[179]. Celles « portant sur une étendue supérieure à 2.000 hectares sont accordées, après avis de la Commission des concessions coloniales et du domaine, par décret rendu sur le rapport du ministre des Colonies, sur la proposition du gouverneur général et après avis du lieutenant-gouverneur de la colonie intéressée, pris en conseil, sous réserve des dispositions de la réglementation locale ». Le cahier des charges établi lorsque la superficie de la concession est égale ou supérieure à 2 000 hectares[180] doit « indiquer quelles sont, dans les périmètres concédés, les terres exclues de la concession et **réservées pour l'habitation, les cultures ou le droit d'usage des habitants** installés dans ce périmètre ou résident à proximité ». Le maintien de ces dispositions vise à éviter, en AOF, les abus constatés en AEF, particulièrement en Oubangui-Chari. L'administration détermine la **superficie réservée aux populations** en « tenant compte des besoins réels » et « des mises en valeur effectivement faites ». Ce texte ne précise pas les critères de détermination de ces besoins non plus que leur nature ni leur étendue. Ces lacunes ouvrent la voie à tous les arbitraires. L'adverbe « effectivement » affecté aux mises en valeur risque d'autoriser l'exclusion des jachères des besoins des populations alors que, faute d'engrais chimiques et en présence de spéculations exclusivement végétales dans la zone humide, la longue jachère est le seul moyen permettant de reconstituer la couche humique.

Le décret du 18 juin 1912 réorganisant le régime forestier donne une définition précise (article 43) des besoins de la population : « Chaque village forestier a droit, pour les jardins et plantations de bois, ainsi que pour le terrain de parcours de bétail, à une superficie égale à celle qu'il occupe actuellement. Chaque fois

---

[178] *Ibid.*, art. 1er, al. 4.
[179] *Ibid.*, art. 4, 2°.
[180] *Ibid.*, art. 4, avant-dernier alinéa.

que le recensement de la population fera ressortir un accroissement de cent habitants au moins, cette superficie pourra être étendue par arrêté du lieutenant-gouverneur, à raison de 1 hectare par habitant nouveau. Pour les terrains de parcours et en cas de développement de l'élevage indigène, cette superficie pourra également être étendue par arrêté du lieutenant-gouverneur ».

On déplore qu'il soit nécessaire que la concession excède 2 000 hectares pour que les besoins des populations soient pris en considération dans le cahier des charges et craint qu'un fractionnement des demandes ait permis d'échapper à cette contrainte. Les « cultures et habitations » peuvent être « supprimées purement et simplement moyennant indemnité »[181] quoique cette suppression ne puisse être imposée. Cependant, l'attrait de l'argent sur des populations qui en sont dépourvues fait la part belle au concessionnaire. D'autant plus que le texte ne spécifie pas quelles sont la nature juridique et la durée de la convention en vertu de laquelle les « indigènes » acceptent que leurs habitations et leurs cultures soient supprimées. Cette imprécision est grosse de conflits. Il ne mentionne pas plus le sort de ces terres à l'expiration de la concession. Par contre, l'administration se réserve[182] le droit de reprendre à toute époque, les terrains concédés à titre provisoire ou définitif pour cause d'utilité publique. Le défaut ou l'insuffisance de mise en valeur des terres n'est pas, à lui seul, une cause de reprise. Par contre, le défaut de mise en valeur justifie que l'indemnisation soit limitée à « la restitution de la partie du prix afférente à la superficie reprise ». Les concessions rurales, accordées à titre provisoire, sont converties en « concessions définitives » lorsque les clauses et conditions imposées pour leur mise en valeur ont été remplies[183]. Les « cultures et les habitations [peuvent être supprimées purement et simplement] moyennant indemnité », mais cette suppression ne peut pas être imposée[184]. En fait, des populations aux productions sous-rémunérées, dont les coutumes excluent la vente des biens fonciers, peuvent être convaincues à peu de frais, grâce à la différence d'appréciation du contenu de l'accord,

---

[181] Décret du 15 novembre 1935, art. 5.
[182] *Ibid.*, art. 8.
[183] Décret du 15 novembre 1935, art. 4, dernier alinéa.
[184] *Ibid.*, art. 5.

de laisser la place libre au concessionnaire. En outre, Ce texte ne précise ni la nature juridique ni la durée de ces conventions. Cette imprécision est grosse de conflits. Il ne mentionne pas plus le sort des terres villageoises à l'expiration de la concession. On aurait pu assimiler avec beaucoup de réserves, les conventions coutumières relatives aux biens fonciers à des baux emphytéotiques. L'administration se réserve le droit de « reprendre à toute époque les terrains concédés à titre provisoire ou définitif »[185]: le défaut de mise en valeur n'est pas, le seul motif de reprise. Par contre, il justifie que l'indemnisation soit limitée à « la restitution de la partie du prix afférente à la superficie reprise ». Il reste en vigueur à ce jour.

3.7.2.7. Le décret du 20 mai 1955

Le décret du 20 mai 1955 marque l'abandon de toute revendication de l'État sur les biens vacants et sans maître ou non mis en valeur. Il confirme « les droits coutumiers exercés collectivement ou individuellement sur les terres non appropriées selon les règles du Code civil ou du régime de l'immatriculation ». Cependant, il ne semble pas avoir reçu d'application, faute de mesures d'accompagnement[186] : « les assemblées territoriales retardent la promulgation des textes d'application [...] **interdisant l'émergence de conceptions autochtones de l'organisation foncière** [...] »[187].

3.7.2.8. La loi-cadre du 23 juin 1956

La loi-cadre n° 56-619 du 23 juin 1956[188] autorisant le Gouvernement à mettre en oeuvre les réformes et à prendre les mesures propres à assurer l'évolution des territoires relevant du ministère de la France d'Outre-mer, comporte deux dispositions dont on peut regretter qu'elles soient restées sans lendemain :

---

[185] Décret du 15 novembre 1935, art. 8.
[186] Etienne Le Roy, *La réforme du droit de la terre...*, op. cit., p. 14.
[187] Pierre Gény *et al.*, *Environnement et développement rural...*, op. cit., p. 50, texte souligné par les auteurs.
[188] Archives Nationales de Côte d'ivoire, JO AOF n° 2835, 13 juillet 1956, p. 1247 et 1248 ; JORF n° 146, 24 juin 1956, p. 5782 à 5784.

- la détermination « des conditions d'institution et de fonctionnement, ainsi que les attributions des conseils de circonscriptions administratives et de collectivités rurales et les modalités d'octroi de la personnalité morale à ces circonscriptions, sans que cela puisse faire obstacle à la création de nouvelles municipalités ». aurait due être fixée par décret[189] ;
- l'établissement d'un cadastre respectant les droits coutumiers des autochtones[190].

L'Indépendance de la Côte d'Ivoire n'apporte aucune innovation dans de ce domaine du droit. Des mesures ont été adoptées depuis 1992 dans le domaine du droit forestier, pour faire participer les populations rurales à la gestion de leur terroir[191].

3.8. Le droit de reprise de l'État postérieur au transfert de propriété

L'État s'autorise à reprendre les terrains concédés en fin de contrat lorsqu'ils ne sont pas aliénés comme il a été dit plus haut, mais aussi ceux dont il a transféré la propriété, dans deux cas:
- l'utilité publique ;
- l'insuffisance de leur mise en valeur.

3.8.1. Insuffisance de la mise en valeur

Au fur et à mesure des décrets successifs, une mise en valeur partielle préalable à la demande, suffit tout d'abord. Le décret de

---

[189] Loi n° 56-619, article 1er. Par contre, l'arrêté local n° 3206 du 10 octobre 1934 (JOCI 1935, p. 64) reste en vigueur.

[190] Loi n° 56-699, art. 4 : Le Gouvernement pourra [...] prendre toutes mesures tendant à élever le niveau de vie dans les territoires relevant du ministère de la France d'Outre-mer, à y favoriser le développement économique et le progrès social et à faciliter la coopération économique et financière entre la métropole et ces territoires, notamment : ... par la mise en place des formes modernes de développement rural et l'établissement d'un plan cadastral respectant les droits coutumiers des autochtones.

[191] C. Garrier, *Forêt et institutions ivoiriennes - La forêt, miroir des politiques*, L'Harmattan, Paris, 2006, chap. 12.

1935 impose la mise en valeur de toute l'aire sollicitée, ainsi que son exploitation permanente. Il limite à dix ans la durée de la jachère.

3.8.2. L'utilité publique

Le décret du 25 novembre 1930[192] réglemente l'expropriation pour cause d'utilité publique et l'occupation temporaire en Afrique occidentale française. Il maintient « les terres formant propriété collective des indigènes ou que les chefs indigènes détiennent comme représentants de collectivités indigènes conformément aux règles du droit coutumier local » sous l'empire des « dispositions de la réglementation domaniale qui les concernent »[193]. Ce texte place les terres soumises au droit coutumier hors d'atteinte d'une éventuelle expropriation fondée sur le présent décret.

3.9. Autres voies d'appropriation du domaine de l'État

L'article 4 du décret du 30 août 1900 sur le régime des terres domaniales donne une liste non exhaustive d'autres modes d'aliénation des terres domaniales :
1° par adjudication publique ;
2° de gré à gré, par lots de moins de 1 000 hectares, à titre gratuit ou à titre onéreux suivant les conditions résultant de règlements arrêtés par le gouverneur en conseil d'administration et approuvés par le ministre des Colonies. Lorsque l'État intervient financièrement dans les activités agricoles ou industrielles, cette liste s'enrichit de l'apport en nature de terres du Domaine au capital de sociétés d'économie mixte.

---

[192] Promulgué en Côte d'Ivoire par l'arrêté 2980 AP du 19 décembre 1930.
[193] Décret du 25 novembre 1930, art. 2, al. 2.

4 - DROIT FORESTIER COLONIAL

> « Je suis belle et noire, filles de Jérusalem ! Comme les tentes de Kédar, comme les tentures de Salomon »
> (*Cantique des cantiques*, 1, v. 5).

L'institutionnalisation de l'exploitation forestière conduit à réglementer :

- le service forestier,
- une taxation des bois tant à l'exportation qu'à l'intérieur,
- les modes d'exploitation des forêts domaniales :
    - permis d'exploitation attribués provisoirement,
    - vente de coupes,
    - exploitation en régie ;
- les caractéristiques des arbres dont l'abattage est autorisé ;
- la définition de l'exploitant forestier ;
- les conditions dans lesquelles il est autorisé à se livrer à son activité.

En outre, le droit forestier garantit les droits d'usage des villageois issus de leurs coutumes. Cet ensemble de dispositions intéresse à la fois l'exploitation des forêts domaniales et celles des particuliers[1].

Cette construction est progressive, par petites touches successives, ce qui conduit à promulguer un grand nombre d'arrêtés ajoutant leur solution partielle. A trois reprises, des décrets codifient l'expérience acquise par le jurisfacteur[2] colonial :

---

[1] Article 1er des décrets du 20 juillet 1900 et du 18 juin 1912, Titres II et III du décret du 4 juillet 1935.
Particulièrement l'article 1er du décret du 18 juin 1912 stipule : « Est soumise aux dispositions du présent décret, l'exploitation, dans la colonie de la Côte d'Ivoire, des forêts domaniales et des forêts appartenant à des particuliers ».

[2] Dans un environnement où la loi n'a qu'une place restreinte, que ce soit aux temps coloniaux ou après l'Indépendance jusqu'en 1999, il semble

- 20 juillet 1900 ;
- 18 juin 1912 ;
- 4 juillet 1935[3].

C'est autour de ces trois pôles que sont organisées les idées exposées dans la suite de ce chapitre. Le développement de ces idées ressort de la longueur même des décrets successifs :

- 20 juillet 1900 : 24 articles ; l'exportation de bois entreprise vers 1885, atteint 18 556 t en 1987 ;
- 18 juin 1912 : 60 articles ; le rapport *Les bois à la Côte d'Ivoire* souligne que le régime forestier qu'il institue « présente la particularité... d'être adapté aux conditions locales de la colonie pour laquelle il a été édicté, au lieu d'être simplement calqué sur un règlement métropolitain. Sa remarquable souplesse lui a permis d'atteindre son but : sauvegarder les richesses forestières de la Côte d'Ivoire sans apporter de gêne aux exploitants sérieux, tout en permettant de suivre les progrès de l'exploitation »[4]. Les exportations de bois, presque exclusivement l'acajou, croissent pour atteindre 40 000 t à la veille de la 1ère grande guerre.
- 4 juillet 1935 : 84 articles ; l'exportation de bois atteint 100 000 t entre vers 1927, seuil qui n'est dépassé qu'après 1953. On déplore que, malgré ce qu'en affirme Thomas Oka Koffi, l'ordonnance signée par Louis XIV le 13 août 1669 n'ait pas plus largement inspiré les rédacteurs de ce décret. Ils y auraient trouvé des dispositions relatives au recensement et à la gestion des « bois, prez, marais, landes, pastis, pescheries, et autres biens appartenans aux communautez, et habitans des paroisses » : l'article 1er du Titre XXV imposait d'« arpenter, figurer et borner dans les six mois » « tous les bois dépendans des Paroisses et Communautez d'habitans » ; les habitants devaient désigner les gardes nécessaires à « la conservation de leurs bois communs », article 14 ; les articles 21 et 22 organisaient la répartition des amendes et dommages-intérêts relatifs aux « bois communs », entre « la paroisse », le « seigneur haut-justicier » et le roi.

---

préférable de parler du jurisfacteur (ensemble des organes qui créent le droit) et non du législateur (l'Assemblée nationale).

[3] Thomas Oka Koffi, *Manuel de droit forestier*, IMNOR, Abidjan, 1988, p. 291, Titre XXV.

[4] *Les bois à la Côte d'Ivoire*, op. cit., p. 15.

4.1. Le service forestier

L'arrêté local du 20 avril 1896 fixant les attributions du cabinet du gouverneur et du secrétariat général de la Côte d'Ivoire[5] mentionne les « eaux et forêts » parmi les personnels des divers services payés sur le budget local. Le décret du 20 juillet 1900 sur le régime forestier évoque ce service dans ses articles 15 et 16, puis lui consacre son Titre VIII (Du service forestier, art. 49 et 50).

L'arrêté n° 321 du 23 avril 1912 relatif au contrôle de l'exécution par la Compagnie Forestière de l'Afrique française décrit la surveillance que le service forestier exerce sur cette compagnie. Malgré ces dispositions antérieures, l'arrêté du 12 mars 1912 dit « créer un service forestier à la Côte d'Ivoire ». Mais encore après la Grande Guerre, ce service ne donne pas toute satisfaction, puisque l'un des vœux du Congrès des Bois Coloniaux de Bordeaux[6] porte sur « l'amélioration des services forestiers coloniaux actuellement rudimentaires en maintenant un régime forestier libéral ».

Le décret du 13 juillet 1923[7] précise les catégories auxquelles appartient le personnel de ce service[8] :
a/ un cadre général comportant les fonctionnaires pouvant servir dans toutes les possessions[9] ;
b/ des cadres locaux spéciaux comprenant des agents européens ou assimilés ne pouvant servir que dans leur colonie ;
c/ des cadres locaux auxiliaires comprenant uniquement des agents indigènes ne pouvant servir que dans leur colonie.

Les agents des cadres locaux sont toujours subordonnés, quel que soit leur grade, aux fonctionnaires du cadre général[10]. Les cadres forestiers locaux justifiant d'une durée de service suffisante, peuvent être nommés inspecteur adjoint de 3ème classe[11] sous réserve d'être

---

[5] Arrêté local du 20 avril 1896 (JOCI n° 4, avril 1896, p. 2)
[6] Archives Nationales d'Abidjan VI-12-214, rapport daté de 1925 intitulé *Les bois à la Côte d'Ivoire*, p. 47.
[7] Promulgué par arrêté du 17 août 1923, JOCI 1923, p. 619 à 623.
[8] Décret du 13 juillet 1923, art. 2.
[9] Colonies et pays de protectorat autres que l'Indochine et les territoires sous mandat.
[10] Décret du 13 juillet 1923, art. 2, III.
[11] *Ibid.*, art. 10.

français ou naturalisés[12]. Les conditions de recrutement et d'avancement, les grades, soldes, indemnités, le régime disciplinaire des cadres locaux spéciaux et auxiliaires sont organisés par arrêtés des gouverneurs généraux et gouverneurs[13].

Le décret du 28 décembre 1923[14] « institue dans chaque colonie [de l'AOF], un service chargé de tout ce qui concerne l'Agriculture, l'Élevage et les Forêts et des établissements agricoles chargés des recherches scientifiques et techniques se rapportant aux mêmes matières »[15]. Pour la Côte d'Ivoire, il ne s'agit que d'une réorganisation de ce service dont l'existence remonte aux premières années de la colonisation.

4.1.1. Effectif

Le 18 juin 1912, un nouveau décret[16] réorganise le régime forestier. Le rapport au président de la République, signé par le ministre de la Justice, Aristide Briand, et le ministre des Colonies, Albert Lebrun, souligne que « des voies de pénétration qui viennent d'être ouvertes facilitent le transport des produits mis en œuvre, permettant de donner à l'industrie forestière une extension considérable ». Il ajoute que « l'administration locale est en mesure de surveiller d'une manière efficace les chantiers ouverts ». Au contraire, dans ses *instructions et actes réglementaires pour l'application* de ce décret[17], le gouverneur Angoulvant note que des crédits sont prévus au budget de 1911[18], puis à celui de 1912[19] et de 1913[20], malgré lesquels les recrutements n'ont pas été effectués. En l'absence de ce personnel technique, l'administration a même envisagé d'ajourner la promulgation du décret. En effet,

---

[12] Décret du 13 juillet 1923, art. 7, 1°.
[13] *Ibid.*, art. 2, II.
[14] Promulgué par arrêté du 21 janvier 1924, JOCI 1924, p. 72 et 73.
[15] Décret du 28 décembre 1923, art. 1er.
[16] Supplément au JOCI n° 16, 31 août 1912, p. 458 à 461.
[17] *Ibid.*, p. 463 et suivantes.
[18] 7 800 francs or, soit 23 484 573 FCFA (35 802 €), cours du Napoléon du 20/07/2006.
[19] 40 000 francs or, soit 120 433 705 FCFA (183 600 €), même cours.
[20] 59 970 francs or, soit 180 560 233 FCFA (275 262 €), même cours.

l'exploitation des massifs boisés en régie ou par vente de coupes, l'établissement des plans d'aménagement préalables, cahier des charges, etc, sont « extrêmement difficiles ».

A la fin de 1924, le personnel suffisant n'est toujours pas affecté : ce service ne compte encore que trois officiers forestiers, tous européens, dont le chef de service. « En outre, [ce service dispose] de quelques agents indigènes dont le nombre [doit être] augmenté et qui [sont] des agents de renseignement et d'exécution auprès des officiers forestiers »[21]. L'insuffisance de l'effectif technique limite l'activité du service à l'**attribution des permis d'exploitation provisoire** et à des contrôles, à l'exclusion des ventes de coupe et des exploitations en régie.

4.1.2. Rôles principaux

Cette insuffisance numérique est certainement la circonstance qui explique qu'un rapport daté de 1925, intitulé *Les bois à la Côte d'Ivoire*[22], relève que « durant les années 1895 à 1900, la liberté la plus complète fut laissée aux commerçants pour **abattre à leur guise les acajous** où bon leur semblait ». La maigreur des effectifs est telle que le Congrès des Bois Coloniaux de Bordeaux[23] émet, entre autres, le vœu[24] que soient améliorés les « services forestiers coloniaux **actuellement rudimentaires** » en maintenant un « régime forestier libéral » (nous soulignons ce point). Ce texte rappelle la crainte permanente dans le système français, d'un regain de dirigisme dès que sont renforcés les moyens d'une administration.

Le décret du 4 juillet 1935[25] se propose « [d'assurer] la protection des forêts existantes par une répartition judicieuse de celles-ci en catégories nettement déterminées, par une répression plus sévère des délits commis par les exploitants, par l'extension des

---

[21] *Les bois à la Côte d'Ivoire*, op. cit.

[22] Archives d'Abidjan VI-12-214, p. 9.

[23] Juillet 1922.

[24] Rapport daté de 1925, *Les bois à la Côte d'Ivoire*, op. cit., p. 47.

[25] Rapport au président de la République suivi d'un décret du 4 juillet 1935 relatif au régime forestier de l'AOF (JOCI 1935, p. 760 ; *Bulletin officiel du ministère des Colonies*, 1935, tome 49ème, n° 1 à 12, Paris, Imprimerie Nationale, 1936, n° 426, p. 705 à 715).

droits reconnus aux agents forestiers, enfin par le renforcement des mesures punitives ou encore préventives susceptibles de combattre efficacement les abus de toutes sortes »[26].

4.1.2.1. Répression des infractions forestières

Le décret du 20 juillet 1900 portant régime forestier, décrit les attributions répressives de ce service[27]. L'article 15 précise qu'à défaut d'agents forestiers, la recherche des infractions au régime forestier, est exercée par les officiers de police judiciaire ou par les agents d'autres services commissionnés à cet effet par le gouverneur. Il ne précise pas l'étendue des pouvoirs des agents du service forestier, mais rien n'indique qu'ils aient la qualité d'OPJ[28]. L'arrêté du 8 juin 1907 souligne que « les procès-verbaux [...] feront foi jusqu'à preuve contraire des faits matériels qu'ils constateront »[29]. L'article 16[30] tire conséquence de la maigreur de ce service en disposant que « les procès-verbaux sont transmis au chef du service forestier de la région ou, à défaut, à l'administrateur chef de région ».

Reprenant les dispositions du décret du 20 juillet 1900 portant régime forestier, l'article 16 de l'arrêté du 8 juin 1907 précité confère à l'administration le pouvoir de transiger. Dans les conditions de la vie coloniale, c'est la porte ouverte à bien des abus au détriment des populations indigènes ignorantes des limites réelles des prérogatives des divers agents de l'administration. Toutefois, les transactions doivent être soumises à l'approbation du gouverneur ou de son délégué : cette obligation peut freiner certains appétits. On ne peut se prononcer sur son efficacité. L'ébauche d'une police forestière apparaît en 1907[31] : « à défaut d'agents des services forestiers, la

---

[26] Rapport au président de la République, 4 juillet 1935, JOCI 1935, p. 760.
[27] Décret du 20 juillet 1900 portant régime forestier, art. 15 et 16.
[28] Il faut attendre la loi n° 2002-102 du 11 février 2002 relative à la création, à la gestion et au financement des parcs nationaux et des réserves naturelles, pour que des ingénieurs forestiers se voient attribuer la qualité d'OPJ en Côte d'Ivoire.
[29] Arrêté du 8 juin 1907, art. 24, JOCI, 15 juin 1907, p. 148 à 150
[30] Décret du 20 juillet 1900, art. 16,
[31] Arrêté du 8 juin 1907 réglementant l'exploitation des essences forestières, art. 22.

recherche des infractions aux dispositions du décret du 20 juillet 1900 et à celles [de cet arrêté] sera exercée par les officiers de police judiciaire, leurs auxiliaires dans les cercles et les agents indigènes commissionnés à cet effet par le lieutenant-gouverneur. Ceux-ci seront choisis, sur proposition de l'Administrateur, parmi les indigènes ayant au moins vingt et un ans. Ils ne pourront entrer en fonction qu'après avoir prêté serment devant le tribunal ou la justice de paix à compétence étendue de l'arrondissement judiciaire où ils doivent exercer ». La territorialité du pouvoir de ces agents est conforme à ce qui est pratiqué en France. L'article 23 apporte une solution à l'illettrisme de la plupart des agents[32] : Les procès-verbaux peuvent être « rédigés par le chef de poste » ; mais ils doivent « être affirmés [...] devant le président du tribunal, le Juge de paix ou l'administrateur du cercle, délégué à cet effet ». Cette disposition, qui correspond à l'étymologie du mot « procès-verbal », est fondée sur les pouvoirs de police judiciaire attribués aux administrateurs. Cet arrêté limite les pouvoirs des « agents » à la constatation des seules « contraventions au présent arrêté ». Il ne semble pas que les pouvoirs attribués dans ce domaine aux « agents indigènes commissionnés » diffèrent de ceux des « agents du service forestier ». Le décret du 18 juin 1912 continue de permettre de combattre les faits inscrits dans les procès-verbaux par tous moyens de preuve. En contrepartie, il admet que « la preuve d'une contravention ou d'un délit forestier [soit] administrée par toutes les voies de droit ».

L'abattage de bois et l'enlèvement de produits naturels dans les forêts du Domaine, sans autorisation du gouverneur ou de son délégué, même si ces forêts ou portions de forêt sont affermées ou temporairement concédées à autrui, **sont des délits forestiers**[33]. Ce nouveau décret comble une lacune de celui de 1900 qui laissait imprécis un point susceptible d'entraîner, dans la répression effective, de graves difficultés avec les titulaires d'exploitations autorisées sur les chantiers desquels les délits se trouvaient commis. L'« enlèvement des produits naturels » ajouté en 1912 dans la

[32] Un procès-verbal du 2 avril 1908, fondé sur le présent arrêté, porte, au pied, la mention : « le brigadier Moussa Comba ne sachant [pas signer] a apposé une croix ci-dessous ».

[33] Décret du 18 juin 1912, art. 3.

classification des délits forestiers permettait de réprimer sévèrement les véritables déprédations que « commettent, dans les forêts de la colonie, des bandes de récolteurs étrangers » qui s'abattent sur certaines régions et qui, sans autorisations de qui que ce soit, se livrent à une exploitation intensive et meurtrière des peuplements caoutchoutiers[34].

4.1.2.2. Gestion du domaine forestier de l'État

En 1848, près d'un demi-siècle avant la colonisation de la Côte d'Ivoire, « les concessions de forêts sont instituées [en Algérie] en vue de l'intérêt de l'État aussi bien qu'en vue de l'intérêt de la colonisation [...]; par conséquent, le Gouvernement doit veiller à ce que les forêts ne demeurent pas inexploitées »[35]. Cette conception survit tant que les fonctionnaires coloniaux ne prennent pas conscience du risque de disparition des forêts.

La combinaison de l'article 1er du décret du 30 août 1900 sur le régime des terres domaniales et de l'article 2 du décret du 20 juillet 1900 sur le régime forestier, étend l'action du service forestier sur la plus grande partie de la colonie. En effet, le petit nombre des immatriculations, la maigreur des terres coutumières laissées aux indigènes dans un pays dont la moitié de la superficie était couverte de forêt dense et l'autre parcourue de forêts-galeries, laissent au Domaine forestier de l'État une emprise considérable. En ce sens, on déplore que l'arrêté du 27 avril 1901 portant régime des concessions rurales de 10.000 hectares et au-dessus, ne prévoit pas expressément l'avis du service forestier préalable à l'attribution de ces concessions. On relève que son article 11 dispose que la « mise en valeur comporte le défrichement, sous réserve des mesures destinées à empêcher la destruction des essences utiles... et l'aménagement des exploitations forestières ».

---

[34] Instructions et actes réglementaires pour l'application du décret du 18 juin 1912 sur le régime forestier, op. cit.

[35] Arrêté du ministre de la Guerre relatif aux concessions temporaires d'exploitation de forêts en Algérie, 2 décembre 1848 (*Moniteur universel...* n° 342, 7 décembre 1848, p. 1).

4.1.2.3. Mission particulière

L'arrêté n° 321 du 23 avril 1912, relatif au contrôle de l'exécution par la Compagnie forestière de l'Afrique française des dispositions du décret du 2 mai 1910 portant attribution d'une concession, et des clauses du cahier des charges annexé, détaille les tâches de contrôle qui incombent au chef du service forestier et aux administrateurs de cercle. Le chef du service forestier reçoit[36] le titre de commissaire du gouvernement. Il est chargé de surveiller l'observation par le concessionnaire des dispositions du décret et du cahier des charges. L'administrateur du cercle de Grand Bassam surveille l'exploitation sur le plateau de l'Akapless. L'administrateur du cercle d'Assinie surveille la scierie de Moosou (près de Grand Bassam ; pays des Abourés) et contrôle les bois de sortie[37]. Ces administrateurs adressent mensuellement un rapport détaillé sur leurs constatations au chef du service forestier. Ce dernier adresse trimestriellement un rapport d'ensemble, en sa qualité de commissaire du gouvernement[38]. Ce dispositif est précis et, en apparence, rigide. La réalité et l'efficacité de son application sont fonctions des effectifs dont disposent ces services pour contrôler un territoire de 50 000 hectares et de la qualification technique des personnels.

4.2. Le domaine forestier de l'État

Les décrets de 1900 et de 1912 conçoivent le Domaine forestier de l'État comme un tout. Déjà, après la Grande Guerre, certaines forêts sont « réservées pour le service forestier » : cette disposition anticipe les « classements » à venir. Poursuivant dans cette voie, celui du 4 juillet 1935 répartit ce domaine en deux catégories (article 3) :
1° Forêts classées constituant le Domaine forestier classé ;
2° Forêts protégées constituant le Domaine forestier protégé.

---

[36] Arrêté n° 321 du 23 avril 1912, art. 1er.
[37] *Ibid.*, art. 2.
[38] *Ibid.*, art. 3.

4.2.1. Forêts réservées pour le service forestier

En application du décret du 18 juin 1912, des arrêtés réservent diverses forêts au service forestier. Après la désignation des limites de la forêt, ils disposent que « la coupe ou l'incendie de tous végétaux, l'enlèvement de produits naturels, l'extraction ou l'enlèvement de matières appartenant au fonds forestier et le pâturage sont interdits dans cette réserve »[39]. Sauf dispositions particulières, les droits d'usage des villageois sont abolis dans ces forêts. Des dispositions sont ajoutées pour tenir compte de circonstances particulières, telles :

- « les plantations de cacaoyers situées dans la réserve seront délimitées et abornées par les soins du service forestier et seront distraites du périmètre réservé »[40] ;
- une disposition en faveur des « indigènes » :
    - « autour du campement d'Amatifou et des autres petits campements situés sur la réserve, où des indigènes sont installés à demeure, il sera délimité une surface égale à autant de fois 4 hectares qu'il y aura d'habitants dans ces campements, à la date du présent arrêté, pour les cultures. Ces superficies

---

[39] Art. 2 de divers arrêtés réservant des forêts pour le service forestier.

[40] Article 3 de l'arrêté n° 141 S.F. du 18 janvier 1929 réservant une forêt dans le cercle de Sassandra (JOCI n° 2, 31 janvier 1929, p. 65) ; arrêté n° 200 A.G. du 31 janvier 1929 réservant le massif forestier de l'Orumbo-Bocca (JOCI n° 3, 15 février 1929, p. 101) ; arrêté n° 477 S.F. du 20 mars 1929 réservant une forêt dans le cercle de l'Agnéby (JOCI n° 6, 31 mars 1929, p. 187) ; arrêté n° 483 S.F. du 20 mars 1929 réservant une forêt dans le Cercle des Lagunes - agrandissement de la forêt réservée Banco (JOCI n° 6, 31 mars 1929, p. 187) ; arrêté n° 999 S.F. du 23 mai 1929 réservant une forêt dans le massif boisé de Singrobo (JOCI n° 10, 31 mai 1929, p. 315) ; arrêté n° 1455 S.F. du 5 août 1929 réservant une forêt dans le Cercle des Lagunes (JOCI n° 15, 15 août 1929, p. 516) ; arrêté n° 1865 A.G. du 7 octobre 1929 réservant une forêt dans le cercle d'Agnéby (JOCI n° 19, 15 octobre 1929, p. 675) ; arrêté n° 1866 S.F. du 7 octobre 1929 réservant une forêt dans le cercle d'Agnéby (JOCI n° 19, 15 octobre 1929, p. 676) ; arrêté n° 2282 S.F. du 16 décembre 1929 réservant une forêt dans le cercle du Bas Cavally (JOCI n° 24 , 31 décembre 1929, p. 830).

sont distraites du périmètre réservé »[41] ;

- « les droits d'usage des indigènes leur sont conservés sur une profondeur de 300 mètres au nord de la route Agboville-Tiassalé dans la réserve »[42] ;

- « [l'autorisation provisoire donnée au Chemin de Fer de la Côte d'Ivoire d'] exploiter les bois de feu se trouvant dans la zone réservée [...] »[43] ;
- « le droit de passage sur tous les chemins qu'elle a ouverts dans la réserve [conservé à la Compagnie Forestière de l'Indénié] »[44] ;
- la conservation par les exploitants forestiers de « leurs droits sur les parties de leurs chantiers incluses dans la réserve »[45].

Certains arrêtés disposent que la forêt réservée « pourra être exploitée, soit en régie, soit par vente de coupes ou de produits »[46], ce qui exclut l'attribution de permis d'exploitation temporaire : certes, ce texte n'utilise pas la négation « ne que » ; mais cette énumération n'a de sens que si elle est limitative. D'autres arrêtés ne comportent aucune disposition à ce propos[47]. Outre les références des textes sur lesquels se fondent ces arrêtés, leurs « vus » comportent une brève explication qui révèle les préoccupations techniques de l'époque parmi lesquelles on relève :

- « la nécessité de constituer en Côte d'Ivoire des réserves dans des

---

[41] Arrêté n° 1865 A.G. du 7 octobre 1929 réservant une forêt dans le cercle d'Agnéby (JOCI n° 19, 15 octobre 1929, p. 675).

[42] Arrêté n° 1866 S.F. du 7 octobre 1929 réservant une forêt dans le cercle d'Agnéby (JOCI n° 19, 15 octobre 1929, p. 676).

[43] Art. 4 de l'arrêté n° 148 S.F. du 21 janvier 1929 réservant une forêt dans le Cercle des Lagunes (J. O. C. I. n° 2, 31 janvier 1929, p. 67.

[44] Arrêté n° 483 S.F. du 20 mars 1929 réservant une forêt dans le Cercle des Lagunes - agrandissement de la forêt réservée Banco) (JOCI n° 6, 31 mars 1929, p. 187).

[45] Arrêté n° 1455 S.F. du 5 août 1929 réservant une forêt dans le Cercle des Lagunes (JOCI n° 15, 15 août 1929, p. 516) ; arrêté n° 1865 A.G. du 7 octobre 1929 réservant une forêt dans le cercle d'Agnéby (JOCI n° 19, 15 octobre 1929, p. 675) ; arrêté n° 1866 S.F. du 7 octobre 1929 réservant une forêt dans le cercle d'Agnéby (JOCI n° 19, 15 octobre 1929, p. 676.

[46] Article 4 de l'arrêté n° 141 S.F. du 18 janvier 1929 réservant une forêt dans le cercle de Sassandra (JOCI n° 2, 31 janvier 1929, p. 65).

[47] Arrêté n° 200 A.G. du 31 janvier 1929 réservant le massif forestier de l'Orumbo-Bocca (JOCI n° 3, 15 février 1929, p. 101).

régions qui seront exploitables dans un avenir prochain »[48] ;
- « la nécessité de constituer en Côte d'Ivoire un domaine forestier réservé, destiné à être enrichi rapidement en essences de valeur »[49] ;
- « l'utilité de conserver des parties de forêt situées sur des massifs montagneux, et notamment à la limite de la zone forestière et de la savane »[50] ;
- « l'utilité de conserver indéfiniment la flore primitive de certaines parties de la forêt primaire de la Côte d'Ivoire pour des recherches scientifiques[51] et l'intérêt esthétique de sauvegarder en quelques points des routes de la colonie l'aspect de la forêt primitive »[52] ;

---

[48] Arrêté n° 141 S.F. du 18 janvier 1929 réservant une forêt dans le cercle de Sassandra (JOCI n° 2, 31 janvier 1929, p. 65).

[49] Deux arrêtés réservant une forêt dans le Cercle des Lagunes : n° 148 S.F. du 21 janvier 1929 (JOCI n° 2, 31 janvier 1929, p. 67) et n° 1455 S.F. du 5 août 1929 (JOCI n° 15, 15 août 1929, p. 516) ; divers arrêtés réservant une forêt dans le cercle d'Agnéby : n° 901 S.F. du 22 mai 1929 (JOCI n° 10, 31 mai 1929, p. 313), n° 1865 A. G. du 7 octobre 1929 (JOCI n° 19, 15 octobre 1929, p. 675), n° 1866 S. F. du 7 octobre 1929 (JOCI n° 19, 15 octobre 1929, p. 676) ; arrêté n° 2282 S. F. du 16 décembre 1929 réservant une forêt dans le cercle du Bas Cavally (JOCI n° 24, 31-12-1929, p. 830).

[50] Arrêté n° 200 A.G. du 31 janvier 1929 réservant le massif de l'Orumbo-Bocca (JOCI n° 3, 15 février 1929, p. 101) ; arrêté n° 999 S.F. du 23 mai 1929 réservant une forêt dans le massif boisé de Singrobo (JOCI n° 10, 31 mai 1929, p. 315).

[51] Arrêté n° 1893 A.G. du 11 octobre 1929 réservant une forêt dans les cercles de Man et Sassandra (JOCI n° 20, 31 octobre 1929, p. 698).

[52] Arrêté n° 286 S.F. du 14 février 1929 réservant une forêt dans le cercle des Gouros (JOCI n° 4, 28 février 1929, p. 127) ; arrêté n° 391 S.F. du 4 mars 1929 réservant une forêt dans le cercle de l'Indénié (JOCI n° 5, 15 mars 1929, page 159) ; arrêté n° 392 S.F. du 4 mars 1929 réservant une forêt dans le cercle des Gouros (JOCI n° 5 du 15 mars 1929, p. 159) ; arrêté n° 395 S.F. du 4 mars 1929 réservant une forêt dans le cercle de l'Indénié (JOCI n° 5, 15 mars 1929, p. 159) ; arrêté n° 477 S.F. du 20 mars 1929 réservant une forêt dans le cercle de l'Agnéby (JOCI n° 6, 31 mars 1929, p. 187). Nota : le cercle des Gouros a pour chef-lieu Bouaflé ; le chef-lieu de l'Indénié autrefois Zaranou, est aujourd'hui Abengourou ; la capitale de l'Agnéby est Agboville

- « l'utilité de protéger les nombreuses sources qui alimentent la rivière Banco »[53].

Ces dispositions préfigurent les « classements » institués par le décret du 4 juillet 1935, qui restent en vigueur.

4.2.2. Domaine classé

L'institution d'un Domaine classé s'analyse en un ensemble de mesures qui restreignent gravement les droits d'usage des indigènes. On appelle « forêts classées » :
1° Les forêts réservées [...] c'est à dire, celles qui ont été précédemment soumises à un régime spécial restrictif concernant l'exercice des droits d'usage des indigènes et les exploitations.
2° Les forêts classées par voie d'arrêtés du gouverneur général.

Le placement des forêts réservées dans le Domaine classé est soumis à trois conditions :

- un arrêté portant mise en réserve, antérieur au nouveau décret ;
- la détermination précise de leurs limites dans les actes constitutifs de mise en réserve ;
- l'absence de tout droit d'usage ou que ces droits d'usage aient fait l'objet d'un règlement d'aménagement.

4.2.3. Classement, aliénation des forêts domaniales classées

La procédure de classement est organisée par l'article 8 du décret du 4 juillet 1935. Les « représentants des villages intéressés » participent à la procédure dès la reconnaissance initiale. Dans les trente jours du dépôt du projet de classement, la commission de classement se réunit. Elle est composée :

- du commandant de cercle, président,
- du chef du service forestier,
- du chef ou d'un notable de chaque village intéressé.

---

[53] Arrêté n° 483 SF du 20 mars 1929 réservant une forêt dans le cercle des Lagunes - agrandissement de la forêt réservée Banco (JOCI n° 6, 31 mars 1929, p. 187).

Elle détermine les limites de la forêt et constate l'absence ou l'existence de droits d'usage grevant la forêt. Dans ce dernier cas, elle constate la possibilité du plein exercice de ces usages à l'extérieur du périmètre réservé, sinon elle fixe les limites de la surface sur laquelle ils seront concentrés par voie de règlement, étant précisé que :

- les forêts classées sont soustraites à l'exercice des droits d'usage des indigènes, autres que ceux de ramassage du bois mort, la récolte des fruits, des plantes alimentaires et médicinales et ceux reconnus par les arrêtés de classement[54] ;
- les droits d'usage sont subordonnés à l'état et à la possibilité des forêts. En particulier l'introduction [d'animaux] dans certaines forêts classées peut être interdite[55] ;
- les lieutenants-gouverneurs pourront prendre tous règlements utiles pour l'exercice des droits d'usage tant dans le domaine classé que dans le domaine protégé[56].

L'administration bénéficie de pouvoirs discrétionnaires dont les limites ne sont pas précisées et dont l'emploi n'est pas contrôlé[57]. Les indigènes qui auraient des droits à faire valoir sur des parties de forêt à classer, autres que des droits d'usage, peuvent former opposition. Les contestations sont réglées à l'amiable par la Commission de classement ou portées devant les tribunaux, en intervenant dans la procédure d'immatriculation[58].

Les forêts domaniales classées ne peuvent être aliénées qu'après avoir été déclassées par arrêté du gouverneur général[59]. Cette règle, à peine modifiée, se retrouve dans la réglementation actuelle.

4.2.4. Domaine protégé

Les autres forêts du Domaine, qui n'ont pas fait l'objet d'un arrêté de classement, sont « protégées ».

---

54 Décret du 4 juillet 1935, art. 14.
55 *Ibid.*, art. 16.
56 Décret du 4 juillet 1935, art. 17.
57 *Ibid.*, art. 16 et 17.
58 *Ibid.*, art. 10.
59 *Ibid.*, art. 11.

4.3. Les modes d'exploitation du Domaine forestier de l'État

Le décret du 20 juillet 1900 ne prévoit que des exploitations temporaires. Le décret du 18 juin 1912 conserve cette disposition[60], mais institue deux nouveaux modes d'exploitation des forêts domaniales[61] :

- l'exploitation en régie, analysée sous l'article 4 ;
- les ventes de coupes, détaillées sous les articles 5 à 18.

4.3.1. Exploitation en régie

De toutes les parties du décret de 1912, les titres *II*, *Des exploitations en régie*, et *III*, *Des ventes de coupes*, sont les seules dont l'application entraîne obligatoirement l'intervention d'un personnel technique : les actions répressives peuvent, à défaut d'agents forestiers, être exercées par les personnels de police judiciaire[62]. Le décret du 18 juin 1912 consacre son Titre VIII, *Du service forestier* à organiser l'exploitation en régie du domaine. L'article 49 précise la qualification des agents susceptibles de diriger cette exploitation[63] ; l'article 50 fixe la qualification des personnes habilitées à exercer la police forestière[64]. La « police forestière » est, à cette époque, une fonction qui participe de la police administrative,

---

[60] Décret du 18 juin 1912, art.19 à 27.

[61] *Ibid.*, art. 2.

[62] Décret du 18 juin 1912, art. 50.

[63] Agents forestiers détachés du cadre métropolitain des Eaux et Forêts, agents diplômés de l'agriculture ; officiers ou sous-officiers du génie ou de l'artillerie hors cadres, justifiant, soit d'un stage d'au moins deux ans dans une école forestière de la métropole, soit de l'accomplissement d'une mission officielle d'études forestières dans des pays tropicaux ou équatoriaux.

[64] Agents et préposés assermentés des cadres métropolitains des Eaux et Forêts ; agents et préposés assermentés des cadres forestiers indigènes qui peuvent être créés par arrêté du gouverneur général de l'Afrique occidentale française ; officiers de police judiciaire ; militaires hors cadres et agents d'autres services commissionnés à cet effet par le lieutenant-gouverneur et spécialement assermentés ; géomètres assermentés.

non un corps. Le Titre IX est consacré à *la répression des délits et contraventions*.

« L'établissement de règles de fonctionnement intérieur comporte une étude technique préalable des conditions à imposer, et la direction des écoles pratiques de sylviculture et d'industrie forestière à annexer aux exploitations en régie, ne peut être confiée qu'à un personnel spécial dont la colonie ne dispose pas pour le moment »[65] et ne dispose pas douze ans plus tard.

4.3.2. Les ventes de coupes

« L'organisation du service forestier, le défaut de personnel technique, ont rendu pratiquement impossible l'exploitation des massifs boisés par vente de coupes telles qu'elles se pratiquent en France, avec plans préalables d'aménagement, cahier des charges, etc. En fait, les dispositions des Titres II et III du décret du 18 juin 1912 n'ont pu être appliquées dans la colonie, sauf en ce qui concerne les pénalités des articles 8, 9, 10, 11, 12, 13, et 17, déclarées par l'article 25 applicables aux exploitants autorisés dans les conditions du titre IV ou à leurs représentants qui se rendraient coupables de délits ou contraventions prévus par lesdits articles ainsi qu'à leurs complices ; il en a été de même de l'article 14 »[66]. Malgré cet aveu d'impuissance, l'examen de ces dispositions conserve son actualité, en raison des orientations pratiques prises depuis 1991 pour l'exploitation des forêts classées du domaine de l'État.

4.3.2.1. Cahier des charges particulières

« La mise en vente des coupes [doit faire] l'objet de cahiers des charges dressés par l'administration et indiquant les limites des coupes, lesquelles devaient être abornées sur le terrain, et faire l'objet de plans à l'appui, dressés par des géomètres détachés au service forestier, moyennant une taxe de délimitation dont les tarifs sont fixés par arrêté du lieutenant-gouverneur et qui sera acquittée

---

[65] *Instructions et actes réglementaires pour l'application du décret du 18 juin 1912 sur le régime forestier*, p. 462.

[66] Instructions et actes réglementaires pour l'application du décret du 18 juin 1912 sur le régime forestier, op. cit.

en même temps que le prix de vente »[67]. Lesdits cahiers doivent spécifier « si les arbres à prendre doivent être exploités par voie de jardinage et, dans ce cas, le nombre d'arbres à abattre de chaque essence, leur diamètre à 2 mètres du sol, et, si des expertises d'échantillons ont été faites, les avis formulés par les experts sur la valeur des bois ».

4.3.2.2. Martelage en délivrance

« Les arbres compris aux cahiers des charges doivent, au préalable, avoir été frappés, par le service forestier, de l'empreinte d'un marteau triangulaire portant les lettres 'SF'. Chaque arbre doit recevoir un numéro d'ordre qui doit figurer sur une liste jointe au cahier des charges ».

Cette technique (ici utilisée « en délivrance » mais pouvant l'être « en réserve ») importée de France, n'est pas utilisable en Côte d'Ivoire comme l'ont montré les expériences réalisées par la SODEFOR en 1993. Après un court délai, le marquage est cicatrisé et ne laisse aucune trace. Actuellement, les marteaux sont utilisés par les exploitants pour marquer les billes (marquage en extrémité) et pour marquer les souches, ce qui permet aux agents des Eaux et Forêts de procéder à des contrôles. Le droit rencontre ici une limite pratique qui ne pourra être dépassée qu'à l'issue de recherches qui restent à entreprendre.

4.3.2.3. Martelage en réserve

Si les coupes doivent être exploitées autrement que par voie de jardinage, les cahiers des charges doivent indiquer les essences à réserver ou les dimensions au-dessous desquelles les diverses essences doivent être réservées. Les arbres à réserver peuvent, au surplus, être marqués par le service forestier de l'empreinte d'un marteau triangulaire portant les lettres S.F.R. Chaque arbre reçoit un numéro d'ordre qui figure sur une liste jointe au cahier des charges.

---

[67] Décret du 18 juin 1912, art. 5.

4.3.2.4. Obligations particulières de l'exploitant

« Les cahiers des charges doivent déterminer les obligations spéciales d'exploitation, d'aménagement, de replantation, etc, qui peuvent être imposées à l'acheteur des coupes, ainsi que les droits de récolte qui peuvent lui être consentis contre redevance spéciale sur les divers produits naturels de la forêt. Ils doivent fixer le prix de vente ou en cas d'adjudication, un prix de base soit global, soit par tonne de bois brut abattu dans la coupe, ou enlevé de celle-ci, le montant du cautionnement exigé de l'acheteur, la durée de l'exploitation, les délais accordés pour l'enlèvement des bois ou autres produits naturels, les **cantonnements au profit des indigènes**, et, d'une façon générale, les droits et obligations des acheteurs qui ne sont pas prévus par le décret »[68].

4.3.2.5. Garantie des droits des préposés de l'exploitant

Les cahiers des charges doivent obligatoirement comprendre des prescriptions de nature à assurer aux travailleurs, employés sur la coupe, le paiement de leurs salaires et toutes autres garanties jugées nécessaires. « Les cahiers des charges relatifs à des coupes portant une superficie de plus de 100 hectares doivent être publiés au Journal Officiel de la colonie, trois mois au moins avant la vente, laquelle peut avoir lieu soit de gré à gré, soit aux enchères publiques. Toutes les ventes effectuées doivent être publiées au Journal Officiel, dans un délai de deux mois, avec désignation des noms des acheteurs et des prix de vente ou d'adjudication »[69].

4.3.2.6. Coupes en délit

Des sanctions pénales frappent[70] les acheteurs ou leur représentant, convaincus d'avoir abattu, fait ou laissé abattre, dans leur coupe, d'autres arbres ou récolté d'autres produits que ceux

---

[68] Décret du 18 juin 1912, art. 6.
[69] *Ibid.*, art. 7.
[70] *Ibid.*, art. 8.

faisant l'objet du cahier des charges ou d'avoir exploité ou fait exploiter des parties de la forêt situées dans un rayon de cinq kilomètres du périmètre de leur coupe, ceux qui[71] se seraient livrés à des manœuvres quelconques tendant à faire passer comme provenant de leur coupe des bois ou autres produits forestiers, coupés ou récoltés hors du périmètre de leur coupe ou qui auraient favorisé lesdites manœuvres.

Constituent également des délits, la contrefaçon ou la falsification des marteaux des particuliers servant aux marques forestières, l'usage de marteaux contrefaits ou falsifiés, l'application ou l'usage frauduleux de vrais marteaux[72], de même que l'enlèvement ou la tentative d'enlèvement des marques apposées par le service forestier sur des bois ou produits forestiers[73]. La condamnation aux peines prévues par les articles 8, 9, 10, 11 et 12 du décret du 18 juin 1912, entraîne d'office l'annulation des marchés de coupe, lesquels au surplus, sont suspendus à partir de la notification des poursuites aux acheteurs de coupes[74]. En outre, les personnes ainsi condamnées et celles condamnées par application de l'article 3 ne peuvent être admises, pendant cinq ans, à prendre part aux adjudications de coupes ni à en acheter de gré, ni à obtenir des exploitations autorisées[75].

L'administration attend des acheteurs des coupes une participation active à la répression de l'abattage clandestin : s'ils exploitent personnellement et dans le cas contraire, leurs préposés ou représentants sur le terrain de la coupe, sont tenus sous peine de 1 000 fr-or d'amende, de dénoncer à l'administration toute personne abattant irrégulièrement des bois ou récoltant, sans autorisation, des produits naturels dans l'étendue de leur coupe[76]. Ils sont tenus, sous peine de 500 fr d'amende, de dénoncer à l'administration toute personne abattant frauduleusement des arbres, **à l'ouïe de la cognée** hors du périmètre de leur coupe, quand celle-ci ne sera pas contiguë

[71] *Ibid.*, art. 9.
[72] *Ibid.*, art. 10.
[73] *Ibid.*, art. 11.
[74] *Ibid.*, art. 13.
[75] *Ibid.*, art. 14.
[76] *Ibid.*, art. 15.

à une coupe ou exploitation autorisée[77]. L'article 17 interdit aux acheteurs de coupes, sous peine de 1.000 fr d'amende, et sans préjudice des dommages et intérêts qui peuvent leur être réclamés par l'administration, de faire dans ces coupes aucun défrichement ou aucune culture vivrière, de quelque nature que ce soit. Cependant, ils peuvent y être autorisés par le lieutenant-gouverneur, dans une zone de cinq hectares d'un seul tenant, laquelle peut être étendue à proportion des repeuplements ou plantations dont la charge résulte, pour eux, des prescriptions des règlements forestiers en vigueur.

Ces prescriptions restent sans suite, de telle sorte que les auteurs du décret du 4 juillet 1935 considèrent que ce dernier doit permettre « d'attendre l'époque où, leur mise en valeur effectuée, les forêts d'Afrique occidentale [pourront] faire l'objet [...] d'une exploitation en coupes régulières »[78].

4.3.3. Les permis temporaires d'exploitation

Cette pratique n'a disparu qu'avec l'apparition des « périmètres d'exploitation » institués par le décret n° 94-368 du 1er juillet 1994. Décrire cette institution revient à définir :

- la demande de ce permis ;
- le bénéficiaire ;
- la durée du permis et son mode de renouvellement ;
- la nature des droits conférés ;
- le territoire attribué ;
- les charges particulières imposées à l'exploitant.

Ces dispositions sont détaillées dans les décrets précités et les arrêtés pris pour leur application.

L'arrêté du 15 avril 1912, réglementant à nouveau l'exploitation des essences forestières à la colonie, rédigé en tenant compte des observations de l'Inspection mobile, constitue la liaison entre la législation alors en vigueur et celle « définitive qui découle de l'application du décret du 18 juin 1912 ». Il n'en comporte pas moins d'importantes modifications résultant de ce qu'il tient compte, également, des imperfections révélées par l'expérience dans les

---

[77] Décret du 18 juin 1912, art. 16.

[78] Rapport au président de la République, 4 juillet 1935, JOCI 1935, p. 760.

réglementations antérieures. Cet arrêté apporte donc, déjà, de notables améliorations à la législation locale, mettant l'application des principes du décret du 2O juillet 1900 en harmonie avec les exigences nouvelles des exploitations forestières, au point qu'il eut été intéressant d'expérimenter, jusqu'à ce qu'elle ait fait définitivement ses preuves, la réglementation ainsi établie[79]. Les dispositions des arrêtés des 15 avril et 23 juin 1912 et du décret du 18 juin 1912 s'harmonisent au point que, sous réserve de quelques modifications de forme, ces arrêtés peuvent, « sans que rien ne s'y oppose, être considérés comme les actes réglementaires comportant application des dispositions du décret, relatives aux exploitations temporairement autorisées »[80].

En 1924, les activités du service forestier portent[81], sur la surveillance des chantiers forestiers, l'étude technique de la forêt et une station de recherche de 2 000 hectares près d'Abidjan[82]. Alors que les textes permettent l'exploitation des forêts domaniales en régie, par voie de ventes de coupes et par l'octroi de permis temporaires d'exploitation, seule cette dernière procédure est utilisée. Le rapport mentionne que « le service forestier pourra peut-être se servir un jour [des deux premières procédures] s'il se développe suffisamment ». Plus loin[83] le même rapport note que « la façon de procéder du service des Eaux et Forêts de France qui consiste surtout à vendre aux enchères les coupes de bois, n'a pu jusqu'à présent (1925) être appliquée en Côte d'Ivoire, par suite du manque de personnel technique... En outre, dans un pays où le réseau de communication n'est pas encore complet... la question

---

[79] *Instructions et actes réglementaires pour l'application du décret du 18 juin 1912 sur le régime forestier*, Supplément au JOCI, n° 16, 31 août 1912, p. 461 à 473.

[80] *Instructions... décret du 18 juin 1912...*, op. cit., p. 462. Les textes anciens et modifiés de ces deux arrêtés sont incorporés dans les *Instructions* : arrêté du 15 avril 1912, p. 462 à 471 ; arrêté du 23 juin 1912, p. 472 et 473.

[81] Le rapport daté de 1925, *Les bois à la Côte d'Ivoire*, fournit une intéressante description du rôle et du fonctionnement effectif du Service Forestier.

[82] Réserve forestière du Banco.

[83] *Les bois à la Côte d'Ivoire*, op. cit., p. 24.

primordiale pour le coupeur de bois est d'avoir à proximité une voie d'évacuation. C'est donc lui-même, tout premier intéressé, qui choisit l'emplacement de son chantier ».

Le rapport au président de la République qui présente ce qui va devenir le décret du 4 juillet 1935 note[84] que ce nouveau texte constitue « un progrès sérieux sur la législation antérieure » et qu'il « est motivé par l'insuffisance des règlements antérieurs qui se sont révélés inaptes à assurer la protection efficace des forêts de notre domaine de l'Ouest africain ». Il ajoute qu'au contraire des autres possessions, « la Côte d'Ivoire bénéficie d'un régime forestier institué par le décret du 18 juin 1912 qui constitue, pour l'époque, un progrès considérable. Cependant, toute la réglementation concernant les usages est difficilement applicable ».

4.3.3.1. La demande de permis temporaire

Le décret du 20 juillet 1900 sur le régime forestier tente de mettre fin au laisser-faire qui caractérise la fin du XIXème siècle en ce domaine, en Côte d'Ivoire. Son article 2 subordonne l'exploitation forestière dans les bois du domaine à une autorisation du gouverneur.

L'arrêté du 8 juin 1907[85] précise le contenu de la requête à présenter pour être autorisé à exploiter le domaine de l'État[86]. Faite sur papier libre, adressée au lieutenant-gouverneur, elle énonce :
1° Les nom, prénoms, nationalité, profession et demeure du requérant ;
2° La situation et les limites approximatives de son exploitation ;
3° La déclaration qu'il a pris connaissance du présent règlement et qu'il s'engage à l'observer ;
4° S'il doit exploiter directement ou par des agents accrédités par lui. Dans ce dernier cas, les noms des agents devront être indiqués.

A la requête [doivent] être joints :
a/ un certificat de dépôt mentionnant, conformément à l'article 12 du décret du 20 juillet 1900, que la marque du demandeur a été déposée

---

[84] JOCI 1935, p. 760.
[85] Arrêté du 8 juin 1907 réglementant l'exploitation des essences forestières (JOCI, 15 juin 1907, p. 148 à 150).
[86] Arrêté du 8 juin 1907, art. 2.

au greffe du tribunal de première instance ou de la justice de paix à compétence étendue et le *fac-simile* de cette marque ;
b/ un récépissé constatant que la redevance dont il sera question à l'article 18 a été versée intégralement.

La requête est inscrite sur un registre[87] et affichée[88] à la porte de l'administrateur et à celle du poste le plus rapproché du terrain où se trouve le bois à exploiter. En outre, « l'Administrateur informe de la demande d'exploitation les **chefs indigènes des villages intéressés** et les invite à formuler, s'il y a lieu, leurs réclamations »[89]. Cette procédure annonce l'actuelle enquête de *commodo et incommodo* préalable à l'attribution d'un P.T.E. Le texte sous-entend que l'information et la consultation des chefs de village sont verbales, de même que les déclarations de ces derniers[90], ce qui présente l'avantage d'être adapté à des populations illettrées mais l'inconvénient d'enlever tout moyen de contrôle de la bonne application de ces dispositions. En outre, la langue dans laquelle ces formalités sont accomplies est laissée au bon vouloir (et au savoir) de l'Administrateur.

4.3.3.2. Durée du permis

Le permis est délivré à titre temporaire mais sans que le décret du 20 juillet 1900 n'impose de durée maximale. La limitation à **une année renouvelable** n'apparaît qu'avec l'arrêté du 8 juin 1907[91]. Elle est réitérée par celui du 15 avril 1912[92] qui attribue au titulaire une priorité pour obtenir, en fin d'année, le renouvellement du permis[93],

---

[87] Arrêté du 8 juin 1907, art. 3.
[88] *Ibid.*, art. 4 : pendant un mois.
[89] *Ibid.*, art. 4.
[90] *Ibid.*, art. 5.
[91] *Ibid.*, art. 9.
[92] Arrêté du 15 avril 1912, art. 15. Disposition reprise par l'arrêté du 23 août 1912, art. 21.
[93] Les arrêtés du 15 avril 1912 et du 23 août 1912 ne limitent pas le nombre des renouvellements. Par contre, ils autorisent le lieutenant-gouverneur à imposer un tonnage minimum à enlever (arrêté du 15 avril 1912, art. 16) qui ne peut être inférieur à 300 tonnes par chantier (arrêté du 23 août 1912, art. 13). On voit ici une application de l'intérêt commun de l'exploitant et de la

sous réserve d'en présenter la demande avant le 15 novembre[94]. L'exploitant doit extraire « de l'ensemble de ses chantiers un tonnage minimum égal à autant de fois 300 tonnes qu'il a de permis »[95] sous peine de perdre tout droit au renouvellement de ses permis et d'être **exclu pendant cinq ans** de la faculté d'en obtenir de nouveaux[96]. Sur la base d'une densité moyenne de 0,7, cette exigence, imposée alors que la forêt est riche, place le minimum au voisinage d'**un mètre cube pour 5,8 hectares** ou 0,17 m3 par hectare.

Exploitation temporaire de longue durée

Le décret du 2 mai 1910 et le cahier des charges annexé confèrent à la Compagnie Forestière de l'Afrique Française un permis d'exploitation de longue durée. Ce genre de concession soulève une nette hostilité, de telle sorte qu'en 1925, aucune autre autorisation de cette nature n'est attribuée. Il faut attendre l'arrêté du 19 août 1929, pris sur proposition du chef du service forestier, le conseil d'administration entendu en sa séance du 19 août 1929, pour qu'une concession de grande étendue, 49 960 hectares, et de longue durée soit attribuée[97].

Exploitation temporaire d'une année

Le décret du 20 juillet 1900 doit être complété par de nombreux arrêtés dont l'absence lui enlève presque toute portée,

---

colonie, défini en 1848 en Algérie (arrêté du ministre de la Guerre relatif aux concessions temporaires d'exploitation de forêts en Algérie, 2 décembre 1848, *Moniteur universel...*, n° 342, 7 décembre 1848, p. 1).

[94] Arrêté du 15 avril 1912, art. 21, alinéa 7.

[95] Circulaire du 10 mars 1917, JOCI n° 115 F, 15 mars 1917, p. 184.

[96] Nous rencontrons ici une disposition voisine de celle en vigueur en Algérie depuis 1848, destinée à tirer le maximum de profit de la colonisation, tant pour l'entrepreneur que pour l'État (Arrêté du ministre de la guerre relatif aux concessions temporaires d'exploitation de forêts en Algérie, 2 décembre 1848, *Moniteur universel...* n° 342, 7 décembre 1848, p. 1).

[97] Société f*orestière équatoriale* (anciens établissements E. Oddos), JOCI n° 18, 30 septembre 1929, p. 638.

comme le montre une lettre signée du lieutenant-gouverneur de Côte d'Ivoire, datée du 16 janvier 1907, à laquelle est jointe, pour approbation par le gouverneur général (à Gorée), un « arrêté réglementant l'exploitation des essences forestières dans la colonie de Côte d'Ivoire »[98]. Cette lettre expose que « depuis la décision présidentielle de 1895 » qui rapporte le décret du 21 octobre 1893 attribuant à Mr Verdier, la concession de 5 millions d'hectares, « aucune réglementation n'est intervenue pour régler [l'exploitation des essences forestières en Côte d'Ivoire] ». Les coupeurs de bois autochtones ou venus de la Gold Coast (aujourd'hui, Ghana), exploitent les forêts « sans payer la moindre redevance au budget. Les bois... sont dirigés pour la plupart sur Liverpool, de sorte que ni la colonie, ni le marché métropolitain, ne retirent aucun profit de cette exploitation ». Cette exploitation est faite « sans méthode. Les essences les plus rares... sont détruites dans le but unique d'empêcher qu'un concurrent ne les exporte. Des milliers de beaux arbres abattus pourrissent ainsi dans la forêt sans profit pour personne »[99]. Pour mettre fin à cet état de chose, le 12 janvier 1907, le Conseil d'administration adopte un arrêté qui s'inspire des dispositions du décret du 20 juillet 1900 sur le régime forestier, « permettant à l'administration d'assurer un contrôle efficace sur la manière dont se font les exploitations » et « de créer une nouvelle ressource

---

[98] Ce texte est entré dans le droit positif le 8 juin 1907.

[99] Cette dernière affirmation est confirmée par une demande de concession datée du 25 février 1907, portant un numéro de réception : 818, dont le signataire illisible « déclare avoir en ce moment environ deux cents billes provenant de [ses] exploitations antérieures et se trouvant disséminées entre [divers] villages [... Il]. s'engage à les faire descendre avant de [se] livrer à une nouvelle exploitation... ». Une main a noté en marge : « classer jusqu'à nouvel ordre ». Une lettre du 2 mars 1907 d'Eugène Schneider explique que « par suite des difficultés et des aléas de la saison des pluies, une grande partie des bois coupés fut toujours perdue pour l'exportation. Il est presque impossible de profiter suffisamment de la crue des eaux pour transporter jusqu'à l'embouchure les bois coupés à partir d'un certain point ». Ce correspondant propose donc « d'installer au pont de l'Agbo au kilomètre 82 de la voie ferrée, sur la rive gauche en amont du pont... un chantier muni de tous les appareils nécessaires permettant de concentrer en ce point les bois exploités et flottés dans le haut de la rivière et qui, de cette façon, seraient réservés au trafic du chemin de fer... ».

budgétaire au service local». Cette lettre souligne que « l'autorisation d'exploiter accordée par l'acte du 12 janvier, ne confère aucun droit de propriété sur le chantier concédé »[100]. Le droit d'abattre est limité, en ce qui concerne les billes d'acajou à celles qui ont « au moins 60 centimètres de diamètre et les autres essences lorsqu'équarries, elles présentent trente centimètres d'épaisseur de tout côté ». La lettre ajoute que « cet arrêté a été préparé sur la demande des intéressés ». Cependant, on peut craindre que ce terme ne vise que les industriels ou négociants européens. De fait, les demandes de concessions fondées sur le nouvel arrêté, disponibles aux archives d'Abidjan, émanent toutes d'européens. Certains requérants ne semblent avoir aucune expérience de l'exploitation forestière[101]. On note que ces lettres et d'autres semblables portent, en marge, la mention manuscrite « classer jusqu'à nouvel ordre ». Le signataire d'une lettre du 28 mars 1907 sollicite « la concession du chantier qu'il exploite actuellement afin de [se] mettre en règle avec les arrêtés qui doivent paraître prochainement ».

Le gouverneur général Roume approuve ce projet sous réserve de quelques observations, dans sa lettre du 2 avril 1907. Cependant, cette lettre souligne que « cette réglementation est loin d'être définitive, qu'elle n'est qu'un essai permettant de se rendre compte des résultats qu'on peut obtenir et qu'à mesure que l'organisation et l'administration de [la colonie de Côte d'Ivoire] seront plus complètes, la réglementation de l'exploitation forestière devra tendre à se rapprocher davantage des règles posées par le décret du 20 juillet 1900 ». Ce rappel montre que les dispositions du décret ne sont que partiellement respectées[102].

---

[100] Nous rencontrons ici un cas où le défrichement ne constitue pas un acte de mise en valeur permettant de requérir un titre de propriété.

[101] Exemples: Joseph Marquez, faisant « élection de domicile dans la colonie chez Eug. Schneider à Bassam », demande du 10 mars 1907, archives d'Abidjan ; Emile d'Hubert, demande du 11 mars 1907, Archives d'Abidjan.

[102] Le rapport *Les bois à la Côte d'Ivoire* (op. cit.) explique que « jusqu'en 1910, l'administration locale, pour encourager les capitaux qui ne se risquaient que très timidement dans un pays trop souvent visité par la fièvre jaune et encore insuffisamment pacifié, n'avait appliqué que très modérément son décret du 20 juillet 1900 sur le régime forestier » (p. 12,

La demande de permis est ultérieurement transmise au lieutenant-gouverneur[103], soumise au receveur des Domaines et publiée au Journal officiel[104]. Le lieutenant-gouverneur statue sur toutes les demandes en conseil d'administration[105]. L'article 9 introduit l'annualité des autorisations et la possibilité de leur renouvellement sous la condition du paiement de la redevance annuelle « exigée intégralement quelle que soit l'époque à laquelle le permis aura été délivré »[106]. La forme et les dimensions des « chantiers » sont précisées[107]. En 1907, la position de chaque chantier est librement choisie par le requérant, sous la condition que l'un des côtés s'appuie sur une rivière, la voie ferrée, la route ou un sentier[108]. La définition d'un carroyage systématique n'apparaîtra que plus tard.

Le 31 août 1907, le secrétaire général de la colonie adresse une note au receveur de l'Enregistrement, à laquelle sont jointes « 24 demandes de concessions forestières »[109], dans laquelle le signataire appelle l'attention « sur l'opportunité de prendre au préalable l'avis de M. le Directeur des voies de pénétration en ce qui concerne les chantiers ayant pour base la voie ferrée ». Cette suggestion est suivie d'effet dès le 9 septembre suivant[110].

Les rivières flottables aux hautes eaux sont clairement distinguées de celles qui ne le sont jamais[111]. Alors que les chantiers inscrits dans une même demande doivent être sur la même rive des premières, les secondes n'entrent pas dans la description des chantiers. L'obligation de placer l'ensemble des chantiers d'une

---

archives d'Abidjan VI-12-214).

[103] Arrêté du 8 juin 1907, art. 6.

[104] *Ibid.*, art. 7.

[105] *Ibid.*, art. 7.

[106] *Ibid.*, art. 18.

[107] *Ibid.*, art. 10. Un carré de 5 km de côté.

[108] A défaut, la base est déterminée de concert entre l'administrateur et le demandeur au moyen de points de repère naturels.

[109] L'arrêté du 8 juin 1907 n'étant alors publié que depuis moins de trois mois, on souligne l'intensité de la demande.

[110] Cette note d'accompagnement, qui émane du lieutenant-gouverneur, vise, plus convenablement que la précédente, des « demandes d'exploitation forestière ».

[111] Arrêté du 8 juin 1907, art. 11.

demande du même côté des rivières flottables, permet d'augmenter le nombre des exploitants disposant d'un accès à ces voies naturelles d'évacuation des bois, sans avoir à traverser les terrains attribués à un autre bénéficiaire.

L'article 12 marque la distinction qui sépare un texte de droit foncier de celui-ci dont la portée est limitée à l'abattage des arbres[112]: l'arrêté du 8 juin 1907 n'entend pas innover dans le droit des concessions défini par le décret du 20 juillet 1900 sur le régime foncier. On peut voir dans l'article 13, l'origine de la pratique actuelle du « fermage » des chantiers. Il convient de rapprocher les articles 9 et 13 pour en apprécier la compatibilité. En disposant que « l'autorisation d'exploiter est personnelle », l'article 9 induit que les éventuelles actions en responsabilité sont entreprises contre le seul titulaire connu de l'administration, quelque traité qu'il ait souscrit. Cependant, cette personnalisation ne fait pas obstacle à un transfert de l'usage de l'autorisation d'exploiter. L'obligation de disposer d'une commission de l'engagiste, imposée aux tiers est destinée à faciliter l'exercice de la fonction de police de l'administration. Les termes « commission » et « engagiste » ne préjugent pas du contenu de l'éventuelle convention souscrite entre le titulaire de l'autorisation et le tiers qui peut être un salarié, un mandataire indépendant ou un locataire[113].

L'arrêté n° 292 bis du 15 avril 1912 réglementant l'exploitation des essences forestières dans la colonie de Côte d'Ivoire, revient sur le contenu de la demande d'exploitation forestière qui doit dorénavant comporter la situation et les limites exactes de l'exploitation projetée représentées sur un croquis au 1/100 000 en triple expédition[114]. Aux termes de cet arrêté, chaque permis d'exploitation porte sur un carré de 5 km de côté. Ces permis peuvent être transférés à un tiers avec l'approbation du lieutenant-

---

[112] Il exclut même la collecte du latex et de la résine.

[113] Il semble que le caractère strictement personnel de l'autorisation d'exploiter ait été perdu de vue puisqu'il doit être rappelé par une circulaire adressée aux exploitants forestiers, le 26 mars 1921, qui leur enjoint de soumettre la commission régulière de leurs chefs d'exploitation, à l'approbation du lieutenant-gouverneur dans le délai d'un mois à compter du 1er avril 1921.

[114] Arrêté n° 292 bis du 15 avril 1912, article 2.

gouverneur en conseil d'administration. Une redevance de 1 250 franc-or est perçue pour chaque chantier. De plus, le demandeur fournit un cautionnement si l'administration l'exige. La demande reste affichée pendant un mois. S'il se produit une demande concurrente, le chantier est mis aux enchères. Ce système laisse à l'exploitant toute liberté d'écrémer le chantier à son gré.

A l'issue de la Grande Guerre, de puissantes sociétés « ayant besoin de territoires importants, dépassant la superficie d'un seul chantier et ne pouvant les obtenir par des contrats spéciaux, [...] ont sollicité plusieurs chantiers se touchant, constituant ainsi des 'blocs' pour l'exploitation desquels ils pouvaient engager de gros frais »[115]. Il s'en suit que le nombre de chantiers accordés en exploitation est passé de 169 en 1913 à 203 en 1919. Le décret limitant l'exportation de l'acajou à destination de la France et des ses alliés, puis la pénurie de navires consécutive à la guerre de course avait ramené le nombre des chantiers à 25 en 1915 et 27 en 1917. Ce nombre saute à 528 en 1924.

4.3.4. L'exploitation des forêts privées

Aux termes du décret du 20 juillet 1900[116], les particuliers exercent sur les bois qui leur appartiennent tous les droits résultant de la propriété, sous réserve des restrictions relatives aux terrains fragiles[117] et aux déboisages excédant 400 hectares[118], de l'obligation de marteler les bois devant circuler[119]. Le gouverneur peut **imposer aux particuliers de reboiser** les fortes pentes[120], mais cette obligation est limitée chaque année au cinquième de la superficie à reboiser leur appartenant sans qu'on puisse exiger un repeuplement de plus de 10 hectares par an. Si les particuliers consentent à effectuer eux-mêmes les travaux de reboisement, les graines et les plants nécessaires peuvent leur être fournis gratuitement[121]. La

---

115 Rapport daté de 1925, *Les bois à la Côte d'Ivoire*, op. cit., p. 17.
116 Titre II, art. 19.
117 Décret du 20 juillet 1900 sur le régime forestier, art. 8.
118 *Ibid.*, art. 9.
119 *Ibid.*, art. 12.
120 *Ibid.*, art. 8, al. 1er, et 20.
121 *Ibid.*, art. 21.

bonne application de cette mesure d'incitation nécessite de disposer de pépinières et d'un personnel conséquent. A défaut, ce texte n'a aucune portée. Certes, il mentionne « pourront » et non « devront », mais l'article 22, en autorisant l'administration à procéder au reboisement aux frais des particuliers récalcitrants, impose à celle-ci de disposer des moyens techniques convenables.

Indemnisation pour la destruction d'arbres

Le 23 janvier 1930, un procès-verbal constate que des arbres[122] ont été détruits sur la plantation du nommé Yagba Yaka, pour faire passer la route de Pata[123]. Une indemnité de 10 F par pied de caféier ou de cacaoyer est proposée, « ceux-ci étant en état de rendement ». Les palmiers à huile, les bananiers et l'arbre à pain sont globalement indemnisés pour 460 F. L'autorisation de paiement est datée du 13 février 1930.

4.4. Les produits forestiers d'exportation

Il est difficile d'évaluer ce que fut le couvert forestier à l'arrivée du colonisateur. Alors que certains analystes, comme Breschin (1902), Zon et Sparhawk (1923), partaient du principe que la zone de forêt ivoirienne était essentiellement constituée de forêts, d'autres spécialistes avaient une approche plus prudente. Meniaud (1930), sous le titre *Erreurs statistiques concernant la surface de la "Grande forêt", les vides à l'intérieur de ses limites extrêmes, et les raisons de ces espaces vides*, a suggéré que « les surfaces, généralement considérées dans les statistiques comme étant occupées par la grande forêt, sont calculées d'après les limites extrêmes [soit] 11 millions d'hectares pour la grande forêt de la Côte d'Ivoire ». En prenant en compte les étendues cultivées et recouvertes de savane se trouvant à l'intérieur de la zone forestière, cet auteur calcule que « la forêt primaire, ou celle qui est exploitée uniquement par l'industrie exportatrice de bois d'œuvre, couvrait au total 8 millions d'hectares seulement ». En

[122] Caféiers, cacaoyers, palmiers à huile, bananiers, arbre à pain.
[123] Cercle du Bas Cavally, poste de Tabou.

1909, Auguste Chevalier l'estime à 6 millions d'hectares et Gros (1910) la calcule entre 7,2 et 7,8 millions d'hectares.

4.4.1. Acajou

Le bois constitue la première matière première exportable aisément disponible[124]. Son exploitation, en outre, libère la place nécessaire pour d'autres spéculations agricoles. Quoique les forêts de la Basse Côte d'Ivoire contiennent une grande diversité d'essences, seul l'acajou est exploité jusqu'au lendemain de la Grande Guerre, ce qui en fait l'une des exportations majeures[125]. Dans ses mémoires, Verdier prétend en avoir créé l'exploitation en 1889[126] mais il se borne à acheter les billots aux coupeurs indigènes. Picard, le premier, en 1891, embauche des manoeuvres et leur fait abattre et tronçonner des acajous qu'il revend aux maisons de commerce locales.

A titre d'exemple, on note qu'au cours du 4ème trimestre 1899[127] l'exportation d'acajou porte sur 2.223 tonnes, dont 1.387 tonnes vers la Grande Bretagne, 790 tonnes vers la France et 46

---

124 « Dans le système "autarchique" vu par Albert Sarraut, la solidarité impériale reposait sur la complémentarité des économies métropolitaines et coloniales. La France demeurait l'atelier de l'ensemble » (Denise Bouche, *Histoire de la colonisation...*, op. cit., tome 2, p. 310). Raymond Dronne note qu'« avant 1914, la France n'avait pratiquement rien investi en Afrique Noire » (R. Dronne, *Vie et mort d'un empire*, op. cit., p. 295-296). En ce sens, Marius Moutet, ministre des Colonies du Front Populaire de 1936 à 1938, déclarait en mars 1938 devant le Conseil Supérieur des Colonies : « il faut veiller à ce que [la] concurrence [des colonies] n'engendre pas le chômage en métropole... Ce serait une lourde erreur de précipiter nos colonies dans une industrialisation irréfléchie. Il ne faut pas créer un prolétariat qui, exploité et mécontent, serait rapidement dangereux pour la souveraineté française » (J. Marseille, *Empire colonial et capitalisme français, histoire d'un divorce*, Albin Michel, Paris, 1984, p. 40-53).

125 G. Rougerie, *Les pays Agni du Sud-Est de la Côte d'Ivoire forestière*, Institut Français d'Afrique Noire, Centre de la Côte d'Ivoire, Abidjan, 1957, p. 90.

126 Arthur Verdier, *Trente cinq années de lutte aux colonies*, L. Chailley, Paris, 1896.

127 JOCI 1er février 1900, page 3.

tonnes vers l'Allemagne. Aucune autre essence n'est mentionnée. Les billes d'acajou sont alors transportées à la côte par les cours d'eau jusqu'à la construction du chemin de fer[128]. Ce flottage des billes d'acajou est organisé par l'arrêté du 13 septembre 1900[129].

Au titre des produits secondaires de la forêt, on note l'existence d'une « plante tinctoriale fournissant une substance colorante d'un gros bleu » dans les environs de Niépa[130]. La première mention « de bois propres à la teinture, surtout à la rouge » figure dans les relations de voyage du Chevalier de Marchais qui évoque le commerce des bois au cap Monte.

L'administration prend une part active dans la promotion des produits de la colonie. C'est ainsi que le Moniteur du Sénégal et dépendance (n° 1453, 23-10-1883, p. 230) énumère les récompenses obtenues par les exposants venus du Sénégal à l'exposition internationale d'Amsterdam ; on relève une *médaille d'argent* attribuée au *Comité de Saint-Louis* pour « Etoffes ; bois ; produits divers ». Une « circulaire ministérielle relative à la participation à l'Exposition de 1900 et à la mise en lumière des produits d'importation et d'exportation »[131], présente la fiche statistique à adopter pour faire connaître « les matières premières que l'industrie peut [...] trouver en abondance » dans la colonie. Parmi les informations générales à fournir, on cite « 4° les droits de sortie dont elle est frappée, s'il en existe ». Cette circulaire suggère de montrer les produits ou, si cela est impossible, de les présenter comme, par exemple, pour l'exposition de bois précieux :
1° Photographie de l'arbre;
2° Fiche statistique;
3° Bille de bois entière;
4° Bille de bois débités et montrant déjà les pièces inachevées;
5° Meubles et objets façonnés divers.

G. Angoulvant[132] note que « les coupeurs de bois » emploient, à l'encontre des populations, de « fâcheux procédés » dont les

---

[128] JOCI n° 13, 15 octobre 1897, p. 3 et 4, extrait d'un rapport de l'administrateur de Béréby.
[129] JOCI 6ème année, n° 18, 15 septembre 1900, p. 4.
[130] Rapport de l'administrateur de Béréby, 15-10-1897, op. cit.
[131] JOCI n° 15, 15 novembre 1897, p. 1 et 2.
[132] *La pacification de la Côte d'Ivoire*, Larose, Paris, 1916, p. 281.

Abbeys tirent vengeance au cours de leur soulèvement de janvier 1910. On peut craindre, malgré l'affirmation contraire d'Angoulvant, que, le calme revenu, les mêmes procédés perdurent : la violence de la répression[133] a enlevé aux populations toute envie d'un nouveau soulèvement.

La rivalité entre les exportateurs d'acajou est vive, comme en témoigne le litige survenu en 1916-1917, entre la colonie et la compagnie de navigation britannique Elder, dans lequel l'administration s'implique jusqu'au gouverneur général[134].

La diffusion des bois autres que l'acajou rencontre des difficultés en France[135], ce qui amène le Congrès des Bois Coloniaux de Bordeaux (juillet 1922) à souhaiter que les bois coloniaux soient insérés dans les cahiers des charges métropolitains[136].

Le *Rapport pour le congrès international de sylviculture de Rome* (1925) note que l'exploitation de l'acajou porte sur 10.849 arbres en 1923 et 15.148 arbres en 1924 et qu'elle « s'intensifie tous les ans ». Au chiffre de 1924, il convient d'ajouter « 40 000 tonnes de bois de chauffage exploité par le chemin de fer ». Ce même rapport montre que les exportations d'essences autres que l'acajou, ne commencent qu'en 1919 (987 m^3). En 1924, elles ne représentent qu'environ le sixième des exportations totales de bois, soit 26.640 m^3, pour un total de 144 032 m^3.

Jusqu'en 1925[137], « la recherche porte presque exclusivement sur l'acajou quoiqu'il représente à peine 1/2 % des peuplements forestiers [...]. L'exploitation de plus en plus intensive de l'acajou a déjà amené l'épuisement de cette essence dans les régions les plus accessibles »[138]. Des « missions [sont] constituées afin d'étudier les possibilités de nos forêts coloniales. Le gouverneur Salesses dirige la première qui, pour le compte du Consortium des grands réseaux de chemin de fer français, vient en Côte d'Ivoire et au Gabon étudier

---

133 En ce sens, *La dépêche de la Côte d'Ivoire*, 25 mars 1910.

134 Annexe *VII - Litige avec l'armateur britannique Elder*.

135 Insuffisante information des utilisateurs, fret trop lourd, droits d'entrée, etc (Rapport daté de 1925, *Les bois à la Côte d'Ivoire*, p. 47, archives d'Abidjan VI-12-214).

136 *Les bois à la Côte d'Ivoire*, op. cit., p. 47.

137 *Ibid.*, op. cit., p. 23.

138 *Ibid.*, op. cit., p. 37.

l'utilisation des bois coloniaux et tout spécialement la fourniture de traverses »[139]. Dans une IIème section, ce rapport fait remarquer « que le commerce des bois coloniaux est essentiellement lié aux tarifs de fret. [En 1925], ceux-ci[140] ne permettent pas aux bois communs des forêts équatoriales de concurrencer en Europe les bois communs européens ». Il conclut: « ainsi, on néglige d'une part des ressources énormes et, de l'autre, on exploite au delà de la production normale ».

En 1931, R. Delavignette note qu'une quinzaine d'essences au plus sont recherchées par les coupeurs. Comme « la forêt de Côte d'Ivoire est excessivement hétérogène », ces essences sont disséminées dans les peuplements, ce qui freine l'extension de l'exploitation[141].

4.4.1.1. Première classification des bois

La mission de l'inspecteur des Eaux et Forêts Bertin, chargé d'études par le ministre des Colonies, détermine parmi des centaines d'essences qui existent pêle-mêle dans la forêt de Côte d'Ivoire, une sélection de 47 espèces propres à remplacer des bois employés en Europe[142]. Un nom usuel, choisi parmi les nombreux noms vernaculaires... est adopté pour chacune des essences. Des essais mécaniques sont faits pour chaque espèce afin de déterminer avec exactitude les services qu'il est possible d'en attendre [...] Une

---

[139] *Ibid.*, op. cit., p. 40 et 41.

[140] 200 F par tonne de Bassam à Bordeaux (soit l'équivalent de 190 € au prix de la pièce de 2 F-1925, le 30-07-2006).

[141] Robert Delavignette, *Exposition coloniale internationale de Paris*, Commissariat général. Afrique occidentale française, Sté d'éditions géographiques, maritimes et coloniales, 1931, p. 233.

[142] *Les bois à la Côte d'Ivoire*, archives d'Abidjan VI-12-214, Notice, Les bois coloniaux, rapport, 1925, p. 40 et 41 ; commandant André Bertin, *Mission d'études forestières envoyée dans les colonies françaises par les ministères de la Guerre, de l'Armement et des Colonies*. Chef de mission : commandant André Bertin ; membres : capitaine G. Launoys... M. Brettenfeld... M. F. Fleury, Lettres-préfaces de M. le gouverneur général Angoulvant et de M. le général de division Chevalier... I. *Les bois de la Côte d'Ivoire*, Paris, Larose, 1918.

entente intervient entre les représentants des Chambres Syndicales du Bâtiment, de la Menuiserie, de la Carrosserie, du Charronnage et de l'Ameublement réunis en « Commission officielle des Bois Coloniaux [...qui] adopte une classification en six catégories des essences [proposée] par la Mission Bertin ». Cette classification, fondée sur la densité des bois, en mentionne les principaux usages et les bois européens de remplacement. Au Congrès des Bois Coloniaux[143], le président du syndicat du Bâtiment, d'Espagnat[144] résume la question des bois coloniaux, telle qu'elle apparaît aux entrepreneurs: « Vous nous avez fait entrevoir des possibilités immenses, nous savons maintenant que nos colonies peuvent nous fournir en quantité énorme des bois d'oeuvre pour remplacer les bois importés des pays du nord... Malheureusement leurs prix sont prohibitifs. Vous nous avez donné les meilleures raisons, difficultés d'abat, de transport, fret élevé, pour expliquer ces prix [...] Si vous désirez que nous achetions vos bois, il faut que vous réussissiez à nous les donner à des prix plus abordables [...] Dites-nous ce qu'il faut pour améliorer vos exploitations et pour transformer vos richesses forestières [...] en bois de qualité marchande, c'est-à-dire vendu en France tout débité, aux dimensions auxquelles nous sommes habitués (car nous n'en voulons point d'autres) et à des prix abordables ». Ces actions aboutissent puisque « l'importation en France des bois coloniaux se développe avec une progression d'une rapidité exceptionnelle par suite du déficit mondial et de l'épuisement des pays exportateurs »[145].

4.4.1.2. Première proposition d'un label pour les bois tropicaux

Le mois suivant, le Congrès des bois coloniaux de Bordeaux de juillet 1922, dans le but de créer une marque « Bordeaux » qui fasse prime sur le marché, « décide d'instituer une commission de conditionnement avec un expert particulièrement au courant des variétés de bois », chargé de procéder au classement des bois par

---

143 Marseille, 24 au 26 juin 1922.
144 *Les bois à la Côte d'Ivoire*, op. cit., p. 46.
145 *Ibid.*, p. 52.

essence à leur arrivée. Il s'agit de « sauvegarder les intérêts des exploitants forestiers » dont les bois seraient « appréciés à leur valeur réelle » et de « sauvegarder également les intérêts des acheteurs étrangers » en leur garantissant que le bois qui leur est livré est bien celui qu'ils demandent et non un produit approchant[146].

4.4.2. Caoutchouc

En Côte d'Ivoire, c'est surtout après 1899[147] que la récolte du caoutchouc prend de l'extension. Les administrateurs poussent à la cueillette du latex[148] « d'herbes » ou de lianes[149] dont le rendement est faible et la qualité médiocre[150]. L'exploitation reste limitée en raison de l'insuffisante pénétration dans la zone forestière. En 1906, l'exportation du latex atteint 6,4 millions de francs-or (F-or)[151].

Le plafond est atteint en 1909. A partir de 1911, l'entrée en production des plantations d'hévéas d'Asie entraîne l'effondrement de la demande de latex « sauvage » d'Afrique et la chute des cours. La crise est moins durement ressentie en Côte d'Ivoire, dont la production est diversifiée et où la répression entreprise par Angoulvant à la même époque ralentit la collecte du latex[152].

4.4.3. Kola

Il peut paraître surprenant d'évoquer la kola comme le caoutchouc dans un ouvrage traitant des forêts. Le décret de 1912

---

[146] *Ibid.*, op. cit., p. 50.

[147] Création des marchés de Tiassalé et d'Aboisso.

[148] Voir, en ce sens, le rapport de l'administrateur de Béréby évoquant la collecte du latex et informant que « les indigènes [...] n'ont encore aucune idée de ce [qu'est l'exploitation du caoutchouc...] et du bénéfice qu'ils peuvent tirer » (JOCI n° 13, du 15 octobre 1897, pages 3 et 4).

[149] Dans le jugement du 10 novembre 1916 du tribunal indigène du Cercle du Haut Sassandra, il est question « d'arbres à caoutchouc sur la rive du Sassandra environ à la hauteur de Buyo », archives d'Abidjan 2MM123. Également, archives d'Abidjan XIII-43-67/521.

[150] J. Suret-Canale, *Afrique noire, l'ère coloniale 1900-1945*, op. cit., p. 65.

[151] *Ibid.*, p. 66.

[152] *Ibid.*, p. 68.

place le kolatier parmi les arbres qui peuvent être plantés en remplacement de ceux qui sont abattus. Il faut attendre le décret forestier de 1935 pour qu'apparaisse la distinction entre arbres forestiers et arbres de vergers.

Le kolatier a été vraisemblablement introduit en Amérique par des Africains, « dans leur migration volontaire ou forcée ». Il en ont fait de même pour d'autres *Sterculia* et entre autres pour le *St cordifolia* Cav., [...] que l'on trouve sur les bords du Maroni ». « Le kola commence à donner une récolte vers l'âge de quatre à cinq ans, mais elle est peu abondante. C'est seulement vers *dix* ans que l'arbre est en plein rapport »[153]. Il est l'objet d'un commerce très actif en Afrique jusque « sur Tripoli où il est vendu à l'état sec et très cher. De Tombouctou, il est importé en remontant par le Niger (Djoliba), jusque dans le Maroc, à Fez et Méquinez. [...] Le kola n'est pas seulement consommé en Afrique. Quelques maisons de commerce l'exploitent directement au Brésil, soit de certains ports du Dahomey dans lesquels l'importation n'est pas interdite par le roi du pays, comme Porto-Novo par exemple, soit du Congo ou Guinée inférieure et particulièrement d'Ambrisette »[154]. « Ce produit, sous des formes pharmaceutiques diverses (extrait, élixir et surtout vin de kola, préparé avec vin blanc doux de Lunel ou de Frontignan, 5 parties et kola frais 1 partie) a déjà reçu une application heureuse dans le traitement des diarrhées atoniques auxquelles sont trop souvent sujets les Européens dans nos diverses colonies tropicales »[155].

4.4. Taxes douanières sur les exportations

Le service des douanes a été institué en Côte d'Ivoire par un décret du 3 septembre 1889. C'est un moyen presque indolore pour engranger des recettes fiscales. Après les taxes sur les importations seront institués les « droits de sortie » taxant les exportations. Ce système se perpétue jusqu'à nos jours. En 2005, par exemple, les

---

[153] D'après MM. Edouard Heckel et Fr. Schlagdenhaufen, *Des kolas africains aux points de vue botanique, chimique et thérapeutique*, in *Moniteur du Sénégal et dépendances* n° 1446, 4-09-1883, pp. 197-198

[154] *Moniteur du Sénégal et dépendances* n° 1448, 18-09-1883, p. 206.

[155] *Ibid.* n° 1457, 20-11-1883, p. 266.

douanes ont recueilli 56 % des recettes fiscales, à la fois sous forme de droits perçus sur les importations (voitures de tourisme, etc) et de « droits uniques de sortie » (produits ligneux, etc).

Le contrôle douanier des sorties de bois a combiné en des proportions diverses selon des époques :

- la recherche de recettes propres à équilibrer le budget,
- la défense de la forêt en taxant les essences en voie de raréfaction: la baisse de rentabilité en freine l'exploitation,
- la prohibition de l'exportation de matières premières indispensables à la colonie ou à la métropole.

La taxation des exportations de bois est d'autant plus aisée qu'une seule essence est exploitée jusqu'à la Grande Guerre : l'acajou.

Taxation à la pièce

Dès le 22 décembre 1897, un arrêté institue pour la première fois, à partir du 15 janvier 1898, un droit de sortie de 6 F par bille, perçu par le service des Douanes[156]. La recette attendue[157] ne représente que 7,8 % du budget de l'année 1898. On relève que la taxe est forfaitaire. Son assiette et son contrôle sont donc relativement simples. Cependant, cette solution sera par la suite abandonnée et l'assiette portera sur le poids des bois.

Taxation ad valorem

L'assiette des droits de sortie ad valorem tient compte du poids réel de la marchandise, d'une « valeur mercuriale » fixée par des arrêtés et d'un taux d'imposition. Le recours à cette « valeur mercuriale » évite que l'administration soit trompée par l'exportateur sur la valeur commerciale de la marchandise. Ce système fonctionne dès les dernières années du XIXème siècle. En l'absence d'équipements de levage et de pesage suffisamment puissants pour manipuler les billes de bois dans certains ports, une commission[158]

---

[156] Soit 18 065 FCFA ou 27,54 € (cours du Napoléon, le 20-07-2006).

[157] 89 000 F-or, soit 267 964 994 FCFA ou 408 510 € (cours du Napoléon, le 20 juillet 2006).

[158] Décision du 17 avril 1917 (archives d'Abidjan, 3RR152, 1915-1918).

est chargée d'estimer la « densité moyenne de l'acajou et de l'iroko » et de déterminer une « base de perception des droits de sortie » utilisable dans ce cas. Un télégramme du chef du service des Douanes au gouverneur à Bingerville souligne, en se fondant sur l'article 7 du décret du 18 octobre 1904, que la « commission préconisée par votre 297 A peut émettre un avis mais ne parait pas avoir qualité pour fixer [la] densité qui doit servir de base à perception des droits de sortie. Cette jurisprudence est suivie en matière de mercuriales : les commissions locales élaborent les valorations et émettent un avis, mais ne fixent pas les valorations dont le tableau est arrêté en conseil général ». Il semble que la commission examine des billes d'essences variées mais non précisées dans son procès-verbal du 17 octobre 1917. Elle propose une densité moyenne de 713. Ses « travaux... n'ont pas donné de résultats probants, l'un des membres n'ayant pas assisté aux réunions et les procès-verbaux du comité n'indiquant même pas le nom des bois examinés ». Une seconde commission est nommée par une décision en date du 25 mars 1918, ayant le même objet. Il lui est proposé d'« examiner 10 billes acajou et 10 billes iroko ». La Chambre de commerce, présidée par J. Vizioz, propose une densité de 650[159]. En l'absence d'un résultat fiable, la densité en usage dans la colonie, soit 750[160], est maintenue. Le rapport daté de 1925, intitulé *Les bois à la Côte d'Ivoire*[161] fait état d'une densité de 700 sans qu'il soit possible de déterminer à partir de quelle époque elle est retenue.

L'un des points de discussion entre l'administration et les exportateurs porte sur la corrélation entre le montant des taxes et la valeur des essences. Au congrès des bois coloniaux de Bordeaux, en juillet 1922, sont émis les vœux suivants[162] :

1° Différencier nettement les bois de luxe, des bois d'œuvre ;

2° Faire porter la majorité des taxes à la colonie sur les bois de luxe en détaxant les bois d'œuvre intégralement, si possible.

---

159 Lettre du chef du service des Douanes au gouverneur de la Côte d'Ivoire, 4 mars 1918, n° 1059.

160 Télégramme adressé le 9-04-1917 au gouverneur à Bingerville, n° 1336.

161 Archives d'Abidjan VI-12-214.

162 *Les bois à la Côte d'Ivoire*, op. cit.

L'acajou, matière première stratégique

Le décret du 10 septembre 1915, promulgué en AOF par arrêté du 2 octobre 1915, prohibe la sortie ainsi que la réexportation à la suite d'entrepôt, de dépôt, de transit et de transbordement de divers produits, et en particulier des bois d'acajou, d'okoumé, etc... L'acajou ne peut plus être exporté que vers la France et les pays alliés[163]. Un télégramme n° 428 du 20 novembre 1915 largement diffusé tant auprès des administrations que des représentants des opérateurs économiques, signé Lapalud, précise « prière aviser urgence tous exploitants forestiers autorisation exporter acajou sera exclusivement accordée pour destination France et Pays alliés dans mêmes conditions que autres produits prohibés ».

4.5. Taxes forestières intérieures

Le jurisfacteur fiscal, habitué à saisir la matière imposable à plusieurs reprises et sous des formes variées pour réduire les possibilités de fuite ou de fraude, transpose cette pratique au domaine forestier. Ayant taxé l'exportation des billes, il frappe la superficie dont l'exploitation est autorisée et le nombre d'arbres abattus. Simultanément, il tente d'inciter à la conservation du couvert arboré et de favoriser la promotion de productions nouvelles. Nous classons, dans l'exposé qui suit, les taxes forestières, en fonction des catégories actuelles, de façon à faire apparaître la continuité historique.

4.5.1. Taxe d'attribution

Le décret du 20 juillet 1900 sur le régime forestier, autorise le gouverneur à « imposer à l'exploitant [forestier] une redevance dont il fixera les conditions et la quotité »[164]. Cette disposition ne s'applique pas « aux personnes ou sociétés qui auront obtenu une concession régulière ». Ce texte souligne que l'exploitant forestier ne dispose du bois qu'en raison du prix qui lui est demandé. Quoique le

[163] Annexe *VI - Décision commerciale de guerre et concurrence.*
[164] Décret du 20 juillet 1900 sur le régime forestier, art. 2.

mode de détermination de la redevance ne soit pas précisé, il serait légitime qu'elle le soit en raison de la richesse du permis accordé[165]. Au contraire, le concessionnaire régulier est exonéré de cette redevance: le titre de concession détermine les obligations qui lui sont imposées. En outre, pour ce dernier, l'abattage est une condition technique préalable à la mise en valeur du sol.

Initiant un procédé qui sera réitéré à partir de 1966, la redevance d'attribution est, dans un second temps, fiscalisée: l'arrêté du 23 août 1912 la fixe à 1.250 F-or[166] pour un permis d'exploitation de 5 km de côté[167]. Elle est ultérieurement modifiée à plusieurs reprises[168].

4.5.2. Taxe d'abattage

L'exploitant attributaire de « forêts où il existerait des essences de grande valeur » peut être tenu de « faire planter chaque année à ses frais un nombre de plants d'une essence aussi riche au moins **double** de celui des arbres abattus dans le cours de l'année »[169]. De même, en ce qui concerne le caoutchouc ou la gutta-percha, il peut être imposé à l'exploitant l'obligation de planter annuellement un nombre d'arbres ou de lianes à latex qui ne doit pas être inférieur à 150 pieds d'arbres ou 200 pieds de lianes par tonne récoltée dans l'année. Cette première version de l'obligation de reboiser ne peut être exécutée qu'en nature. Les textes suivants autorisent l'exploitant à choisir entre une réalisation physique et le paiement d'une redevance, jusqu'à ce que ce dernier mode de libération élimine totalement le premier[170].

---

165 Solution retenue après 1966.

166 3 763 553 FCFA (5 738 €), cours du Napoléon, 20/07/2006.

167 Arrêté n° 737 du 23 août 1912 (JOCI n° 16, 31 août 1912, p. 479).

168 Exemple: arrêté 960 S.F. du 3 juillet 1926 modifiant la taxe de redevances pour permis d'exploitation forestière.

169 Décret du 20 juillet 1900 sur le régime forestier, art. 10.

170 On relève que l'adoption des récentes recommandations faites aux pays d'Afrique Centrale et Occidentale par la Banque Mondiale (Mikael Grut et Nicolas Egli, *Conférence sur la conservation et l'utilisation rationnelle de la forêt dense d'Afrique Centrale et de l'Ouest -Système de recettes forestières et de concession d'aménagement recommandé pour la forêt humide*

Au mois d'avril 1912, l'obligation de reboisement, à la charge de l'exploitant est portée au triple du nombre total des bois abattus et de la même essence[171]. Devant la faible efficacité de cette mesure, l'arrêté du 23 août 1912 institue le repeuplement par les soins du service forestier aux frais de l'exploitant astreint au paiement d'une taxe d'abattage forfaitaire pour chaque arbre abattu dont le montant est fixé pour chaque essence[172], majorée d'une taxe de repeuplement de 10 F par arbre pour les essences précieuses. Les exploitants peuvent éviter cette dernière en plantant certaines essences prévues[173]. Ils doivent, à cet effet, solliciter l'attribution d'un terrain d'une superficie susceptible de contenir un nombre de pieds égal au quintuple de celui des arbres abattus; le terrain ainsi attribué devient la propriété du titulaire après constatation de la mise en valeur. La constatation des plantations est effectuée lorsque les essences ont atteint l'âge de six ans environ[174]. Le gouverneur Angoulvant invite ses administrateurs et chefs de poste à informer les autochtones de cette disposition et à les inciter à s'y conformer: la circulaire n° 382 BF, du 15 octobre 1912 relative à l'exploitation des bois par les autochtones, rappelle que « dès la création des autorisations temporaires d'exploiter des portions de forêts déterminées, les indigènes ont pris une large part dans l'exploitation des bois ». Sur 642 chantiers accordés de 1907 à 1912, 418, soit 65 % de l'exploitation, sont attribués à des indigènes, « presque exclusivement des coupeurs isolés, étrangers à la colonie pour la plupart ». Le signataire constate « qu'un certain nombre [d'autochtones] songent à entreprendre l'exploitation forestière, mais encore que des collectivités se montrent désireuses d'exploiter en commun des bois situés dans les forêts avoisinant leurs villages », et

---

d'Afrique de l'Ouest et d'Afrique Centrale, Abidjan, 5 au 9 novembre 1990) aurait pour effet de restaurer des pratiques que l'expérience avait conduit à abolir.

171 Arrêté du 15 avril 1912, art. 31.

172 90 F-or pour l'acajou, soit 270 976 FCFA (413 €), cours Napoléon, 20/07/2006. L'arrêté du 7 octobre 1920 (JOCI n° 748 F, 7 octobre 1920) introduit le décompte de la taxe d'abattage, par mètre cube (art. 2).

173 Cacaoyer, caféier, palmier, classés « agricoles » par le décret du 4 juillet 1935 et les textes postérieurs.

174 Arrêté du 18 décembre 1912 (JOCI n° 1077 F, 18 décembre 1912).

cite les groupes d'Aféri et de Yacassé, dans le Cercle des Lagunes. La circulaire invite ses destinataires à « faire connaître aux groupements indigènes[175]... que [le gouverneur est] disposé à leur faciliter dans une plus large mesure cette exploitation... Le chef demeurant responsable, et la collectivité, établie à demeure dans la région, offrant des garanties suffisantes, le versement du cautionnement ne sera pas exigé ». Le repeuplement devra toujours se faire au moyen de plantations d'essences caoutchoutières, de palmiers à huile, de cacaoyers et de kolatiers. « Ainsi les indigènes ne se trouveront pas astreints au paiement de la taxe de repeuplement ». Cette circulaire « n'a pas provoqué de réactions négatives ». Par exemple[176], le commandant du cercle de Lahou signale, le 3 décembre 1912, avoir invité les chefs de poste « à la porter à la connaissance de tous les groupements indigènes de leur district ». Le commandant du cercle du Bas-Cavally souligne même, le 12 novembre 1912, qu'il « [favorisera] le développement d'une pratique qui [sera] excellente pour tous ». Le commandant du cercle de Dimbokro fait remarquer le 6 novembre 1912 « que seul le district de Bongouanou [comporte] des parties de forêt en bordure de la voie, où les indigènes puissent profiter de la latitude qui leur est laissée de les exploiter ». Il souligne ainsi la limite d'application pratique de cette circulaire.

Le décret du 18 juin 1912 et les textes pris pour son application, acceptent que le repeuplement destiné à compenser l'abattage forestier, soit composé d'arbres que le décret du 4 juillet 1935 puis du Code forestier de 1965, classent agricoles. Les modernes mesures d'incitation au reboisement villageois restent très en retrait de celles adoptées en 1912: aucun transfert de propriété ne découle de la plantation des arbres préconisés par l'administration.

Les Agnis du Sanwi, prenant exemple sur les dispositions en vigueur en Gold Coast, contestent la taxe sur la coupe des billes d'acajou dès 1913. La Grande Guerre les incite à demander le retour au traité de 1843, abrogé en fait par les décrets de 1900. Les principaux notables s'exilent au Gold Coast dont ils reviennent après

---

[175] Souligné par Angoulvant.
[176] Archives d'Abidjan, 3RR160.

qu'un accord ait été conclu en juin 1918, leur promettant l'amnistie[177].

Le franc-germinal, par sa stabilité exemplaire, permet de fixer une taxe d'abattage permanente. Les monnaies postérieures à la Grande Guerre, par leur dépréciation progressive, imposent d'indexer la taxe pour qu'elle représente une proportion à peu près stable de la valeur FOB des bois. Cette référence procède de ce que l'exportation est le mobile principal de l'exploitation forestière. Chaque trimestre, une décision du lieutenant-gouverneur fixe cette taxe au 1/5 du prix de vente moyen FOB Bassam. C'est ainsi que la décision n° 71 S.F. du 11 janvier 1929[178] constate que le prix de vente moyen de la tonne d'acajou fob Bassam est fixé à 450 F (article 1er). Elle fixe donc, pour le 1er trimestre 1929 à 90 F par arbre, le montant de la taxe d'abattage à compter du 1er janvier 1929[179], étant précisé (article 2) que cette taxe ne s'applique qu'aux arbres abattus à compter de cette date. Une circulaire destinée aux commandants de cercle, du 14 novembre 1920, « au sujet du paiement de la taxe d'abattage » prévue par l'arrêté n° 1071 A du 18 décembre 1919, souligne que le « paiement est dû, en droit, **à partir du moment où un arbre provenant des forêts domaniales a été abattu** et quoiqu'il advienne par la suite du bois qu'il fournit ». Le report du paiement jusqu'au moment où le bois sort des chantiers, n'est qu'une tolérance qui ne saurait avoir pour résultat d'ajourner indéfiniment le paiement de la taxe « et notamment de le reporter d'un exercice à l'autre ».

Le décret du 4 juillet 1935 se propose de « [favoriser] les reboisements effectués par les collectivités indigènes et les particuliers »[180]. Ce texte, conçu pour l'ensemble de l'empire colonial, innove peu sur ce point, pour la Côte d'Ivoire.

---

[177] H. Mouzey, *Assinie et le royaume de Krinjabo*, Larose, Paris, 1942, p. 158 à 162.

[178] JOCI, 15 janvier 1929, p. 4.

[179] 20 % pour la catégorie A.

[180] *Rapport au président de la République*, 4-07-1935, JOCI 1935, p. 760.

4.5.3. Taxe de superficie

La première taxe de superficie est instituée par l'arrêté du 8 juin 1907[181]. Son montant par année budgétaire s'élève à 0,05 F-or par hectare, soit 125 F-or par chantier[182].

4.5.4. Taxe d'exploration

L'arrêté du 23 août 1912 institue une modeste redevance de 650 fr-or[183] pour l'attribution de permis d'exploration de trois mois pour une superficie maximale de 150 km2. Ils donnent à leur titulaire la priorité pour obtenir par la suite le permis d'exploitation du même terrain.

En l'absence d'inventaire établi par le service forestier, les exploitants prospectent individuellement avant de présenter leur demande de permis d'exploitation. Cette prospection est indispensable pour établir le croquis à annexer à la demande. Cette priorité d'attribution évite que la prospection financée par un exploitant éveille, chez ses concurrents, une course à l'attribution. « Les exploitants forestiers sérieux prennent l'habitude de faire tracer sur le terrain des sentiers parallèles espacés de 100 à 200 mètres, séparant le chantier en parties égales, qu'ils font minutieusement prospecter les unes après les autres par des manoeuvres marchant en "ligne de tirailleurs" »[184]. Les arbres repérés sont marqués sur une carte à grande échelle[185]. Une fois ce travail préliminaire terminé, les voies d'évacuation sont étudiées d'après le terrain et tracées pour desservir au mieux les bouquets d'arbres existants. La société *L'Occidentale Africaine* établit ainsi le plan de ses chantiers de Gouabé[186] « en divisant tout le terrain en carrés de 250 mètres de côté et en marquant des points de différentes couleurs ». On peut déplorer la disparition de cette taxe et de la priorité qu'elle conférait.

---

181 JOCI, 15 juin 1907, p. 148 à 150.

182 376 355 F CFA (cours du Napoléon, 20-07-2006), soit un peu plus de dix mois du salaire minimum actuel..

183 1 957 048 FCFA (2 984 €) au cours du Napoléon le 20-07-2006

184 *Les bois à la Côte d'Ivoire*, op. cit., p. 26.

185 1/10 000, généralement.

186 Près d'Agboville.

Il s'en suit une « course au permis » dont le vainqueur n'est pas nécessairement celui qui a supporté le coût de la prospection.

4.5.5. Travaux d'aménagement forestier

L'arrêté du 15 avril 1912[187] autorise le lieutenant-gouverneur à fixer, en ce qui concerne les chantiers attribués pour la première fois, les travaux d'aménagement tels que l'ouverture de routes, l'établissement de voies pour le transport mécanique des bois, etc..., utiles à l'exploitation ultérieure après renouvellement, qui peuvent être considérés comme une exploitation effective[188]. Il ne semble pas que ces travaux donnent lieu à indemnisation de la part de l'administration.

4.5.6. Fraude fiscale

La perception des taxes mises à la charge des indigènes, est faite en nature. Au début de ce siècle, le caoutchouc sauvage est collecté à cet effet par l'administration. Une lettre du commandant du cercle de Kong, du 24 février 1902, adressée au gouverneur[189], mentionne une fraude constatée sur les boules de caoutchouc remises au poste d'Odienné. Le caoutchouc est « rempli de matières étrangères qui le [rendent] presque invendable et lui [enlèvent] beaucoup de sa valeur ». La circulaire qu'il envoie le 23 février 1902 à ses « commandants de circonscriptions et chefs de poste » est destinée à y mettre fin: « avant d'être acceptées, les boules devront être coupées en deux afin qu'on puisse se rendre compte qu'elles ne contiennent aucune matière étrangère ». En outre, « les indigènes seront bien prévenus... [que ces fraudes] seront réprimées avec la plus extrême rigueur. Une amende triple de la valeur du caoutchouc de mauvaise qualité devra être infligée pour la première fois à celui qui l'aura présentée, sans préjudice d'une punition de prison, qui pourra varier de 15 jours à 3 mois, en cas de récidive ». Ce commandant de cercle s'érige en jurisfacteur en incriminant des faits

---

[187] Article 16, alinéa 2, in fine.
[188] Egalement, arrêté du 23 août 1912.
[189] JOCI n° 5, 15 mars 1902.

et en fixant des sanctions d'amende et de prison par simple circulaire, au-delà de ce qu'autorise l'arrêté du 7 septembre 1900 qui investit les Administrateurs, dans leur Cercle, de pouvoirs répressifs à l'égard de leurs administrés non assimilés aux Européens[190]. Mais ce texte n'autorise que des emprisonnements d'une durée maximale de quinze jours et des amendes limitées à 100 F-or (278.126 FCFA ou 424 € sur la base du cours du Napoléon au 20 mars 2006)

4.6. L'exploitation forestière

Le rapport *Les bois à la Côte d'Ivoire* (1925)[191] souligne qu'au début du siècle, déjà, « les coupes inconsidérées menacent sérieusement l'avenir du commerce de l'acajou par suite des ravages faits dans les peuplements surtout pour rechercher les bois figurés »[192]. Ce rapport commente ainsi cette expression « [avant 1910] une industrie, souvent illégale et toujours dangereuse pour la forêt, se développait également : c'est la recherche du bois figuré. Elle se pratiquait de deux façons différentes. Ou bien le chercheur de bois figuré était détenteur d'un ou de plusieurs chantiers. Il y envoyait des équipes de coupeurs avec ordre d'abattre tous les acajous qu'ils rencontraient. Les coupeurs rapportaient alors un échantillon de chacun des arbres coupés et ce n'est que lorsque l'un d'eux était reconnu "figuré" qu'il était ensuite traîné à la rivière la plus proche pour flotter jusqu'au port d'embarquement. Tous les autres arbres étaient abandonnés sans profit et pourrissaient sans profit pour l'industrie... D'autres fois, le coupeur plus hardi n'hésitait pas à se transformer en fraudeur et, dépassant les limites de ses chantiers, allait couper dans le domaine public les arbres qu'il supposait figuré et qu'il frappait ensuite de son marteau, comme s'ils avaient été coupés sur son exploitation. Enfin, d'autres coupeurs marrons, sans avoir pris la précaution de se faire octroyer un chantier, allaient également couper au hasard dans la forêt ». Ce rapport ajoute que « les indigènes de la colonie sont souvent aussi les victimes de certains coupeurs de bois d'origine étrangère. Employés par ces derniers sur les chantiers forestiers, on leur fait

---

190 Arrêté du 7 septembre 1900, art. 1er, al. 2.
191 *Les bois à la Côte d'Ivoire*, op. cit, p. 10.
192 *Ibid.*, p. 13.

attendre jusqu'au dernier jour leur salaire[193] et, souvent, les billes de bois sont exportées, l'exploitant forestier disparaît de la région et les indigènes impayés s'adressent en vain à l'administration impuissante »[194]. La nécessité d'une réglementation devient alors évidente pour tous afin de mettre un terme à ces abus. C'est pourquoi le gouverneur Roberdeau promulgue[195] le décret du 20 juillet 1900 relatif au régime forestier de la Côte d'Ivoire. Ce décret[196] consacre la distinction entre les « bois domaniaux »[197] et les « bois particuliers »[198]. Il réserve les **droits d'usage** dont jouissent actuellement les indigènes, tant « dans les bois et forêts dépendant du Domaine » que « des particuliers ». « Ce décret, tout en établissant des règles de portée générale, confie à l'administration locale le soin d'en fixer l'application pratique. C'est ainsi qu'aux termes de l'article 2 de ce décret, il appartient au gouverneur de fixer la quotité des redevances à imposer aux exploitants. Les articles 3 et 4 lui laissent la faculté de décider la mise en réserve de certaines portions de la forêt, d'imposer le mode d'exploitation qu'il juge convenable, et de déterminer les dimensions au-dessous desquelles les arbres devront être réservés, etc... »[199]. L'exploitation forestière, faite par des professionnels assujettis à diverses obligations administratives, est limitée aux bois autorisés par l'administration.

4.6.1. Exploitants forestiers

Nul ne peut entreprendre une exploitation forestière sans être muni d'une autorisation du gouverneur de la colonie. N'en sont dispensés que les bénéficiaires de concessions régulières[200]. Ce

---

[193] Ceux-ci étaient probablement fort minces, permettant de « gaspiller » la main d'œuvre en des « procédés pharaoniques ». Les expressions entre guillemets sont tirées du rapport *Les bois à la Côte d'Ivoire* (p. 33).
[194] *Les bois à la Côte d'Ivoire*, op. cit., p. 14.
[195] Arrêté du 8 octobre 1900.
[196] JOCI, n° 20, 15 octobre 1900, p. 1.
[197] Décret du 20 juillet 1900, titre 1er.
[198] *Ibid.*, titre 2.
[199] Lettre n° 339, du 15 juin 1907 envoyée au gouverneur général, à Gorée, par le lieutenant-gouverneur de la Côte d'Ivoire.
[200] Décret du 20 juillet 1900, art. 2.

permis est strictement personnel[201]. Cependant, le titulaire du permis peut faire exploiter pour son compte, sous réserve de remettre à son agent une commission régulière[202]. Ces dispositions se perpétuent dans le Code Forestier de 1965 et les textes pris pour son application.

En 1907, est introduite la distinction entre le droit de commercer le bois « qui implique l'obligation d'avoir une patente » et celui de l'exploiter qui, *a contrario*, en est dispensé[203]. Cette distinction survit jusqu'à nos jours. L'arrêté du 23 juin 1912[204] impose aux exploitants forestiers de disposer de matériels déterminés par l'administration. Il accorde une priorité aux demandes concernant des chantiers appelés à être desservis par un réseau de voies Decauville. Des arrêtés ultérieurs imposent l'emploi de ces matériels dans certaines forêts. En 1931, les quatre principales sociétés d'exploitation forestières, Compagnie des scieries africaines (SCAF), Forestière équatoriale, CFI, Société d'importation des bois exotiques (SIBE), sur 29 exploitants, possèdent près des 2/3 des 617 km de voie Decauville et des 735 wagonnets, près des 3/4 des 26 locomotives[205].

Une première tentative d'organisation commune entre exploitants forestiers et négociants, procède de l'arrêté n° 197 du 28 février 1913 qui approuve les statuts de « l'Association des exploitants forestiers européens et indigènes de la Côte d'Ivoire et des négociants en bois de la colonie », qui a pour buts la défense des intérêts professionnels auprès de toutes les juridictions, de signaler les modifications à apporter aux réglementations forestières et "de resserrer les liens de confraternité entre ses membres » (article 1er des statuts).

---

201 « Toute cession de chantier faite par son détenteur sera nulle et non avenue », arrêté du 15 avril 1912, art. 21, al. 3, tant dans la version initiale que dans le texte modifié le 23 août 1912.

202 Arrêté 15-4-1912, art. 23 et arrêté 23-8-1912.

203 Arrêté du 8 juin 1907 réglementant l'exploitation des essences forestières, art. 19.

204 Arrêté du 23 juin 1912 (Supplément au JOCI, n° 16, 31 août 1912, p. 472 et 473).

205 François Verdeaux, *La filière bois à travers ses âges : une coupe longitudinale dans l'économie politique de la zone forestière ivoirienne.*

4.6.2. Marteaux

Successivement sont définis les marteaux particuliers puis ceux du service forestier.

4.6.2.1. Marteaux particuliers

L'existence même des marteaux privés caractérise l'opposition qui existe entre une logique d'exploitation coloniale[206] et une logique de gestion de la ressource ligneuse en vigueur en métropole[207], symbolisée par l'existence du seul marteau de l'État.

Dans un délai de six mois à dater de la promulgation du décret du 20 juillet 1900, les exploitants forestiers doivent s'être munis d'un « marteau de forme triangulaire portant la marque de l'exploitant », destiné à marteler les bois abattus et « d'un timbre indiquant le nom de l'exploitant » à l'effet de marquer les autres produits. Ces différentes marques doivent être déposées par l'exploitant au greffe du tribunal de première instance ou de la justice de paix à compétence étendue de la région[208]. Le martelage opère transfert de la propriété des billes[209], sous réserve de leur enlèvement avant l'expiration du permis[210]. Pire encore, si les billes non enlevées excèdent 1/10 de ce qui a été abattu, l'exploitant encourt une amende de 20 F-or par bille[211]. On peut penser que ce marteau est, dès son origine, destiné à contrôler l'activité des exploitants et le ponctuel paiement des diverses taxes au receveur des Domaines. A défaut, il permet de saisir les billes. Les dispositions du décret du 20 juillet 1900 permet de canaliser les appétits des négociants, mais leur laisse toute latitude pour accaparer dans les conditions qu'ils préfèrent, les richesses de la colonie. L'obligation faite aux particuliers de marteler

---

[206] Prélèvement sur l'initiative des exploitants privés en fonction des seuls critères commerciaux.

[207] Martelage préalable par les agents de l'État en application de règles techniques définies par le Code forestier.

[208] Décret du 20 juillet 1900, art. 12.

[209] Arrêté du 8 juin 1907, art. 17, al. 1er.

[210] *Ibid.*, art 17, al. 2.

[211] *Ibid.*, article 17, dernier alinéa.

les arbres sortis des forêts n'est guère appliquée au début, car elle doit être rappelée en 1901[212].

Le 2 avril 1908, procès-verbal est dressé par le Commissaire de police de Grand Bassam qui constate que des billes d'acajou amarrées à l'appontement du wharf ne portent aucun numéro ni marque. Un agent de la maison Woodin y appose la marque de cette maison après constatation de l'infraction.

Le décret du 18 juin 1912 n'évoque plus les marteaux particuliers que dans son article 10 qui incrimine « ceux qui auront contrefait ou falsifié des marteaux des particuliers servant aux marques forestières, ou auront fait usage de marteaux contrefaits ou falsifiés ».

Dans les forêts françaises de l'État, ses agents martèlent les arbres « en délivrance », c'est-à-dire pour les signaler aux acheteurs puis aux équipes d'abatteurs. Ce marquage est donc antérieur à l'abattage. Dans la colonie, le martelage est postérieur à l'abattage; il est effectué par l'exploitant qui choisit à son gré les tiges à enlever.

L'expérience effectuée par la SODEFOR dans les années 1990, a montré que le martelage en délivrance est inefficace : la cicatrisation des arbres est trop rapide pour permettre d'organiser une vente. La technique instituée à l'époque coloniale, quels qu'en soient les inconvénients, continue donc d'être appliquée.

4.6.2.2. Marteaux du service forestier

Il faut attendre le décret du 18 juin 1912 que soient mentionnés les marteaux du service forestier[213]: SF pour les arbres

---

[212] Un avis du service du Domaine, publié à plusieurs reprises à partir du JOCI du 15 novembre 1901, « [rappelle] à MM. les Négociants, Commerçants et Traitants que les produits forestiers ne peuvent circuler que s'ils sont revêtus :

1° Les bois, de l'empreinte d'un marteau de forme triangulaire portant la marque de l'exploitant.

2° Les autres produits, de l'empreinte d'un timbre indiquant le nom de l'exploitant.

Les bois et autres produits exploités ou transportés en dehors des conditions qui précèdent pourront être saisis... ».

[213] Titre III, Des ventes de coupes, art. 5.

martelés en délivrance et SFR pour les arbres réservés dans les coupes exploitées autrement que par voie de jardinage. La forêt n'étant exploitée que sous forme de permis temporaires, ces marteaux ne sont pas utilisés.

4.6.2.3. Martelage des bois coupés par les indigènes

La circulaire n° 81 du 20 octobre 1903 rappelle que les prescriptions de l'article 12 du décret du 20 juillet 1900 concernant le régime forestier de la colonie, imposant que « les bois qui font l'objet de transactions ne [circulent] à la Côte d'Ivoire que s'ils sont revêtus de l'empreinte d'un marteau [...] » s'applique également aux « indigènes qui se livrent au commerce de l'acajou ». L'article 16 de l'arrêté du 8 juin 1907 organise l'exploitation, par les indigènes, des « terrains qui dépendent de leur collectivité ». La bonne application de ce texte suppose qu'un recensement de ces terrains ait été établi, ce qui n'est pas le cas. Quant aux « marques spéciales », l'arrêté les cite sans les organiser. Le décret du 18 juin 1912 constate que les indigènes disposent de droits d'exploitation commerciale et bénéficient du principe de la liberté commerciale[214].

4.6.3. Les carnets de chantier et de factorerie

Pour faciliter le contrôle de l'activité des exploitants forestiers et du paiement des taxes, le décret du 20 juillet 1900 sur le régime forestier autorise le gouverneur à exiger de l'exploitant la tenue, par chacun de ses chefs de chantier, d'un carnet d'attachement sur lequel doivent être consignés chaque jour[215]:

- le nombre d'arbres abattus ;
- leur essence avec la désignation de leur **nom indigène** ;
- leur circonférence à 1m du sol[216] ;
- leur longueur.

---

[214] Décret du 18 juin 1912, art. 41.

[215] Décret du 20 juillet 1900 sur le régime forestier, art. 11.

[216] Ce mode de mesure, usuel en France, est inadapté à des arbres à contreforts, tel le fromager utilisé dans la production de contreplaqué. Les textes ultérieurs tiennent compte de cette particularité de certaines essences tropicales : ils imposent de mesurer au-dessus des contreforts.

C'est la première proposition du carnet de chantier encore en usage sous réserve de quelques nuances de présentation. L'exploitation des forêts privées est exemptée de cette obligation. En outre, dans chaque factorerie, doit être tenu, pour les résines, gommes, caoutchouc et autres produits, un registre constatant les opérations faites chaque jour et indiquant les régions de provenance, ainsi que le poids et le volume de chacun de ces produits[217]. L'énumération laisse penser que ce registre ne concerne pas les grumes: le temps du carnet d'entrée en parc d'usine n'est pas encore venu. Ce décret laisse à des arrêtés le soin de régler le mode de contrôle et de visa de ces carnets. Pour ce qui concerne le carnet de chantier, il faut attendre l'article 15 de l'arrêté du 8 juin 1907[218] qui énumère les renseignements à y porter :

a/ l'essence ou le nom indigène de l'arbre, sa longueur et son diamètre ;
b/ le nombre de billes et de branches fournies par l'arbre et leurs dimensions ;
c/ les numéros portés sur les billes et branches après tronçonnement ;
d/ la date de l'abattage ;
e/ celle de la sortie du chantier.

Il est remarquable que les « indigènes travaillant sur les terres qui dépendent de la collectivité » sont exemptés des dispositions précédentes « mais ils [doivent] exploiter eux-mêmes et sans le secours d'étrangers. Ils [doivent], de plus, déclarer aux chefs de poste le nombre d'arbres abattus et les billes débitées et apposer sur les billes ainsi abattues des marques spéciales »[219].

L'arrêté du 23 juin 1912 précise que l'exploitant note sur le carnet de chantier, non seulement chaque arbre abattu avec ses caractéristiques, mais également celles des billes fournies. Celles-ci circulent avec des extraits de ce carnet délivrés par l'administration. Les billes qui restent sur un chantier abandonné appartiennent à la colonie. L'article 19 du décret de 1900, relatif à l'exploitation des bois et forêts des particuliers, ne soumet pas l'exploitation des forêts privées à l'obligation de tenir le carnet de chantier: l'article 11 qui décrit ce dernier n'est pas cité par l'article 19. Par contre, il soumet la

---

[217] Décret du 20 juillet 1900 portant régime forestier, art. 11, in fine.
[218] JOCI, 15 juin 1912, p. 148 à 150.
[219] Arrêté du 8 juin 1907, art. 16.

circulation des bois provenant de ces forêts, à l'obligation du martelage. Le décret du 18 juin 1912 étend aux exploitants de forêts privées, l'obligation de tenir à jour le carnet de chantier.

4.6.4. Arbres exploitables

Dans la lettre n° 339, du 15 juin 1907 qu'il envoie au gouverneur général, à Gorée, le lieutenant-gouverneur de la Côte d'Ivoire expose que « bien qu'il n'ait pas été possible de dresser d'une façon complète l'inventaire de toutes les richesses contenues dans l'immense forêt..., il n'en est pas moins certain qu'elle renferme des essences forestières fort précieuses... L'exploitation de cette riche essence [l'acajou] a été malheureusement faite jusqu'ici sans méthode et par des étrangers... Les exploitants... commettent de véritables abus et, en abattant les arbres sans discernement, risquent fort, par leurs procédés, de tarir [déjà, cette inquiétude] l'une des principales sources de notre commerce d'exportation ». Le lieutenant-gouverneur relève ensuite que les coutumes indigènes « attribuent la propriété d'un arbre à celui qui l'a abattu ». La « seule préoccupation [des exploitants est] d'éviter qu'un concurrent vienne s'approprier les arbres qu'ils ont découvert », ce qui les incite à « jeter à bas le plus grand nombre possible d'arbres, sans s'inquiéter s'ils arriveront par la suite à faire sortir les arbres abattus et à en tirer profit ». Pour mettre fin à cette pratique et tenter de dissuader les exploitants d'abandonner les arbres abattus ou, ce qui revient au même, de les inciter à n'abattre que ce qu'ils peuvent enlever pendant la durée de l'autorisation, l'arrêté du 8 juin 1907 dispose que « dans le cas où l'exploitant n'aurait pas enlevé pendant la durée de son exploitation, les 9/10° des billes abattues, il sera condamné à une amende de 20 francs par bille abattue non enlevée »[220]. Cette sanction, destinée à dissuader les exploitants de couper plus d'arbres qu'ils n'en peuvent enlever dans le délai qui leur était imparti, s'oppose à la pratique en vigueur en Métropole, qui impose l'enlèvement de tous les arbres abattus, préalablement à l'obtention du « certificat de vidange ». Dans ce cas, les arbres à abattre ont été préalablement individualisés par martelage, par le service forestier.

---

[220] Arrêté du 8 juin 1907, art. 17, al. 3.

Une saine gestion de la forêt requiert que les arbres à abattre soient sélectionnés en fonction de critères techniques: l'essence, le diamètre, le lieu où les arbres croissent, le maintien de porte-graines, le cycle de la végétation tropicale, etc. Malheureusement, le manque de personnel spécialisé, la distance, la rareté des voies aménagées, incitent les exploitants à se servir sans discernement. Le transfert de propriété confère au propriétaire privé tous droits sur le bois. La règle de l'accession est générale, c'est pourquoi les décrets successifs énumèrent les exceptions. Par contre, l'État conserve son domaine éminent[221] sur les bois des terres du Domaine dont les indigènes ont l'usage[222].

En 1912, le gouverneur Angoulvant déclare devant la chambre de commerce de Grand Bassam, : « J'entrevois, pour notre domaine forestier, de grosses entreprises délivrées de l'exploitation des intermédiaires, pourvues de scieries puissantes, exportant toutes les espèces et reconstituant les peuplements au fur et à mesure de leur coupe »[223]. Ce vœu n'est pas encore complètement réalisé puisque sur un total approximatif de 200 essences, seules une quarantaine environ est commercialisée. Par contre, plusieurs scieries sont aujourd'hui aux mains de groupes puissants italiens (CIB à Gagnoa), français (Thanry à Guiglo, INPROBOIS à Aboisso), allemands (SIFCI, du groupe DANZER), etc. Certaines (CIB, INPROBOIS) participent activement au remplacement des arbres abattus ; d'autres se satisfont d'une « exploitation minière » de la forêt.

---

[221] « La colonie a le domaine éminent sur tous les peuplements, qu'il s'agisse d'essences ligneuses, de caoutchoutiers et colatiers (sic) ou de palmiers à huile ; les autochtones ont seulement, sur les essences ligneuses, des droits d'usage définis par l'art. 36 [du décret du 18 juin 1912 ...] » (*Instructions et actes réglementaires pour l'application du décret du 18 juin 1912 sur le régime forestier*, Supplément au JOCI, n° 16, 31 août 1912, p. 462).

[222] *Instructions... l'application du décret du 18 juin 1912...*, op. cit., (JOCI 1912, p. 461 à 491).

[223] Cité par F. Verdeaux, *Colloque du GIDIS-CI*, Abidjan, nov. 1994

4.6.4.1. Diamètre

L'arrêté du 22 décembre 1897 institue l'interdiction d'**exporter** les billes dont l'épaisseur est inférieure à 0,45 m, après équarrissage, à partir du 1er avril 1898. Dans la mesure où les arbres étaient, pour l'essentiel, exportés, cette disposition constitue le premier effort pour protéger la forêt. Le décret du 20 juillet 1900 laisse à des arrêtés du gouverneur, le soin de fixer, pour les différentes essences, le diamètre au-dessous duquel les arbres doivent être réservés[224]. Il faut attendre l'arrêté du 14 juin 1906 pour que soit réglementé le diamètre des billes admises à circuler dans l'intérieur de la Côte d'Ivoire: 0,60 m pour l'acajou. Les dimensions minima des billes équarries doivent être de 0,45 m pour ce bois et de 0,30 m pour les autres essences. L'arrêté du 23 août 1912 interdit d'abattre les arbres dont le diamètre est inférieur à un minimum défini pour chaque essence. Il est de 0,80 m à 4 m pour l'acajou. Ce mode de mensuration tient compte de la présence de contreforts que n'envisage pas l'article 11 du décret du 20 juillet 1900.

En 1917, un nouvel arrêté[225], destiné à « permettre l'exploitation à prix avantageux des bois dont la France peut avoir besoin tant pour la reconstruction des immeubles des départements envahis que pour le rétablissement des voies ferrées », interdit d'abattre 38 essences classées en deux listes, lorsque le diamètre des arbres est inférieur aux minima indiqués[226] mesurés à quatre mètres de hauteur. L'arrêté du 7 octobre 1920 précité modifie le diamètre minimum des essences pouvant être abattues : seuls l'acajou, l'iroko et le tiama restent protégés sous 80 cm[227]. Certaines essences voient leur diamètre minimum diminuer (avodiré, bahia: 35 cm), d'autres le voient augmenter (niangon: 50 cm).

---

[224] Décret du 20 juillet 1900, art. 4.

[225] Arrêté n° 678 F du 16 août 1917, JOCI 1917, p. 354.

[226] Avodiré, bahia, niangon, framiré, fraké : 40 cm ; Aiélé, ako, baddi, dabéma, faro, tali, aninguéry, samba : 60 cm ; Acajou, iroko, makoré, tiama, bossé : 80 cm.

[227] Arrêté du 7 octobre 1920, tableau inclus dans l'article 1er.

4.6.4.2. Techniques d'abattage

L'article 3 du décret du 20 juillet 1900 autorise le gouverneur à « imposer à l'exploitant tel mode d'exploitation qui sera jugé convenable et, notamment, l'exploitation de proche en proche par voie de jardinage en allant toujours dans le même sens, sans aucune solution de continuité ». L'article 5 du même décret invite à ébrancher « autant que possible [...] les arbres de grande dimension » pour éviter qu'ils endommagent le sous-bois dans leur chute. La rédaction du texte rend difficile la sanction des opérateurs maladroits ou négligents.

4.6.4.3. Essences protégées

Des dispositions particulières concernaient les arbres à latex[228] et les récoltes tanifères ou tinctoriales, de gomme, résines, caoutchouc et gutta-percha[229]. L'article 23 du décret du 18 juin 1912 réserve, à titre obligatoire, les plantes à latex, les palmiers à huile, kolatiers et karités, sauf autorisation spéciale délivrée par le gouverneur ou son délégué dans les cas reconnus nécessaires. En outre, des arrêtés pouvaient fixer la liste des arbres, lianes ou arbustes qui ne doivent pas être abattus. L'article 47 interdit aux collectivités indigènes d'abattre, sans autorisation de l'administrateur, les essences à bois dur, les arbres producteurs de caoutchouc et toutes autres indiquées par arrêté du lieutenant-gouverneur.

L'article 10[230] autorise l'administration à imposer « à l'exploitant de faire planter chaque année à ses frais un nombre de plants de même essence ou d'une essence aussi riche au moins double de celui des arbres abattus dans le cours de l'année ». Cette disposition ne semble pas être appliquée. L'article 20 autorise le gouverneur à « mettre en demeure les particuliers de reboiser les terrains leur appartenant » se trouvant sur « les versants des montagnes et coteaux offrant un angle de 35 degrés et au-dessus ». A

[228] Décret du 20 juillet 1900 sur le régime forestier, art. 4, al. 2.
[229] *Ibid.*, art. 6.
[230] Décret du 20 juillet 1900 sur le régime forestier.

titre de curiosité, on note que le projet de l'arrêté du 8 juin 1907[231] concerne l'abattage de « l'acajou, ses similaires et des autres essences forestières », ce qui montre la primauté de l'acajou dans l'activité de cette époque. Le texte définitif ne parle plus que des « essences forestières ».

A l'audience du 10 novembre 1916 du tribunal indigène du Cercle du Haut-Sassandra[232], comparaissent deux « récolteurs » de caoutchouc sauvage, « de statut non musulman », inculpés de contravention au Régime Forestier. Il leur est reproché de récolter sans autorisation sur « les arbres à caoutchouc sur la rive du Sassandra environ à la hauteur de Buyo ». Le titre de « concession » présenté par l'un des inculpés, remis « par le blanc de Buyo » stipule :

Kouassi Mabo récolteur ashanti a une convention dans Buyo. Les villageois voisins de sa concession n'ont pas mis empêchement: à condition que Kouassi Mabo leur donne à chacun

1° à Inabo,	village de	Prébouo	174,00
2° à Koré	---	Zakuhé	816,00
3° à Niapo	---	Detono	516,00

Kouassi Mabo a déclaré devant moi vouloir donner ces sommes, et ces villages ne doivent pas récolter dans sa concession.

Buyo, le 5 décembre 1915
Signé: Salgues

Le nommé Kouassi Mabo a payé à

Inabo	village de	Prébouo	174,00
Koré	village de	Zakuhé	816,00
Niapo	---	Detono	516,00

Buyo, le 19 avril 1916
Le Capitaine chef de Poste
Signé: Richaud

231 L'importance de l'arrêté du 8 juin 1907 procède autant des motifs qui l'avaient inspiré, qui restent d'actualité, que de ses principales dispositions.
232 Archives nationales d'Abidjan, 2MM123 = XIII-43-67/521.

« Les témoins n'ont pas prêté serment, la coutume ne le prévoyant pas. Le président a néanmoins invité les témoins à dire la vérité et les a avertis des sanctions qu'entraîne le faux témoignage ». Il apparaît que « les inculpés [ont] payé pour l'exploitation d'arbres à caoutchouc en dehors du Cercle du Haut-Sassandra... » Le reçu que l'un des inculpés présente, signé de deux chefs de subdivision, est « établi dans des conditions non réglementaires et non conformes aux règlements édictés par le décret du 18 juin 1912 ». La culpabilité n'est pas retenue en raison de la bonne foi des inculpés et de la présence de la signature des deux chefs de subdivision.

Le rapport *Les bois à la Côte d'Ivoire*[233] relève que, jusqu'à cette époque, la recherche porte presque exclusivement sur l'acajou quoiqu'il représente à peine 1/2 % des peuplements forestiers. Ce même rapport souligne[234] que « l'exploitation de plus en plus intensive de l'acajou a déjà amené l'épuisement de cette essence dans les régions les plus accessibles ».

Le décret du 4 juillet 1935 introduit une définition de la forêt en des termes particulièrement restrictifs[235]. Celle-ci oppose aux autres végétaux, ceux « ne constituant pas un produit agricole », « dont les fruits exclusifs ou principaux sont les bois [...] ou des produits accessoires », constituent les forêts. Cette définition met fin au système de remplacement institué par l'arrêté du 23 août 1912, qui fait appel à des espèces végétales plantées principalement pour leurs fruits[236], à l'exclusion des caoutchoutiers dont le produit est cité par le nouveau décret.

4.6.4.4. Droits de l'État

L'attributaire d'un permis temporaire d'exploitation doit souffrir gratuitement la coupe et l'enlèvement par les agents de l'administration de tous les bois nécessaires aux services publics de la colonie de Côte d'Ivoire[237]. Le gouverneur peut décider la mise en réserve de parties de la forêt déjà exploitées, qu'il juge utile de

233 Archives Nationales d'Abidjan VI-12-214, p. 23.
234 P. 37.
235 Décret du 4 juillet 1935, article 2.
236 Cacao, kola, noix palmistes.
237 Décret du 20 juillet 1900, art. 7, dernière phrase.

préserver[238]. Cette mesure est destinée à favoriser la régénération spontanée de la forêt et à en éviter la surexploitation.

4.6.5. Protection de certaines terres

La protection des certains sols contre l'érosion impose de prendre des dispositions particulières. L'article 8 du décret du 20 juillet 1900 interdit de déboiser ou de défricher[239]:

- les versants des montagnes et coteaux offrant un angle de 35 degrés et au-dessus ;
- les terrains désignés par arrêté motivé du gouverneur.

L'article 20 autorise le gouverneur à mettre en demeure les particuliers de reboiser les terrains se trouvant dans les conditions de l'article 8, déboisés à tort. L'article 32 du décret du 18 juin 1912 s'inspire du texte précédent mais en limite la portée aux bois et forêts des particuliers[240]. La référence aux « montagnes et coteaux » a été supprimée dans le décret du 4 juillet 1935: elle est superflue et ouvre la porte à controverse. En outre, l'article 9 du décret de 1900 subordonne le déboisement d'une étendue supérieure à 400 hectares à une autorisation de l'administrateur, chef de région[241]. Il est regrettable que l'avis technique du service forestier ne soit pas envisagé.

---

[238] *Ibid.*, art. 3.

[239] Ce texte concerne tant le Domaine de l'État que les bois particuliers (même décret, art. 19).

[240] Art. 32 : Les particuliers exerceront sur les bois et forêts qui leur appartiennent à titre définitif tous les droits résultant de la propriété. Cependant, il leur est interdit, sous les sanctions de l'article 26, de défricher les terrains ci-après :

1° Les versants de montagne et coteaux offrant un angle de 35 degrés et au-dessus ;

2° Les terrains désignés par arrêtés motivés du lieutenant-gouverneur.

[241] L'article 24 du décret du 18 juin 1912 ramène cette superficie à 200 ha et impose l'autorisation du gouverneur.

4.7. Les jardins coloniaux

L'arrêté local du 20 avril 1896 mentionne, parmi les services de la colonie, le jardin colonial de Dabou[242] évoqué au chapitre 1er. Un établissement d'une tout autre ampleur est créé par le décret du 28 janvier 1899, dénommé *Jardin d'essais colonial de Vincennes*, implanté en fait à Nogent-sur-Marne. Un décret du 5 mai 1900[243] en énumère les services (article 2) :

1° Service des renseignements;
2° Service des laboratoires;
3° Service des cultures.

Un arrêté du 7 mai 1900[244] détermine ses attributions. Au plan forestier, on note que le « service des renseignements » comporte les études des questions forestières, les relations avec les Jardins d'essais des colonies françaises, les relations avec les services botaniques... de l'étranger. Le « service des laboratoires » procède à l'étude des produits coloniaux, à la détermination de leur valeur et de leurs emplois commerciaux et industriels, aux analyses des matières premières, à la détermination des essais de semences, les études des maladies des plantes. Le « service des cultures » comprend l'introduction et la propagation des espèces ayant des applications... commerciales et industrielles, l'introduction et la dissémination des espèces nouvelles, la production des variétés nouvelles. Mais il faut attendre le décret du 19 août 1917 pour soit déterminée l'organisation de son personnel[245]. Cet établissement a continué ses activités en Côte d'Ivoire sous le nom de centre technique forestier

---

[242] Il fallut attendre le décret du 28 décembre 1923 pour que soit envisagée « en vue d'aider au développement des productions agricoles, forestières et de l'élevage » (article 1er) la création en AOF « d'établissements d'étude et d'expérimentation fonctionnant à l'aide de dotations spéciales et de dons, legs et contributions [...] » (article 3).

[243] JOCI., n° 18, 15 septembre 1900, p. 2.

[244] *Ibid.*

[245] Rapport au président de la République (du ministre des Colonies Maginot) suivi d'un décret du 19 août 1917 déterminant l'organisation du personnel du jardin colonial (*Bulletin officiel du ministère des Colonies*, 1917, tome 31ème, n° 1 à 12, Paris 1918, n° 297, p. 901 à 911).

Tropical (CTFT-CI). Ses attributions ont été reprises par la Côte d'Ivoire en juin 1993, en un établissement dénommé IDEFOR-DFO.

4.8. La garantie des droits d'usage des indigènes

L'article 23 du décret du 20 juillet 1900 sur le régime forestier autorise « les indigènes [à continuer d'exercer], dans les bois et forêts dépendant du domaine ou appartenant à des particuliers, les droits d'usage[246] dont ils jouissent actuellement ». Les droits d'usage des indigènes constituent donc une servitude réglementaire qui grève tant le Domaine de l'État que ceux des particuliers. Sa durée est illimitée. Elle ne semble pas pouvoir être éteinte par prescription. Contrairement à la règle du droit français, seule la servitude portant sur le « droit d'usage au bois » peut être rachetée[247]. Ce droit n'est donc ni transmissible ni susceptible de disparaître, mais seulement d'être suspendu pour la durée pendant laquelle le cautionnement est constitué. On peut rapprocher cette règle de celle présente dans le droit coutumier de certains peuples de Côte d'Ivoire, selon laquelle la terre ne peut être définitivement aliénée. Les autres droits d'usage ne peuvent être ni abrogés ni résignés.

Les textes antérieurs au décret du 4 juillet 1935, quelles que soient les réserves portées sur leur application, attribuent une place importante aux données sociales, au rôle économique des populations voisines des forêts et à leur impact sur l'environnement[248].

4.8.1. Droits d'usage portant sur le domaine de l'État

L'article 23 du décret du 20 juillet 1900 sur le régime forestier autorise les indigènes à continuer d'exercer dans les bois et forêts du domaine, les droits d'usage dont ils jouissent à cette époque. Ce droit

---

[246] Marronnage, affouage, pâturage, chasses, etc.

[247] « Les bois et forêts pourront être affranchis de tout droit d'usage au bois, moyennant un cautionnement qui devra être approuvé par le gouverneur » (décret du 20 juillet 1900 sur le régime forestier, art. 23, al. 2).

[248] Ils répondent assez bien au vœu formulé dans l'ouvrage publié sous la direction de P. Gény *et al.*, *Environnement et développement rural…*, op. cit., p. 214).

leur est confirmé par l'article 36 du décret du 18 juin 1912 qui précise que « ces droits, exclusifs de l'exploitation commerciale [...], se limitent à la satisfaction des besoins collectifs ou individuels des natifs [...]. Pour ce qui concerne la fabrication des pirogues, le lieutenant-gouverneur pourra prendre [...] les mesures qui paraîtront nécessaires pour prévenir la destruction inconsidérée des essences de valeur ». L'article 37 introduit une exception à ces dispositions, relative aux « palmiers et autres plantes dont les récoltes appartiennent traditionnellement aux collectivités indigènes, [qui] continueront à être exploitées commercialement par elles ». Ce droit d'usage souffre quelques restrictions dans le domaine de l'État : « la colonie a le domaine éminent sur tous les peuplements, qu'il s'agisse d'essences ligneuses, de caoutchoutiers et kolatiers ou de palmiers à huile ; les autochtones ont seulement, sur les essences ligneuses, des droits d'usage définis par l'article 36 [du décret du 18 juin 1912] et qui sont exclusifs de l'exploitation commerciale ou industrielle; ils ont, sur les palmiers à huile, peuplements de caoutchoutiers et kolatiers, des droits traditionnels de récolte ou d'exploitation commerciale; mais ces droits, aux termes de l'article 37 [du décret du 18 juin 1912], n'appartiennent qu'aux collectivités indigènes »[249].

Le terme « indigène » semble utilisé ici dans le sens restrictif de « né dans la colonie », que ne désavouent pas les tenant de la coutume : « les étrangers ne peuvent bénéficier du droit de récolte qu'avec l'autorisation de l'administration, dans les conditions qui seront fixées plus loin, lors de l'examen des articles 37 et suivants [du décret du 18 juin 1912]. En conséquence, tout étranger, pris en contravention de la réglementation qui interviendra par application des articles précités, tombe sous le coup des pénalités de l'article 3 »[250].

---

[249] Instructions et actes réglementaires pour l'application du décret du 18 juin 1912 sur le régime forestier, op. cit.

[250] Instructions et actes réglementaires pour l'application du décret du 18 juin 1912 sur le régime forestier, op. cit.

Décret du 18 juin 1912, article 3 : « L'abattage de bois et l'enlèvement de produits naturels faits dans les forêts du domaine sans autorisation du gouverneur ou de son délégué à ce désigné, même si ces forêts ou portions de forêts sont l'objet des exploitations prévues à l'article 2, constituent un délit forestier et seront punis d'un emprisonnement de un mois à un an et

En juin 1912, le rapport au président de la République[251] relève que le décret « [maintient] les droits des indigènes. Il consacre leurs droits d'usage tout en les réglementant, de manière à éviter le gaspillage des richesses naturelles de la forêt tropicale qui ne sont pas inépuisables ». L'article 46 du décret du 18 juin 1912 interdit aux collectivités indigènes de ne faire aucun débroussement dans les bois et forêts du Domaine sans avoir obtenu auparavant la concession dans les formes prévues à cet effet. Le décret du 4 juillet 1935 maintient les « droits d'usage coutumiers » des indigènes dans le Domaine forestier protégé[252] en même temps qu'il le restreint dans le Domaine classé[253]. Cette dernière disposition restreint celles, très larges, mentionnées antérieurement dans l'article 23 du décret du 20 juillet 1900 sur le régime forestier.

4.8.2. Conflits entre les droits d'usage et ceux des concessionnaires

L'arrêté du 8 juin 1907 organise une procédure administrative destinée à permettre aux chefs indigènes de formuler leurs objections à des demandes d'exploitation forestière. Les requêtes sont affichées pendant un mois[254]. Pendant ce délai, l'Administrateur informe les chefs indigènes des villages intéressés, de la demande d'exploitation forestière, et les invite à formuler, s'il y a lieu, leurs réclamations. Nous voyons ici la première application de ce qui deviendra l'enquête *de commodo et incommodo* préalable à l'attribution d'un permis temporaire d'exploitation. Les oppositions

---

d'une amende de 1 000 à 10 000 fr. Les bois ou produits feront retour à la colonie. La restitution de la valeur de ceux déjà enlevés et non retrouvés sera poursuivie par voie de contrainte, sans préjudice des dommages et intérêts. Si le délit est commis dans une portion de forêt temporairement concédée, la moitié des bois ou produits ainsi que des restitutions et dommages reviendra aux exploitants autorisés, et le tout aux acheteurs de coupes, s'il s'agit de produits aliénés par voie de vente de coupe ».

[251] *Présentation du décret 18 juin 1912 réorganisant le régime forestier* (Supplément au JOCI, n° 16, 31 août 1912, p. 458 à 461).

[252] Art. 12, al. 1er.

[253] Décret du 4 juillet 1935, art. 8.

[254] Arrêté du 8 juin 1907, art. 4.

qui [...] seraient déclarées par les chefs indigènes ou signifiées à l'Administrateur par d'autres ayants-droits sont mentionnées par lui à leur date sur un registre ouvert à cet effet[255]. L'Administrateur transmet au lieutenant-gouverneur le dossier complet de l'affaire, en y joignant son avis sur la suite à donner à la demande[256]. Le lieutenant-gouverneur statue sur la suite à donner sur toutes les demandes en conseil d'administration[257].

Une rédaction malheureuse de l'article 14 de l'arrêté du 8 juin 1907 néglige de réserver les droits des populations vivant dans les chantiers ou aux environs, relatifs à l'usage des pistes ouvertes par le titulaire de l'autorisation, alors que ce texte organise les relations entre ce dernier et les autres exploitants forestiers. Le décret du 18 juin 1912 autorise le gouverneur à « affranchir temporairement des zones déterminées de tout ou partie des droits d'usage au bois ou à la récolte des palmiers et autres plantes », au profit d'exploitants autorisés ou de concessionnaires provisoires des terrains domaniaux[258]. Le lieutenant-gouverneur peut accorder aux exploitants un usage exclusif d'installation dans un périmètre déterminé [...] sans que l'autorisation puisse être moindre de dix ans ni supérieure à vingt cinq ans[259]. Les autorisations ainsi accordées ne peuvent préjudicier aux droits d'usage ou d'exploitation commerciale reconnus aux indigènes, ni porter atteinte à la liberté commerciale reconnue auxdits indigènes[260].

4.8.3. Droits d'usage portant sur les forêts privées

L'article 23 du décret du 20 juillet 1900 sur le régime forestier autorise les indigènes à continuer d'exercer dans les bois et forêts appartenant à des particuliers, les droits d'usage dont ils jouissent à cette époque. Ce droit, qui restreint ceux liés à la propriété privée, a disparu des décrets du 18 juin 1912 et du 4 juillet 1935.

---

255 *Ibid.*, art. 5.
256 Arrêté du 8 juin 1907, art. 6.
257 *Ibid.*, art. 7, dernier alinéa.
258 Décret du 18 juin 1912, art. 38.
259 *Ibid.*, art. 40.
260 *Ibid.*, article 41.

CONCLUSION

L'ensemble de ce siècle qui va de 1893 à 1999 est marqué par l'ambiguïté des comportements, tant des colonisateurs que des premiers responsables politiques de la Côte d'Ivoire indépendante.

Le colonisateur est partagé entre le souci de diffuser une civilisation qu'il affirme libératrice[1], et la nécessité de confirmer une puissance contestée[2]. Il est donc alternativement conduit à des actions de « pacification » à l'encontre des peuples qui lui résistent et une politique de collaboration avec les autorités coutumières qui acceptent ses vues. En face, les populations refusent collectivement de participer au jeu des nouvelles institutions qu'elles subissent, tandis que quelques uns acceptent des « petits rôles » (interprète, chef de village désigné, etc) dont ils tirent profit, parfois même malgré la désapprobation de l'administration coloniale.

Le sol est première richesse spoliée par le colonisateur. Pour obtenir la colonisation paisible nécessaire au développement des entreprises, l'administration incorpore des règles coutumières dans ses préoccupations mais en exclut le fondement : « les pratiques culturales [et donc l'accès au foncier] visent à préserver les ressources naturelles, les sols d'abord »[3]. Il eut alors appartenu aux populations et « aux chefs qui les représentaient », de tirer profit des dispositions prises en leur faveur.

En 1959, De Gaulle, malgré l'attachement d'Houphouët-Boigny au maintien de la présence française dans le cadre d'une fédération que la Constitution de 1958 intitule « Communauté »,

---

[1] « Il est absolument nécessaire que notre intervention soit pour [les sociétés africaines] une cause et un élément de progrès et de bonheur » (Maurice Delafosse, *Sur l'orientation de la politique indigène de l'Afrique noire*, A.F., R.C., 1921, n° 6, p. 147).

[2] « Nous sommes bien forcés d'avouer que ce n'est pas l'altruisme qui nous a conduit en Afrique, au moins en tant que nation [...] Tantôt nous voulions assurer des débouchés à notre commerce ou des ressources de matières premières à notre industrie, tantôt nous éprouvions le besoin de protéger la sécurité de nos nationaux ou le besoin de ne pas nous laisser devancer par des rivaux étrangers » (Delafosse, *Sur l'orientation*..., op. cit., p. 146-147).

[3] Thérèse Pujolle, *L'Afrique noire*, Flammarion, Paris, 1994, p. 21.

estime nécessaire de mettre fin à la colonisation en raison des exigences d'amélioration de leurs conditions de vie, formulées par les ressortissants de territoires d'outre-mer : « Quand nous nous sommes installés en Algérie, comme dans les autres colonies, nous avions la perspective d'exploiter les matières premières qui dormaient jusque là, de mettre en culture des marécages ou des plateaux arides. Nous pouvions espérer un rapport très supérieur au coût de l'installation. A cette époque-là, l'appât du gain était masqué par la proclamation d'un rôle qu'on nous présentait comme un noble devoir. Nous apportions la civilisation.

Mais, depuis la première guerre et surtout depuis la seconde, les coûts d'administration se sont aggravés. Les exigences des indigènes pour leur progrès social se sont élevées ; et c'est parfaitement naturel. Le profit a cessé de compenser les coûts. La mission civilisatrice, qui n'était au début qu'un prétexte, est devenue la seule justification de la poursuite de la *colonisation.* Mais puisqu'elle coûte si cher, pourquoi la maintenir, si la majorité de la population n'en veut pas ? »[4].

La fin de la colonisation, désirée par certains en ce qu'elle ramènerait l'ordre ancien, laisse la place à une situation politique toute nouvelle : le pouvoir doit s'imposer tant à l'encontre des « libéraux » qui désirent instaurer sans retard le parlementarisme, que des « traditionalistes » qui veulent récupérer leurs pouvoirs au prix de la dislocation du pays.

Plus occupé à préserver son trône qu'à élaborer une législation conforme aux traditions du pays, le nouveau pouvoir conserve la plus grande partie du droit hérité du colonisateur. Les effets de cette préservation d'un droit sans relation avec les mœurs, les aspirations de la population, et ses conséquences néfastes à la forêt, sont analysés dans un prochain ouvrage :

FORET ET INSTITUTIONS IVOIRIENNES - LA FORÊT, MIROIR DES POLITIQUES

---

[4] Alain Peyrefitte, *C'était de Gaulle,* Fayard, Paris, 1994, t. I.

ANNEXES

I - LES TRAITÉS DE PROTECTORAT

En 1832, dans la Côte de l'Or, future Côte d'Ivoire, le roi Piter cède les comptoirs d'Assinie, de Grand-Bassam et de Dabou. Au plan juridique, la période qui va de 1838 et 1853[1] est caractérisée par la signature des multiples traités de protectorat: les rois et les chefs coutumiers conservent l'autorité sur leurs populations et leurs terres. Par contre dès 1869 est créé un service des Douanes de Grand Bassam; le drapeau français est seul admis; le Représentant de la France règle les litiges entre européens et autochtones. Les établissements successivement implantés sont côtiers: pour les populations locales, la différence est peu sensible avec le style des relations qui avait marqué la période précédente; elles ne pressentent pas que l'immixtion plus directe de l'État français leur enlève toute autonomie.

En 1842-43 sont signés les traités de protectorat sur le pays d'Assinie (Krinjabo), sur les populations ébriées de la lagune de Grand Bassam et sur le royaume abouré (Bonoua, Moosou). Le comptoir d'Assinie, Fort Joinville : un blockhaus de bois, est fondé en juin-juillet 1843 sur le royaume d'Atacla, en même temps que celui de Grand-Bassam, Fort Nemours, également en bois.

Le traité franco-anglais du 29 mai 1845 reconnaît la souveraineté française sur Sassandra, Fresco, Lahou, Jacqueville, etc.

D'autres traités de protectorat sont conclus entre 1845 et 1882, relatifs à Grand-Béréby[2] :

- en 1852, les Attiés, les M'batos et les Adioukrous entrent en relation avec les français.
- en 1868 sont signés les traités de protectorat sur Grand-Béréby, Petit-Béréby et Bassam.

---

[1] Répertoire des archives françaises - Série G: politique et administration générale - Sous-Série 5G: affaires politiques, administratives et musulmanes: Côte d'Ivoire 1838-1919 - référence: 13-G 4 bis.

[2] Répertoire des archives (op. cit.) : 13-G 6.

Le traité passé le 22 avril 1852 entre la France et le Roi d'Adfaré[3] sur cette dernière *Trade-town*, ce qui souligne l'importance du commerce aux yeux des européens. Le texte de ce traité est sensiblement identique à celui passé le 20 avril 1852 avec les Chefs du pays des Jacks dont un extrait figure ci-après.

L'année 1887 permet à Treich-Laplene, envoyé en mission auprès du roi de l'Abron et du Bondoukou à l'instigation du lieutenant-gouverneur Bayol, de signer, avec les chefs des pays traversé, des traités de protectorat, d'amitié et de commerce parmi lesquels il convient de citer[4] :

- traité avec le roi de Bettié, 13 mai 1887
- traité avec le roi de l'Indénié, 25 juin 1887
- traité avec le roi de l'Alangoua, 13 juillet 1887
- traité avec Yacassé, 21 juillet 1887
- traité avec Cottocrou, 23 juillet 1887.

Le 13 novembre 1888, Treich-Laplene, de retour à Bondoukou à la demande du Ministre de la Marine, à la rencontre de Binger, fait signer le 26 décembre par le roi abron, Adjoumani, le traité plaçant tout le royaume sous le protectorat de la France. L'année suivante sont signés :

- le traité avec les États de Kong, 10 janvier 1889
- le traité avec le Djimini, 26 janvier 1889
- le traité avec l'Anno, 8 février 1889.

A titre d'exemple, nous transcrivons un extrait de trois traités de protectorat :

Extrait du « traité passé à Akaville le 22 avril 1844 avec le roi Aka pour une cession de territoire et la reconnaissance de la souveraineté de la France »

Art. 1er - La souveraineté du territoire du roi Aka, situé entre les royaumes d'Atacla et du Grand Bassam, est concédée pleine et entière au roi des Français.

---

[3] Declercq, *Recueil des traités de la France*, tome 15, Supplément, 1713-1866, p. 390-391.

[4] Ministère de l'Intérieur, *Assinie et sa région dans l'histoire*, Archives Nationales, Abidjan, 1973, p. 71.

Art. 2 - Le roi Aka cède en toute propriété aux Français, les terrains qui leur conviendraient pour bâtir telle fortification qui leur plaira.

...

Art. 5 - En échange des concessions stipulées, il sera accordé au roi Aka une coutume annuelle composée de : 6 fusils ; 6 barils de poudre ; 6 pièces d'étoffe ; 2 barriques d'eau de vie de 225 litres chacune. Cette coutume sera payée tous les deux mois.

Fait et conclu en présence des soussignés à Akaville, le 22 avril 1844 »[5].

Extrait du « traité passé le 20 avril 1852 entre la France et les chefs du pays des Jacks pour une cession de territoire et la reconnaissance de la souveraineté de la France »

« Entre M. Martin des Pallières, lieutenant au 3ème Régiment d'Infanterie de la Marine [...], et les chefs des villages dont les noms suivent [...] a été passé le traité dont la teneur suit :

Art. 1er - Considérant qu'il est de leur intérêt de se ranger sous la protection de la France et d'ouvrir avec elle des relations commerciales utiles, le Roi et les habitants des villages sus-mentionnés reconnaissent la souveraineté pleine et entière de la République française sur leur territoire en échange de sa protection.

Art. 2 - Le Roi et les habitants des villages sus-mentionnés adoptent les couleurs françaises à l'exclusion de toutes autres et s'engagent à expulser de chez eux quiconque s'y présenterait avec un autre pavillon ou des intentions hostiles aux intérêts français.

Art. 3 - Le Roi et les habitants des villages cèdent en toute propriété aux Français les terrains qui leur seront nécessaires pour bâtir telle fortification ou établissement qu'ils jugeront nécessaires, moyennant payement, d'après estimation de la valeur des dits terrains.

...

Art. 5 - Si quelques difficultés survenaient entre les habitants des dits villages, les traitants français de Grand Bassam ou les sujets français de la rive gauche de l'Ebrié, il en serait statué par le

---

[5] Declercq, *Recueil des traités de la France*, tome 15, Supplément, 1713-1866, p. 342-343.

Commandant du comptoir de Grand Bassam, lequel fera prompte justice des coupables de quelque côté qu'ils fussent.
Art. 6 - Le Roi et les habitants des dits villages s'engagent à toujours bien recevoir les Français qui viendront chez eux pour traiter ou pour tout autre motif et à leur prêter aide et assistance en cas de besoin.
Art. 7 - En échange de ces concessions, il sera accordé au Roi et aux habitants des dits villages, protection du comptoir et des bâtiments de guerre français.

Le dit traité lu et relu en français et en langue du pays[6] à bord de la goélette de guerre le *Marigot*, au mouillage devant chacun des dits villages, a été fait double et de bonne foi entre nous. Copie en a été délivrée à chacune des parties.

A bord du Marigot, le 20 avril 1852,
Le Commandant du comptoir fortifié de Grand Bassam
Signature et marque [des roi et chefs de village mentionnés]
L'agent de la maison Régis aîné, capitaine de l'Argus
L'agent de la maison Régis aîné, capitaine de l'Amitié »[7].

Extrait du « traité passé le 2 février 1869 à Alindja entre la France et Dirabou, roi de Grands Jack Jacks pour la reconnaissance de la souveraineté de la France »:

« Art. 1er - Le roi et les chefs de Grands Jack Jacks désirant mettre leur pays sous la protection de la France, concèdent la souveraineté pleine et entière de leur territoire à S. M. Napoléon III, Empereur des Français.
Art. 2 - Le pavillon français sera arboré sur tous les points où l'amiral commandant en chef le jugera nécessaire comme marque de souveraineté.

---

[6] Dans la mesure où les coutumes n'ont aucun point commun avec le droit romain, on peut difficilement imaginer ce que pouvait être la traduction "en langue du pays" des traités de protectorat: les langues vernaculaires ne comportent aucun mot propre à signifier la propriété, la vénalité des sols, etc.

[7] Declercq, *Recueil des traités de la France*, tome 15, Supplément, 1713-1866, p. 389-390.

Art. 3 - Le roi et les chefs cèdent en toute propriété aux français, les terrains qui leur seront nécessaires pour bâtir telle fortification ou établissement colonial qu'ils jugeront nécessaires.

...

Art. 5 - Lorsque des différents s'élèveront entre les gens du pays de Grands Jack Jacks et des Français ou étrangers, si l'affaire ne peut être arrangée à l'amiable, elle sera portée au tribunal du commandant supérieur de Grand Bassam qui jugera en dernier ressort sauf approbation de l'amiral commandant en chef.

Art. 6 - Tout bâtiment à quelque nation qu'il appartienne pourra traiter avec les pays de Grands Jack Jacks en se conformant aux différents arrêtés de l'amiral commandant en chef et moyennant un droit de douane de 4 % sur les marchandises exportées, fixé par le décret du 12 septembre 1868; ce droit sera perçu par les agents français à compter du 1er mai 1869.

Art. 7 - En échange de ces concessions, il sera accordé au roi et habitants de Grands Jack Jacks, protection du comptoir et des bâtiments de guerre français.

Ledit traité, lu et relu en langue française et en langue du pays, aura cours dès aujourd'hui. Il a été fait double et de bonne entre nous et copie a été délivrée à chaque partie.

A Alindja (Grands Jack jacks), le 2 février 1869 »[8].

---

[8] Declercq, *Recueil des traités de la France*, tome 15, Supplément, 1867-1886, p. 535-536.

II - LA RÉSISTANCE DES POPULATIONS

Les Sanwis (région d'Abengourou), signataires de traités reconnaissant la souveraineté de la France et qui ont promis de faciliter la traite de l'huile, considèrent que les Appoloniens sont des étrangers venus de la Gold Coast. Ces derniers, implantés sur le littoral, sont les intermédiaires entre les tribus de l'intérieur et les négociants qui débarquent périodiquement. L'implantation de factoreries permanentes à la suite de la signature de 1842-43 les prive de cette activité. Ils se soulèvent donc en 1852 et mettent le siège devant Grand Bassam. L'ordre n'est rétabli qu'au prix de dures interventions militaires. Pour prévenir un quelconque retour offensif, le capitaine Faidherbe construit un fort à Dabou (1853-58).

La colonne expéditionnaire qui a marché sur Kong est dissoute par arrêté local du 1er mars 1895[9], mais les troubles continuent.

La soumission des peuples de la bande côtière n'est partiellement acquise qu'en 1899. Ceux de la forêt, et particulièrement le pays baoulé, résistent plus longtemps à la pénétration et à la présence étrangère comme en témoignent les souvenirs des contemporains[10] et les dossiers d'archives :

- 1904-1905, cercle des Lagunes: rébellion des villages de M'Babou et d'Akuadio[11] ;
- 1905, opération contre les Agbas. Cette année est également marquée par l'organisation coloniale du pays Baoulé ;
- 1905-1906, soulèvement de Daloa et mort du commis Lecœur[12] ;
- 1907, tournée de police en pays Gouro ; mort du capitaine Caveng. Evénement de Daloa et d'Issia; mort du lieutenant Hutin. Attaque du convoi entre Bandama et Sinfra. Soumission des indigènes de Sablé ;

---

[9] J.O. de la Côte d'Ivoire, n° 3, mars 1895.

[10] F. J. Clozel, *Dix ans à la Côte d'Ivoire*, Challamel, Paris, 1906, p. 79 ; *La situation politique de la Côte d'Ivoire*, in *Bulletin du Comité de l'Afrique française*, n° 2, février 1910, p. 60-62.

[11] Répertoire des archives op. cit., référence 5-G 46.

[12] *Ibid.*, référence 5-G 54.

- 1907-1908, envoi de plusieurs colonnes militaires dans le Haut-Sassandra et le pays gouro[13] ;
- 1909, Assassinat du commis Gourgas ; tournée de police du capitaine Cahen - opérations dans la région d'Ossou.

La situation est tendue au point que le gouverneur Angoulvant demande qu'une compagnie d'infanterie lui soit dépêchée de Dakar, dont la mission est progressivement étendue[14]. Près de 1 400 hommes lui sont envoyés, tous sénégalais encadrés par des français[15]. Soulèvements et actions de police se succèdent :

- avril-mai 1909, tournée de police en pays Ayaou[16] ;
- novembre 1909, cercle de Lahou : attaque de l'administrateur Lahaye et de l'adjoint De Villers ;
- 1909-1910, cercle de Bassam : déportés politiques Anangou et Kakou[17] ;
- 1910, cercle des Lagunes : retour offensif des Abbeys ; attaque de la voie ferrée[18] coupée en vingt cinq points entre les kilomètres 24 et 42. Le pays Abbey « se soulève avec ensemble entre les kilomètres 40 et 120 »[19].

La « pacification » n'est définitivement acquise qu'en 1915 après que plusieurs « colonnes » aient parcouru le pays, détruit les villages et terrorisé les populations. G. Angoulvant, qui rejette « l'absurdité » de la « pénétration pacifique »[20] tentée par F. J. Clozel, consacre de nombreuses pages à ces opérations. On peut se demander par quelle aberration lui a été attribué le boulevard qui forme l'arrête axiale du Plateau.

Une circulaire du ministre des Colonies, du 6 novembre 1928[21] « accorde le bénéfice de la campagne de guerre au personnel colonial [...] ayant servi en Côte d'Ivoire [de 1908 à 1912 inclus] »,

---

[13] *Ibid.*, référence 5-G 56.

[14] *Ibid.*, référence 5-G 52.

[15] Jean Suret-Canale, *Afrique noire, l'ère coloniale 1900-1945*, op. cit., p. 133.

[16] Répertoire des archives (op. cit.): référence 5-G 52.

[17] *Ibid.*, 5-G 45.

[18] *Ibid.*, référence 5-G 47.

[19] *Revue indigène* n° 46, février 1910.

[20] G. Angoulvant, *La pacification de la Côte d'Ivoire*, Larose, Paris, 1916.

[21] JOCI du 15 janvier 1929, p. 2.

ce qui permet d'imaginer ce que furent les opérations. En effet, le bénéfice de campagne de guerre est attribué en considération « des faits qui auraient pu constituer l'état de guerre, les fatigues, les dangers, les pertes du corps expéditionnaire, etc »[22].

[22] *Le ministre de la Marine et des Colonies aux préfets maritimes et à M. le vice-amiral gouverneur et commandant en chef en Cochinchine*, 11 mai 1867, *Bulletin officiel de la Marine*, tome 10, 1866-1871, p. 186 ; *ministre de la Marine à M. le Gouverneur du Sénégal et dépendances*, 23 octobre 1866, même ouvrage, p. 102.

III - JUSTICE INDIGÈNE

Sans constituer une histoire de la justice indigène, le texte ci-après énumère les principales dispositions qui l'ont jalonnée.

Décret du 20 mai 1857 : tout indigène, après cinq ans de séjour dans les villes du Sénégal, peut se faire inscrire sur les listes électorales. Cette disposition s'applique tant aux Noirs qui proviennent de la colonie française que de ceux « provenant des pays anglais ou portugais [...] alors que leur qualité d'étrangers est évidente »[23].

28 Juin 1881 : adoption du *Code de l'indigénat* initialement appliqué en Algérie, étendu à l'ensemble des colonies en 1887. Notamment, il assujettit les colonisés au travail forcé tant au profit de l'administration qu'à celui des colons, à l'interdiction de circuler la nuit, aux réquisitions, à l'impôt de capitation (abrogé en Côte d'Ivoire en 1960) sur les réserves. Il s'agit d'un recueil de mesures discrétionnaires destiné à faire régner le «bon ordre colonial», celui-ci étant basé sur l'institutionnalisation de l'inégalité et de la justice. Ce code est sans cesse « amélioré » de façon à adapter les intérêts des colons aux « réalités du pays ». Le *Code de l'indigénat* distinguait deux catégories de personnes: les « citoyens français » (de souche métropolitaine) et les « sujets français ». Seuls ces derniers étaient soumis au *Code de l'indigénat*. Leur statut personnel qui déterminait les **coutumes sur le fondement desquelles ils étaient jugés**, était d'origine religieuse ou coutumière. Ce Code est aboli par la loi du 7 avril 1946.

Décret du 11 mai 1892 portant organisation du service de la justice dans la colonie de la Guinée française et dépendances, précédé d'un rapport au Président de la République[24]. Ce décret abroge le décret du 15 mai 1889 en ce qu'il a de contraire aux nouvelles dispositions.

---

[23] Conseil général, *Procès-verbal de la séance du 10 mars 1882*, in *Moniteur du Sénégal et dépendances* n° 1411, 16 janvier 1883, p. 148.
[24] JORF n° 135 du 17 mai 1892, p. 2442-2444.

Il organise les juridictions chargées de traiter les affaires dans lesquelles sont impliqués des européens ou assimilés. Il maintient les juridictions indigènes existantes tant pour le jugement des affaires civiles entre indigènes que pour la poursuite des contraventions et délits commis par ceux-ci envers leurs congénères[25]. Cette justice avait été instituée pour la première fois au Sénégal par le décret du 20 mai 1857, en ce qui concerne les tribunaux musulmans.

Décret du 16 septembre 1896 portant réorganisation du service de la Justice à la Côte d'Ivoire[26]:
Art. 1er - La colonie de Côte d'Ivoire cesse de relever du point de vue judiciaire, du Conseil d'appel de la Guinée française.
Art. 2 - Il est institué dans la colonie de la Côte d'Ivoire, une justice de paix à compétence étendue dont le siège est fixé à Grand-Bassam.
Art. 27 - Sont maintenues les **juridictions indigènes** actuellement existantes tant pour le jugement des **affaires civiles entre indigènes** que pour la poursuite des contraventions et délits commis par ceux-ci envers leurs congénères.

Décret du 6 août 1901 portant organisation de la Justice en Guinée, Côte d'Ivoire et au Dahomey[27].

Rapport au président de la République suivi de deux *décrets du 10 novembre 1903*[28] 1° portant réorganisation du service de la justice dans les colonies relevant du gouvernement général de l'Afrique occidentale; 2° [...]. Le premier décret distingue :
- les tribunaux français[29],
- la justice indigène[30].

---

[25] Décret du 11 mai 1892, article 27.
[26] JORF du 20 décembre 1896, Recueil Duvergier, p. 346-349.
[27] Roger Villamur, *Les attributions judiciaires des administrateurs et chefs de poste en service en Afrique*, Pédone, Paris, 1902.
[28] JORF n° 319 du 24 novembre 1903, p. 7094 à 7097 ; *Bulletin officiel du ministère des colonies*, 1903, n° 1 à 12 et numéro spécial, Paris, Imprimerie Nationale, 1904,: n° 258, p. 943 à 963.
[29] Décret du 10 novembre 1903 portant réorganisation du service de la justice dans les colonies relevant du Gouvernement général de l'AOF, Titre II, articles 3 à 34.

La composition des tribunaux qui relèvent de cette dernière, diffère selon que le justiciable est, ou non, musulman : « dans les affaires concernant les individus qui ont conservé le statut indigène et relatives aux questions qui intéressent l'état civil, le mariage, les successions, les donations et les testaments, les tribunaux ou la cour s'adjoignent un **assesseur musulman ou non musulman, suivant la qualité des parties**. La compétence de ces tribunaux n'inclut ni le droit foncier ni le droit forestier, matières qui ne relèvent que de la justice française (voir les chapitres 3 et 4). Ils procèdent et jugent dans ces cas, soit suivant la loi coranique, soit suivant les **coutumes locales** »[31]. « Dans les pays de statut musulman, l'un des deux notables qui assistent le président du tribunal indigène de province, est un cadi »[32].

Une seconde caractéristique des tribunaux indigènes, est la place attribuée à des personnes qui *ne sont pas des magistrats*:

- le pouvoir de conciliation confié au *chef de village*[33],
- la présidence du tribunal de province et du tribunal de cercle confiée à des *administrateurs,*
- les pouvoirs attribués aux lieutenants-gouverneurs et au gouverneur général en matière pénale.

Rapport au Président de la République et *décret du 7 octobre 1917* « destiné à constituer en quelque sorte le Code de l'indigénat de l'AOF et à marquer un progrès par rapport à la réglementation antérieure »[34].

Août 1932, loi visant à faciliter l'accès à la citoyenneté française des Africains qui le souhaitent. Cette mesure n'a qu'une portée limitée et en 1937, l'ensemble de l'AOF ne compte encore que 72 000 indigènes citoyens français, en majorité originaires des

---

[30] Décret du 10 novembre 1903 portant réorganisation du service de la justice dans les colonies relevant du Gouvernement général de l'AOF, Titre V, articles 46 à 77.

[31] Décret du 10 novembre 1903, article 29.

[32] *Ibid.*, Titre V, article 49.

[33] *Ibid.*, Titre V, article 47.

[34] JORF, 15 décembre 1917, n° 340, p. 10188-10190.

quatre communes du Sénégal (Saint-Louis, Gorée, Rufisque et Dakar).

Décret du 20 novembre 1932 concernant la justice musulmane et l'assessorat indigène auprès des juridictions de droit français en AOF, précédé d'un rapport au président de la République[35]: « l'institution des tribunaux musulmans manifeste le souci, traditionnel dans notre politique coloniale, de **réserver aux indigènes l'usage de leurs coutumes** [...] Grâce à ces dispositions, les autochtones ont la faculté de porter leurs différends devant les tribunaux de première instance, sans renoncer à leurs coutumes »[36].

Les *décrets du 26 juillet 1944* réorganisant les juridictions indigènes en matière civile, disposent que la procédure est précédée d'une tentative de conciliation obligatoire par le chef de village ou un notable. Chaque juridiction du premier degré est présidée par un chef ou notable indigène assisté de deux assesseurs qui représentent les coutumes des parties. Un tribunal d'appel siège au chef-lieu de chaque territoire, présidé par un magistrat, assisté de deux administrateurs et de deux notables indigènes.

Décret n° 45-177 du 3 février 1945 modifiant l'organisation de la justice en AOF (JORF, 1945, p. 540).

Décret n° 45-1738 du 6 août 1945 tendant à modifier le décret du 26 juillet 1944 modifiant le décret du 3 décembre 1931 réorganisant la justice en AOF (JORF, 1945, p. 4903).

Décret n° 45-2336 du 12 octobre 1945 portant extension aux non-citoyens de l'AOF électeurs à l'assemblée élue le 21 octobre 1945 des dispositions du décret du 19 avril 1939 modifiant la compétence *ratione personnae* des juridictions de l'AOF (JORF, 1945, page 6496).

Loi du 7 avril 1946 abolissant le *Code de l'indigénat*. La taxe de capitation survit en Côte d'Ivoire jusqu'en 1960. Au Cameroun,

---

[35] JORF n° 276, 26 novembre 1932, p. 12309-12310.
[36] Extrait du rapport au président de la République.

elle est abolie pour les femmes en 1997 ; elle continue d'être perçue dans ce pays sur les hommes à raison de 1 000 FCFA en milieu urbain et de 500 FCFA parmi les ruraux. Au Sénégal, la taxe de capitation est perçue sous le nom d'*impôt minimum fiscal* sur toute personne âgé de quatorze ans au moins, à l'exception des élèves ; en zone rurale cet impôt est dénommé *taxe rurale*. Au Mali, l'impôt de capitation a été aboli en 1992 ; au Burkina Fasso, il a été aboli le 4 août 1985.

Constitution française du 27 octobre 1946 : Tous les ressortissants des *territoires d'outre-mer*[37] reçoivent le statut de citoyen.

---

[37] Préambule, § 16 : « La France forme avec les peuples d'outre-mer une Union fondée sur l'égalité des droits et des devoirs, sans distinction de race ni de religion ».
Article 80. - Tous les ressortissants des territoires d'outre-mer ont la qualité de citoyen, au même titre que les nationaux français de la métropole ou des territoires d'outre-mer. Des lois particulières établiront les conditions dans lesquelles ils exercent leurs droits de citoyens.

IV - QUELQUES COUTUMIERS

En 1900, le capitaine Lemaguer rédige une notice sur le Baoulé[38]. L'arrêté Clozel du 14 janvier 1901 nomme « une commission à l'effet de réunir et de codifier les coutumes en usage devant les juridictions indigènes de la [Côte d'Ivoire] »[39]. Le 29 mars 1901, la circulaire Clozel précitée souligne le rôle attribué à l'introduction des tribunaux indigènes dans le régime judiciaire de la Côte d'Ivoire. Elle exclut l'éventualité de leur suppression « parce que les magistrats français se trouveraient empêchés d'appliquer aux populations autochtones leurs coutumes, que le gouvernement de la République [française] s'est **engagé à respecter** en tout ce qui n'est pas contraire à l'humanité ». Cette circulaire expose le rôle que s'attribue le colonisateur dans la connaissance et l'évolution des coutumes et l'objectif qu'il s'assigne : il s'agit de mettre fin à « l'arbitraire auquel se livrent certains juges », d'améliorer les coutumes « avec le concours des natifs eux-mêmes » pour « rendre ces règles progressivement plus conformes à notre civilisation et aux principes du droit naturel, source de la législation positive ». La transcription et la publication des coutumes « consacrent des avantages immédiats aux justiciables » et servent de base à « œuvre de réorganisation judiciaire ». Pour canaliser la collecte des informations confiée aux Administrateurs de la colonie, un questionnaire leur est diffusé, comprenant trois parties :

- I Droit civil ;
- II Droit criminel ;
- III Organisation judiciaire et procédure ».

Elle recommande aux destinataires de ne pas se limiter aux points précisés dans ce canevas mais d'y adjoindre toutes communications portant sur « les institutions et usages des tribus ». Cet important travail aboutit à la publication en 1902, par Clozel et Villamur, d'une étude des *Coutumes indigènes de la Côte d'Ivoire*

---

[38] *Répertoire des archives.....*, op. cit., 1-G 250.

[39] Arrêté du 14 février 1901 in *Histoire et coutumes...*, tome I, op. cit., pages 49 et 50.

puis, en 1904 d'un précis écrit par Villamur et Delafosse[40] : *Coutumes rédigées et codifiées d'après les documents officiels les plus récents*. D'autres publications suivent .

- André, *Le droit privé des Sénoufos du Kénédougou* (Cercle de Sikasso)[41] ;
- Hugues, *Le domaine et la propriété foncière en Afrique occidentale française*, Recueil Dareste, 1918, 2 et suivants ;
- Hugues, *La question du domaine et de la propriété foncière en Afrique occidentale française*, in *Bulletin du Comité d'études historiques et scientifiques de l'AOF*, 1920, p. 508 ;
- F. de Coutouly, *Quelques coutumes des Kroomen du Bas-Cavally*, in *Bulletin du Comité d'études historiques et scientifiques de l'AOF*, 1920, p. 79 ;
- Vincenti, *Coutumes Attié*, in *Bulletin du Comité d'études historiques et scientifiques de l'AOF*, 1921, p. 58 ;
- Moussa Travele, *Abrégé de droit coutumier Bambara et Malinké*, 1923 ;
- Ferreol, *Mœurs et coutumes sénoufos*, *Bulletin du Comité d'études historiques et scientifiques de l'AOF*, 1924, p. 104.

Les archives françaises de 1921 comportent une monographie des cercles de la Côte d'Ivoire[42]. Le chapitre consacré à la Côte d'Ivoire dans « le coutumier juridique de l'Afrique Occidentale Française »[43], travail réalisé à partir de 1931 sur instructions du gouverneur général Brévié, ajoute la coutume des Bétés à celles précédemment décrites.

---

[40] Jean Suret-Canale relève la contradiction qui marque l'œuvre écrite de Maurice Delafosse, tout à la fois empreinte de sympathie pour l'Afrique noire et ses peuples, et souffrant de « falsifications destinées à voiler les aspects les plus monstrueux de la conquête, notamment dans la partie de l'Histoire des colonies qu'il rédigea sous la direction de Gabriel Hannoteaux » (Jean Suret-Canale, *Afrique noire, géographie, civilisation, histoire*, op. cit., p. 239).

[41] Thèse, Bordeaux, 1913.

[42] *Répertoire des archives.....*, op. cit., 1-G 352.

[43] E. Dunglas, *Coutumes et moeurs des Bété*, in *Coutumiers Juridiques de l'AOF*, Tome III, op. cit., p. 412-423

V – CONVENTIONS SOUSCRITES ENTRE LE SOUS-SECRÉTAIRE D'ÉTAT DES COLONIES ET VERDIER, NÉGOCIANT A LA ROCHELLE (extraits)

Delcassé, sous-secrétaire d'État des Colonies

Verdier, négociant à La Rochelle

Titre 1er

Article 1er - Pendant une durée de trente années et à l'exclusion de tout autre concessionnaire, [le] droit d'exploiter dans les bois dans les territoires de la Côte d'Ivoire, compris entre le rive droite de la Rivière Tanoé (frontière anglaise) et la rive gauche de la Rivière Labou et délimitée au Nord par le parallèle 7°.

Article 2 - Le concessionnaire devra s'abstenir de toute exploitation dans la partie des forêts distante d'un kilomètre des villages et des surfaces cultivées par les indigènes. Les indigènes conserveront la faculté d'abattre des bois pour fabriquer des pirogues, même dans les endroits où le concessionnaire aura établi son exploitation.

Article 3 - [...]
- d'exécuter à ses frais les travaux auxquels l'exploitation donnera lieu.
- d'ouvrir des routes et de créer des voies de communication **en respectant les propriétés des indigènes et en accordant toute liberté de circulation aux commerçants européens ou indigènes** qui auraient à en faire usage.

Le concessionnaire [s'engage] à n'apporter aucune entrave à la culture et à la récolte des produits naturels compris dans le périmètre de son exploitation (huile et amandes de palme, caoutchouc, produits miniers, etc) et à n'apporter aucune restriction à la liberté du commerce qui est entière sauf pour l'exportation des bois entre Newton et Lahou.

Article 4 - [...] dans les limites de la concession indiquée à l'article 2, ... [à] entreprendre des exploitations agricoles, industrielles et minières, sur tous les terrains qui ne seront pas déjà exploités ou n'auront pas été l'objet d'une concession.

[...] « la propriété définitive » des « terrains qui seront mis en exploitation effective ».

Article 5 - [Cet article fixe le montant de la redevance due par le concessionnaire, soit 5 000 F or par an et 3 F-or par bille de bois exportée[44]. On peut qu'approuver l'opinion exprimée par Jean Suret-Canale[45] qui estime que ces redevances sont insignifiantes. A titre de comparaison, on note que la SODEFOR vend sur pied, en 1993, des essences moins prisées que ne l'étaient les acajous de fort diamètre, à la fin du XIXème siècle à un prix moyen de l'ordre de 2 000 F par m3. L'aniégré, commercialement comparable à l'acajou de cette époque, peut atteindre, en 1993, 100 000 F CFA par m3 lorsqu'il est exempt de « grains de riz »].

Article 6 - [...] à peine de déchéance, [à] constituer dans le délai d'un an à partir de l'approbation du présent cahier des charges, une société en commandite ou anonyme au capital de deux millions..." [Mais, prudemment, l'appel à l'épargne publique est interdit à cette société].

[...] son siège en France et son conseil d'administration [doivent] comprendre uniquement des membres français.

Le Personnel européen nécessaire pour assurer l'exploitation sera exclusivement composé de personnes de nationalité française.

Article 7 - La déchéance serait prononcée si le concessionnaire ne commençait pas l'exploitation dans le délai d'un an ou si dans la période suivante, il ne donnait pas à cette exploitation le développement que comporte l'importance de la concession qui lui est accordée. L'exploitation serait considérée comme insuffisante si

---

[44] Le Napoléon, pièce de 20 F-or, cotait 338 FF le 10 février à Paris. Sur cette base, la taxe annuelle correspond à 422 500 F CFA de 1993 et le droit par bille, à 2 535 F CFA, soit, environ 600 F CFA par m3.

[45] J. Suret-Canale, *Afrique noire, l'ère coloniale 1900-1945*, op. cit., p. 31.

la moyenne des bois exploités annuellement n'atteignait pas 2 500 stères pendant les cinq premières années de la concession [...]

Titre 2

Concession à M. Verdier sur la plage et le territoire de Petit Bassam, d'une superficie de cent hectares environ, comprenant un kilomètre sur la plage et limitée au Nord par la lagune, en prévision de la reconstruction de tout ou partie des factoreries ou magasins de la maison Verdier sur un emplacement autre que celui qu'ils occupent aujourd'hui.

La délimitation de cette concession sera faite d'accord entre le concessionnaire et l'administration locale qui réservera les terrains dont elle pourrait avoir besoin pour les services de la Colonie.

Cette concession sera nulle et non avenue si, dans les deux ans qui suivront l'approbation du présent cahier des charges, M. Verdier n'a pas créé des installations suffisantes pour qu'elle [sic] puisse être considérée comme réellement utilisée pour les besoins de son commerce ou de son industrie.

M. Verdier ne pourra aliéner tout ou partie de cette concession qu'avec l'autorisation de l'Administration.

Convention additionnelle (destinée à rester secrète)

M. Verdier s'engage à créer des comptoirs commerciaux à Kong et à Bettié.

Pendant une période de sept ans à compter de la création de ces comptoirs ou tout au moins de l'un d'eux, l'administration lui versera, pour le défrayer de ses frais et risques, une subvention égale à la moitié des droits de douane qui auront été perçus sur les marchandises par lui importées dans ces comptoirs.

« La quantité des marchandises introduites et le montant des subventions à payer seront constatés » par le représentant de l'administration à Kong et à Bettié « sur la présentation de déclarations visées par le service des douanes au moment de l'acquittement des droits. Les subventions ainsi payées à M. Verdier ne pourront en aucun cas dépasser annuellement 50.000 francs[46] pour les deux comptoirs à créer à Kong et à Bettié ».

[46] A titre de comparaison, en 1900, l'amende pour défaut d'enlèvement des billes abattues s'élevait à 20 F par bille ; en 1912 est instituée une redevance de 1.250 franc-or pour chaque chantier de 2.500 ha. Cette subvention aurait représenté le prix de 2.500 billes ou de 40 chantiers.

VI - DÉCISION COMMERCIALE DE GUERRE ET CONCURRENCE

Le décret du 10 septembre 1915 et l'interdiction qu'il édicte, font naître, chez les exportateurs français, la crainte qu'une telle mesure, si elle n'est pas imitée par le gouvernement britannique, ait pour effet de privilégier le marché de Liverpool: l'acajou expédié vers l'Angleterre risque d'être réexpédié vers l'Amérique. Un télégramme du 10 mars 1916[47], provenant de Dakar et destiné au lieutenant-gouverneur à Bingerville, est destiné à apaiser partiellement cette inquiétude : « il est possible que l'exportation de bois durs soit interdite en Angleterre comme elle l'est en France mais importation ou entrée en Angleterre est vraisemblablement libre – Clozel ». Le contrôle de l'administration sur les exportations d'acajou donne lieu à de nombreux télégrammes[48]. En outre, la guerre de course entreprise par l'Allemagne, en raréfiant les « vapeurs », oblige l'administration à prendre des dispositions supplémentaires. Un télégramme officiel du 31 mai 1916[49], adressé à la Chambre de Commerce de Bassam, l'informe que des « prorogations [de] délais pour embarquement bois à destination Amérique » seront accordées par le lieutenant-gouverneur même « lorsque [les] expéditions n'auront pu avoir lieu dans le délai voulu cause manque vapeurs ».

---

[47] N° 124.

[48] Voir en ce sens les télégrammes des 19-01-1917 (n° 55) et 29-01-1917 (n° 78).

[49] N° 92 A°.

VII - LITIGE AVEC L'ARMATEUR BRITANNIQUE ELDER

La Grande Guerre fait, de l'acajou, un produit stratégique, peut-être en raison de la place qu'il occupe encore dans la construction navale: les archives ont trace d'achats d'acajou effectués par l'Amirauté Britannique[50].

La « guerre de course » que mène l'Allemagne dès les débuts du premier conflit mondial raréfie les navires marchands.

En 1916-1917, la compagnie de navigation britannique Elder boycotte les maisons françaises de Côte d'Ivoire et limite ses embarquements aux bois présentés par deux de ses filiales et par des Appoloniens qu'elle rétribue. Les archives d'Abidjan possèdent un volumineux dossier sur cette affaire.

Vizioz[51], président de la Chambre de Commerce de Grand-Bassam, envoie, au nom de cette dernière, au « Gouverneur Général Dakar » une dépêche qui semble datée de 1916: « Avons vif regret vous signaler que Compagnie Elder parait décidée boycotter tous expéditeurs français bois Côte Ivoire. Depuis plus de deux mois est mis index l'unique exportateur français du moment sans donner motif en premier lieu et ensuite prétexta avoir chargé sur voilier neutre. Mais trois autres maisons françaises ayant obtenu depuis permis exportation elle donna ordre son agent par câble des 17 et 18 juillet et 4 août qui nous furent communiqués réserver place sur bateau Palma allant Amérique uniquement maisons anglaises. Suite intervention maisons françaises et Gouvernement local agent accorda cependant place. Sommes donc fondés penser que boycottage systématique continuera. Suite extrême limitation

---

[50] Lettre du Directeur du wharf de Bassam au Lieutenant-gouverneur à Bingerville, n° 399, du 22 octobre 1917, portant sur 10.000 tonnes (Archives Nationales de C.I., Abidjan, 3 RR 152); Lettre du Directeur du wharf de Bassam au Lieutenant-gouverneur à Bingerville, n° 464, du 13 décembre 1917 portant sur 8.000 tonnes (Archives Nationales de C.I., Abidjan, 3 RR 152).

[51] J. Vizioz était associé dans la société Ch. Cousin et J. Vizioz de Grand Bassam et l'un des continuateurs des affaires Verdier.

exportation en Angleterre et impossibilité expédier en France, seul le marché américain reste ouvert et Compagnie Elder étant seule à nous relier avec Amérique[52], maisons françaises se verront par suite obligées abandonner leurs affaires bois maisons anglaises. Vous signalons qu'aucune maison anglaise n'exploite de chantier et ne paye de ce fait aucune redevance à Colonie. Vous serions vivement reconnaissant bien vouloir soumettre cas département pour obtenir intervention urgente. Attirons également votre attention sur fait qu'Elder n'accepte pour Angleterre que bois coupés avant guerre de cette façon seuls les Appoloniens qui laissent plusieurs années leurs billes sur chantier lorsqu'ils ne les abandonnent pas totalement et seules deux maisons anglaises agents d'Elder qui subventionnent ces Appoloniens[53], peuvent charger et profiter excellents cours actuels du marché anglais. Ignorons pas que Gouvernement anglais imposa limitation importation bois Royaume Uni mais si Ministère Affaires Étrangères lui faisait remarquer que en limitant simplement tonnage mensuel sans indication date abattage il obtiendrait résultat identique sans léser aucun exportateur, sans doute Gouvernement anglais s'empresserait donner satisfaction. Ne croyons pas inutile signaler que les huit vapeurs allemands saisis Cameroun par troupes et marins [de] France [ou] anglais ont été remis compagnie Elder ».

Le Lieutenant-gouverneur Angoulvant s'investit dans ce conflit aux côtés de ses compatriotes et écrit le 10 juillet 1916 au représentant à Dakar de la société de navigation *Elder, Dempster et Cie* pour lui rappeler que « l'administration française s'est toujours efforcée de témoigner le même bienveillant appui aux compagnies de navigation anglaises et françaises qui desservent la côte occidentale d'Afrique et de faciliter les opérations de vos nationaux installés en nos possessions avec autant d'empressement que s'il s'était agi d'intérêts exclusivement français ». Il n'y a pas de traces de la fin de cette affaire aux archives d'Abidjan. L'entrée en guerre des États-Unis en avril 1917, rétablit ce circuit commercial.

---

[52] Les États-Unis sont encore neutres à cette époque.

[53] Cette relation entre exploitants africains et négociants européens est également évoquée par le rapport daté de 1925, intitulé *Les bois à la Côte d'Ivoire* : « c'était surtout les traitants noirs, de nationalité anglaises pour la plupart, qui abattaient les bois et venaient revendre les billes aux commerçants européens » (p. 9, archives d'Abidjan VI-12-214).

VIII - « CAPTIFS » LIBÉRÉS AU SÉNÉGAL, AU COURS DE L'ANNÉE 1883

M = Masculin F = Féminin

Date de publication de l'état dans le *Moniteur du Sénégal et dépendance*	Captifs de 5 ans au plus	Captifs de 6 ans à 20 ans	Captifs de 21 ans et plus
N° 1415, 15 février 1883, pp. 54-56	F = 5 (la plus jeune a 2 mois) M = 2 (le plus jeune a 6 mois)	F = 12 M = 11	F = 20 M = 10
N° 1417, 27 février 1883, pp. 44-45	F = 6 (la plus jeune a 2 mois environ ») M = 5	F = 5 M =10	F = 24 M = 18 (le plus âgé « 60 ans environ »[54])
N° 1421, 27 mars 1883, pp. 62-63	F = 2 M =3 (dont 1 fille et 1 garçon de « 1 an environ »)	F = 9 M = 10	F = 11 M = 21
N° 1422, 3 avril 1883, pp. 66-67	F = 1 (la plus jeune, elle a 4 mois) M = 9 environ »)	F = 12 M =15	F = 21 M =16

[54] Les tableaux en notre possession n'indiquent jamais un âge supérieur à « 60 ans environ ».

N° 1423, 10 avril 1883, pp. 70-71	F = 11 (la plus jeune a 3 mois environ ; deux autres ont 5 et 6 mois environ) M =3	F = 6 M = 14	F = 26 M =18
N° 1425, 24 avril 1883, pp. 82-83	F = 5 (la plus jeune a « 4 mois environ ») M = 5	F = 8 M = 7	F = 18 (dont une personne de « 25 mois environ » « Livrée à elle-même ») M = 11
N° 1426, 1er mai 1883, pp. 87-88	F = 5 (la plus jeune a « 2 mois environ » ; elle est « confiée à sa mère ») M =3	F = 7 M = 3	F = 12 M =18
N° 1428, 8 mai 1883, pp. 92-93	F = 1 M = 4	F = 5 M = 4	F = 21 M = 13
N° 1434, 12 juin 1883, pp. 117-118	F = 1 M = 2	F = 4 M = 9	F = 13 M = 12
N° 1435, 19 juin 1883, p. 121	F = 1 M = 1 (« 6 mois environ)	F = 2 (dont « Livrée à elle-même, femme du sous-lieutenant Mandienque ») M = 4	F = 4 M = 12

N° 1436, 26 juin 1883, pp. 151-152	F = 1 M = 2	M = 1	F = 5 M = 1
N° 1446, 4 septembre 1883, pp. 196-197	F = 8 M = 3	F = 9 M = 3	F = 13 M =8
N° 1447, 11 septembre 1883, pp. 200-202	F = 7 M = 6	F = 7 M = 10	F = 28 M = 7
N° 1449, 25 septembre 1883, pp. 210-211	F = 1 M = 1	F = 5 M = 7	F = 14 M = 12
N° 1450, 2 octobre 1883, p. 216	F = 1 M = 1	F = 7	F = 10 M = 14
N° 1458, 27 novembre 1883, p. 272	F = 1 M = 3	F = 5 M = 4	F = 6 M = 4
N° 1460, 11 décembre 1883, p. 280	F = 3 M = 1	F = 3 M = 2	F = 6 M = 5
N° 1461, 18 décembre 1883, pp. 285-286	F = 2 M = 2	F = 2 M = 3	F = 6 M = 6
Totaux % du total	118 15 %	225 28 %	464 57 %
F = 429 (53 %) M = 378 (47 %)	F = 62 M = 56	F = 109 M = 116	F = 258 M = 206

A plusieurs reprises, des garçons on filles de 18 ans sont « livrée à eux-mêmes » alors que la majorité n'est alors qu'à 21 ans.

BIBLIOGRAPHIE

Ouvrages généraux

40 ans. 1946-1986. Il y a 40 ans naissait le PDCI, Fraternité-Hebdo, Abidjan, s.d.

Among d'Aby J. F., *Coutumes religieuses et coutumes juridiques des Agnis de la Côte d'Ivoire*, Larose, Paris, 1960

Bayard Jean-Pierre, *Le compagnonnage en France*, Payot, Paris, 1990

Bechmann Roland, *Influence des facteurs du milieu sur l'architecture, exemple de l'architecture gothique*, - thèse, Paris VII, 1978

Bechmann Roland, *Les racines des cathédrales : l'architecture gothique, expression des conditions du milieu*, Payot, Paris, 1981

Bloch Marc, *La lutte pour l'individualisme agraire*, in *Annales d'Histoire Économique et Sociale*, 1930

Bourde M., *Agronomie et agronomes en France au XVIIIème siècle*, Paris-Sorbonne, thèse de doctorat ès-lettres

Chapus René, *Valeur juridique des principes généraux du droit*, Dalloz, Paris, 1966

Dollfus Charles et **Geoffry Edgard**, *Histoire de la locomotion terrestre*, Tome 1, *Les chemins de fer*, L'Illustration, Paris, 1935

Duby Georges, *Le temps des cathédrales*, N.R.F., Paris, 1976

Encyclopædia universalis, 1980

Ferro Marc (dir.), *Le livre noir du colonialisme*, Hachette, Paris, 2004

France Anatole, *Le mannequin d'osier*, Calmann-Lévy, Paris, 1907

France Anatole, *Sur la pierre blanche*, Calmann-Lévy, Paris, 1926

Garnier-Pagès, Louis-Antoine, *Histoire de la Révolution de 1848*, Degorce, Paris, s.d.

Gaudio Affilio et **Roekeghem Patrick**, *Etonnante Côte d'Ivoire*, Karthala, Paris, 1984

Grande encyclopédie, inventaire raisonné des sciences, des lettres et des arts (La), par une société de savants et de gens de lettres, 1885-1902, Société anonyme de la Grande Encyclopédie, Paris

Guernier Eugène, *L'Afrique, champ d'expansion de l'Europe*, Saint-Dizier, Armand Colin, 1933

Guide des sources de l'histoire de l'Afrique, 3, *France, Archives*, UNESCO, 1971

Guide des sources de l'histoire de l'Afrique, 4 – France, Sources de l'histoire de l'Afrique au sud du Sahara dans les archives et bibliothèques françaises, II Bibliothèques, UNESCO, 1976

Hegel Friedrich, *Phénoménologie de l'esprit*, Aubier, Paris, 1991

Juglas J.-J., *Géographie économique, produits alimentaires, sources d'énergie, matières premières, voies de communication*, Foucher, Paris, 1948

Lisette Yeyon et **Dumas Marc** [textes de Gabriel Lisette réunis et présentés par], *Le R.D.A. et le Tchad, histoire d'une décolonisation*, Présence Africaine et Les Nouvelles Éditions Africaines, Paris, Dakar, Abidjan, 1986

Loukou, Jean Noël, *Histoire de la Côte d'Ivoire*, CEDA, Abidjan, 1984.

Markale Jean, *Le druidisme*, Payot, Paris, 1985

Maurel Paul, *Colonies françaises et Pays de protectorat. exposition Universelle et Internationale de Liège en 1905*, Liège. Exposition Internationale de Liège, 1905,

Rials Stéphane, *La déclaration des droits de l'homme et du citoyen*, Hachette, Paris, 1988

Sala-Molins Louis, *Le Code Noir ou le calvaire de Canaan*, PUF, Paris, 1987

Toubabou (Le), *Le millefeuille ivoirien, un héritage de contraintes*, L'Harmattan, Paris, 2005

Ouvrages spécialisés

Ageron Charles-Robert, *L'anticolonialisme en France de 1871 à 1914*, PUF, Paris, 1973

Ageron Charles-Robert, *France coloniale ou parti colonial*, PUF, Paris, 1978

Ageron Charles-Robert, *La perception de la puissance française en 1938-1939, le mythe impérial*, Revue française d'histoire d'outre-mer, n° 254, 1er trimestre 1982
Ageron Charles-Robert et **Michel Marc**, *L'Afrique noire française : l'heure des indépendances*, CNRS, Paris, 1992
Amon D'aby François-Joseph, *La Côte d'Ivoire à travers la cité africaine*, 1950
Amon D'aby, *Croyances religieuses et coutumes juridiques des Agnis de Côte d'Ivoire*, Larose, Paris, 1960
Angoulvant Gabriel, *La pacification de la Côte d'Ivoire 1908-1915, méthodes et résultats*, Larose, Paris, 1916
Atger Paul, *La France en Côte d'Ivoire de 1843 à 1893, cinquante ans d'hésitations politiques et commerciales*, Dakar, Université, Publications de la section d'histoire, 1962
Aubréville André, *La forêt de la Côte d'Ivoire : essai de géographie forestière : rapport de mission de M. Aubréville*, Comité d'études historiques et scientifiques de l'Afrique Occidentale Française, extrait du *Bulletin du Comité* ..., t. 15, 1932, fascicules 2 et 3, Dakar
Augé Marc, *Théorie des pouvoirs et idéologie*, Flammarion, Paris, 1975
Augé Marc, *Pouvoirs de vie, pouvoir de mort*, Flammarion, Paris, 1977
Augé Marc, *Génies du paganisme*, Gallimard, Paris, 1982
Augé Marc, *Le Dieu objet*, Flammarion, Paris, 1988
Bachelet Michel, *Systèmes fonciers et réformes agraires en Afrique Noire*, Paris, 1968
Bertin André (Commandant), *Mission d'études forestières envoyée dans les colonies françaises par les ministères de la Guerre, de l'Armement et des Colonies, I. Les bois de la Côte d'Ivoire*, Larose, Paris, 1918
Binet J., *Note sur le régime successoral en Côte d'Ivoire*, Penant, n° 706, Paris, 1965
Binger Louis-Gustave, *Du Niger au Golfe de Guinée par le pays de Kong et de Mossi (1887-1889)*, Hachette, Paris, 1892
Bohn Frédéric, *Compagnie française de l'Afrique occidentale*, Rapport adressé à M. Cotemme, Conseiller d'État, Président de la Commission des concessions coloniales, Marseille, 1900

Boisdon Daniel, *Des institutions de la République française et de l'Union française*, Conférence prononcée au Musée de la France d'Outre-Mer, 20 juin 1953, Centre culturel, universitaire et d'Outre-Mer, Paris, 1953
Bonnecase,. *Les étrangers et la terre en Côte d'Ivoire à l'époque coloniale*. Travaux et documents RÉFO n° 2, IRD, Montpellier, 2001
Bouche Denise, *Les villages de liberté en AOF*, (s.l.n.d.)
Bouche Denise, *Quatorze millions de français dans la fédération de l'AOF ?* Revue française d'histoire d'outre-mer, n° 255, 1982
Bouche Denise, *Histoire de la colonisation française*, Tome second, *Flux et reflux (1815-1962)*, Fayard, Paris, 1991
Brasseur Paule, *Pluridisciplinarité et politique au Soudan français: la mission des "compétents techniques" du général de Trentinian, 1898-1899, Société de l'homme et conquête coloniale. Constitution et usage des sciences humaines en Afrique [XIXème et XXème siècle]*, Presse de l'Ecole Normale Supérieure, Paris, 1980
Braudel Fernand, *Ecrits sur l'Histoire*, Flammarion, Paris, 1969
Brenier Henri, *La politique coloniale de la France*, 17 décembre 1923, Société des Anciens Elèves et Elèves de l'Ecole Libre des Sciences Politiques, extrait : *Les ressources des colonies françaises et leurs débouchés*, Librairie Félix Alcan, Paris
Brunschwig Henri, *L'avènement de l'Afrique Noire du XIXème siècle à nos jours*, Armand Colin, Paris, 1963
Brunschwig Henri, *Noirs et Blancs dans l'Afrique Noire française ou comment le colonisé devient colonisateur (1870-1914)*, Flammarion, Paris, 1983
Brunschwig Henri, *L'Afrique Noire au temps de l'Empire français*, Destins croisés/Dénoël, Paris, 1988
Bulletin officiel du ministère des colonies, 17ème année, 1903, tome 17ème, n° 1 à 12 et numéro spécial, Paris, Imprimerie Nationale, 1904
Bulletin officiel du ministère des colonies, 31ème année, 1917, tome 31ème, n° 1 à 12, Paris, Imprimerie Nationale, 1918
Bulletin officiel du ministère des colonies, 49ème année, 1935, tome 49ème, n° 1 à 12, Paris, Imprimerie Nationale, 1936
Cangah C., préface à *Histoire et coutumes de la Côte d'Ivoire, Monographie des cercles, Cercle des Lagunes, les Ébriés*, tome I, Abidjan

Challaye Félicien, *Souvenirs sur la colonisation* [messages d'Alain, d'André Gide, Paul Langevin, Romain Rolland], Édité par des amis; 1935
Chevalier Auguste, *La forêt vierge de la Côte d'Ivoire*, Masson, Paris, 1908
Chevalier Auguste, *Mission Chari-lac Tchad (1902-1904) : l'Afrique centrale française, récit de voyage de la mission*, A. Challamel, Paris, 1907
Chevalier Auguste, *Géographie botanique. L'extension et la régression de la forêt vierge de l'Afrique tropicale*, Gauthier Villard, Paris, 1909
Chevalier Auguste, *Botanique. Les ressources forestières de la Côte d'Ivoire (Résultats de la mission scientifique de l'AOF : excitants, gommes et résines diverses*, Gauthier Villard, Paris, 1910
Clozel François-Joseph et **Roger Villamur**, *Les coutumes indigènes de la Côte d'Ivoire*, A. Challamel, Paris, 1902
Cohen William Benjamin, *Empereurs sans sceptres : histoire des administrateurs de la France d'Outre-Mer et de l'École Coloniale*, Berger-Levrault, Paris, 1973
Compagnie d'équipement international, *Région du Sud-Ouest, République de Côte d'Ivoire, Première étude de planification*, volume 5, *Thèse provisoire de développement harmonisé, Objectifs et postulats politiques et sociaux*, Paris-Abidjan, 1960
Conrad Joseph, *Au coeur des ténèbres*, Flammarion, Paris, 1989
Coulibaly S., *Le régime foncier d'hier à aujourd'hui en pays Sénoufo*, mémoire et documents de l'IGI, n° 62, Abidjan 1985
Daget Serge, *La France et l'abolition de la traite des noirs de 1814 à 1831*, Thèse pour le doctorat de 3ème cycle, Paris-Sorbonne, Centre d'Études Africaines, Paris, 1969
Dareste Pierre, *Le régime de la propriété foncière en Afrique Occidentale Française, Union coloniale française* in *Recueil de législation, doctrine et jurisprudence coloniale*, Tome XI, Marchal et Billard, 1908
De Benoist Joseph Roger, *L'AOF de 1944 à 1960*, Les nouvelles éditions africaines, Dakar, 1983
Declercq, *Recueil des traités de la France*, tome 15; Supplément, 1713-1866, Ministère des Affaires étrangères, Paris

Declercq, *Recueil des traités de la France*, tome 15, Supplément, 1867-1886
Delafosse Louise, **Delafosse Maurice**, *Le Berrichon conquis par l'Afrique*, Société française d'histoire d'outre-mer, Abbeville, 1977
Delafosse Maurice, *Les noirs de l'Afrique*, Payot, Paris, 1922
Delafosse Maurice, *Histoire des colonies françaises*, sous la direction de Gabriel Hanotaux et Alfred Martineau (Tome V : AOF), Paris, Plon, 1931
Delafosse Maurice, *Sur l'orientation de la politique indigène de l'Afrique noire*, AF, RC, 1921
Delavignette Robert, *Exposition coloniale internationale de Paris. Commissariat général. Afrique occidentale française*, Société d'éditions géographiques, maritimes et coloniales, Paris, 1931
Delavignette Robert et **Julien Charles-André**, *Les constructeurs de la France d'outre-mer*, Correa, Paris, 1946
Delavignette Robert, *Faidherbe*, in *Les techniciens de la colonisation XIXe-XXe siècle*, sous la direction de Ch.-A. Julien, PUF Paris, 1946
Délos Joseph-Th. (Père), *L'expansion coloniale est-elle légitime ?* in *Les semaines de Marseille*, XXII, 1930
Dronne Raymond, *Vie et mort d'un empire, la décolonisation*, France-Empire, Paris, 1989
Dubief Henri et **Borne Dominique**, *Nouvelle histoire de la France contemporaine. La crise des années trente: 1929-1938*, Seuil, Paris, 1976
Ducrocq T., *Cours de droit administratif*, 1897-1905, Thorin, Tome IV
Duez Paul, *La responsabilité de la puissance publique (en dehors du contrat)*, Dalloz, Paris, 1938
Dunglas E., *Coutumes et mœurs des Bété*, in *Coutumiers Juridiques de l'AOF*, Larose,-Paris, 1939
Dupire Michel, *Planteurs autochtones et étrangers en basse Côte d'Ivoire*, Études éburnéennes, VIII, Abidjan, 1960
Duvergier J.-B., *Collection complète des lois, décrets, ordonnances, règlements et avis du Conseil d'État, de 1788 à 1836 inclusivement par ordre chronologique, publiée sur des éditions officielles, continuée depuis 1836 et formant un volume chaque année*, 1900, Sté du recueil général des lois et des arrêts, Paris, s.d.

Folliet Joseph, *Le droit de la colonisation*, Cerf, 1936
Folliet Joseph, *Le travail forcé aux colonies*, Paris, 1936
Forgeron J. B., *Le protectorat en Afrique Occidentale Française et les chefs indigènes*, Y. Cadoret, Bordeaux, 1920
Garrier Claude, *L'abolition de l'esclavage : du mythe de 1848 à la victoire de 1905... 1946*, in *Sociétés africaines et diaspora*, n° 11, septembre 1998
Garrier Claude, *Forêt et institutions ivoiriennes - La forêt, miroir des politiques*, L'Harmattan, Paris, 2006
Guédé Lorougnon, *Quelques exemples de règlements de conflits fonciers dans la région de Gagnoa* ,ORSTOM, Petit-Bassam, 16-1-GUE, 1, 1982
Guerry Vincent, *La vie quotidienne dans un village Baoulé*, INADES, Abidjan, 1970
Guillaume Pierre, *Le monde colonial XIXe-XXe siècle*, Armand Colin, Paris, 1974
Harrison Robert, *Forêts, essai sur l'imaginaire occidental*, Flammarion, Paris, 1992
Hilaire Jean (Général), *Du Congo au Nil. Ouadaï... cinq ans d'arrêt !* ASCG, Marseille, 1930
Holas Bohumil Théophile, *Les Sénoufos (y compris les Minianka)*, PUF, 1966
Holas Bohumil Théophile, *L'image du monde bété*, PUF, 1968
Holas Bohumil Théophile, *Tradition krou*, Nathan, Paris, 1980
Huffel Georges, *Économie forestière*, Laveur, Paris, 1913
Jamain, E., *Introduction à l'histoire précoloniale du pays neyo d'après la tradition* orale, ORSTOM, Petit Bassam, 1973.
Joré Léonce et Saint-Martin Yves, *Le colonel de cavalerie Henri Philibert Canard, 1824-1894, spahi et gouverneur du Sénégal*, Revue française d'histoire d'outre-mer, n° 223, 1974
Joseph Gaston, *La Côte d'Ivoire, le pays, les habitants*, Larose, Paris, 1917
Julien Charles-André, *Introduction, coloniaux et colonisation*, in *Les techniciens de la colonisation, XIXème-XXème siècles*, PUF, Paris, 1946
Labouret Henri, *A la recherche d'une politique indigène dans l'Ouest africain*, Comité de l'Afrique française, Paris, 1931

Lampué P., *La promulgation des lois et des décrets dans les Territoires d'Outre-mer*, in *Annales Africaines*, 1956, n° 1
Landraud Micheline, *Justice indigène et politique coloniale. L'exemple de la Côte d'Ivoire*, in *Recueil Penand, revue de droit des pays d'Afrique*, n° 759, janvier-février-mars 1978, p. 5 à 41 et *Recueil Penand...*, n° 760, avril-mai-juin 1978
Legré Okou Henri, *Les conventions indigènes et la législation coloniale [1893-1946]*, Neter, Abidjan, 1994
Lemarignier Jean-François, *La France médiévale, institutions et société*, Armand Colin, Paris, 1970
Leroy-Beaulieu Paul, *De la colonisation chez les peuples modernes*, Paris, Guillaumin et Cie, 1908
Luchaire François, *Manuel de droit d'outre-mer, Union française, Afrique du nord, Territoires d'outre-mer, Indochine*, Sirey, Paris, 1949
Luchaire François, *Droit d'Outre-Mer*, PUF, Paris, 1959
Marseille Jacques, *Empire colonial et capitalisme français, histoire d'un divorce*, Albin Michel, Paris, 1986
Meillassoux Claude, *Essai d'interprétation du phénomène économique dans les sociétés traditionnelles d'autosubsistance*, Cabinet d'études africaines, Paris, 1960
Meillassoux Claude, *Anthropologie économique des Gouro de Côte d'Ivoire, de l'économie de subsistance à l'agriculture commerciale*, Mouton, Paris, La Haye, 1964
Ministère des Colonies, *Conférence Africaine Française, Brazzaville, 30 janvier 1944/8 février 1944*, Paris, 1945
Ministère de l'Intérieur, *Assinie et sa région dans l'histoire*, Archives Nationales de Côte d'Ivoire - Abidjan, 1973
Ministère de l'Intérieur, *Grand-Bassam, Bingerville, Abidjan, recherche d'une capitale*, Archives Nationales de Côte d'Ivoire - Abidjan, 1974
Mouezy Henri (Père), *Les origines de la Côte d'Ivoire, AOF : Assinie et le royaume de Krinjabo, histoire et coutumes*, Paris, Larose, Paris, 1953
Nguyen Victor, *Aux origines de l'Action Française, intelligence et politique à l'aube du XXème siècle*, Fayard, Paris, 1991
Paulme, D., *Une société de Côte d'Ivoire : Les Bété*, Mouton, Paris, 1962.

Penant, *Recueil général de jurisprudence, de doctrine et de législation coloniale, la tribune des colonies et des protectorats*, volume XII, articles 1803 à..., Paris, 1903

Picciola André, *Missionnaires en Afrique : l'Afrique Occidentale de 1840 à 1940*, Denoël, Paris, 1987

Piétri François, *Veillons au salut de l'Empire*, Éditions de France, Paris, 1937

Pujolle Thérèse, *L'Afrique noire*, Flammarion, Paris, 1994

Rambaud Alfred, *Les nouvelles colonies de la République française*, Armand Colin, Paris 1889

D'Aubigny Ch., *Recueil de jurisprudence coloniale en matière administrative, civile et criminelle, contenant les décisions du Conseil d'État et les arrêts de la Cour de Cassation*, tome 1, *Décisions du Conseil d'État, 1816-1861*, Impr. Impériale, Paris, 1861

Renault François, *L'abolition de l'esclavage au Sénégal, l'attitude de l'administration française [1848-1905]*, Société française d'histoire d'outre-mer et Librairie orientaliste Paul Geuthner S.A., Paris, 1972

Répertoire des archives [françaises], Série G : politique et administration générale, Sous-série 5G : *Affaires politiques, administratives et musulmanes : Côte d'Ivoire 1838-1919*

Rivaud Albert, *Platon, oeuvres complètes*, tome X, *Timée-Critias*, Sté d'Édition « Les belles lettres », Paris, 1925

Rouard de Card E., *Les traités de protectorat conclus par la France en Afrique, 1870 – 1895*, A. Pédone, Paris, 1897

Rougérie Gabriel, *Les pays Agni du Sud-Est de la Côte d'Ivoire forestière, essai de géographie humaine*, Institut Français d'Afrique Noire, centre de la Côte d'Ivoire, Mâcon, Abidjan, 1957

Sarraut Albert, *La mise en valeur des colonies françaises*, Payot, Paris, 1923

Schoelcher Victor, *Esclavage et colonisation*, PUF, Paris, 1948

Schwartz Alfred, *La vie quotidienne dans un village guéré*, INADES, Abidjan, 1975

Sénégal et dépendances, *Table générale des actes intéressant la colonie et insérés au Journal et au Bulletin Officiels du Sénégal, au bulletin administratif de Gorée, etc... de 1819 à 1859 inclus*, Saint-Louis, Impr. du Gouvernement, s.d.

Solus Henri, *Traité de la condition des indigènes en droit privé*, Sirey, Paris, 1927
Suret-Canale Jean, *Afrique Noire occidentale et centrale, géographie, civilisation, histoire*, Éd. Sociales, Paris, 1961
Suret-Canale Jean, *Afrique noire, l'ère coloniale 1900-1945*, Terrains/Éditions sociales, Paris 1962
Suret-Canale Jean, *Afrique noire, de la colonisation aux indépendances, 1945-1960*, Tome I, *Crise du système colonial et capitalisme monopoliste d'État*, Éd. Sociales, Paris, 1972
Suret-Canale Jean, *Essai d'histoire africaine, de la traite des noirs au néocolonialisme*, Problèmes/Éditions sociales, Paris, 1980
Table générale des actes intéressant la colonie [Sénégal] *et insérés au journal et au bulletin officiels du Sénégal, au bulletin administratif de Gorée, etc... de 1819 à 1859 inclus*, Saint-Louis, Impr. du Gouvernement - s.d.
Toubabou (Le), *Le millefeuille ivoirien – un héritage de contraintes*, L'Harmattan, Paris, 2005
Verdeaux François, *La filière bois à travers ses âges : une coupe longitudinale dans l'économie politique de la zone forestière ivoirienne*
Viard René, *Les Guérés, peuple de la forêt*, Société d'Editions géographiques, Paris, 1934.
Vico Giambattista, *La Science nouvelle*, Nagel, Paris, 1953
Villamur Roger, *Les attributions judiciaires des administrateurs et chefs de poste en service en Afrique*, Pédone, Paris, 1902

TEXTES LEGISLATIFS OU RÉGLEMENTAIRES DE DROIT COLONIAL

Ordonnance

Edit du Roi touchant la police des îles de l'Amérique Françoise « donné à Versailles au mois de mars 1685 » dit « Code Noir »

Lois

Loi du 30 ventôse, An XII (21 mars 1804) promulguant le Code civil des français
Sénatus-consulte du 3 mai 1854 soumettant au régime des décrets les colonies, autres que celles de la Martinique, de la Guadeloupe et de la Réunion
Loi de finance du 13 avril 1900 (Duverger, *Collection complète des lois décrets, ordonnances, règlements et avis du Conseil d'État, de 1788 à 1836 inclusivement par ordre chronologique, publiée sur des éditions officielles, continuée depuis 1836 et formant un volume chaque année*, 1900)
Loi du 5 juillet 1903 autorisant le Gouvernement de l'AOF à contracter un emprunt de 65 millions de francs pour exécuter divers travaux d'utilité publique et d'intérêt général (*Bulletin ... des Colonies*, 1903, n° 162)
Loi du 3 janvier 1924 confiant aux Chambres d'Agriculture, le soin de "grouper, coordonner, codifier, les coutumes et usages locaux à caractère agricole, qui servent habituellement de base aux décisions des tribunaux (D.P. 1924.4.346)
Loi du 11 avril 1946, portant abolition du statut de l'indigénat
Loi du 7 mai 1946, dite « loi Lamine Gueye »
Loi n° 46-860 du 30 avril 1946 tendant à l'établissement, au financement et à l'exécution de plans d'équipement et de développement des territoires relevant du ministère de la France d'outre-mer

Loi-cadre n° 56-619 du 23 juin 1956 autorisant le Gouvernement à mettre en oeuvre les réformes et à prendre les mesures propres à assurer l'évolution des territoires relevant du ministère de la France d'outre-mer (JORF n° 146, 24 juin 1956 ; JOAOF n° 2835, 13 juillet 1956), dite « loi Gaston Deferre »

Décrets

Décret des 26-29 germinal, an II (suppression des Compagnies à chartes)

Traité de Paris du 30 mai 1814 (restitution de ses colonies à la France)

Décret du 2 mars 1848 relatif aux concessions temporaires d'exploitation de forêts en Algérie

Décret du 27 avril 1848 portant abolition de l'esclavage

Décret du 1er août 1889 organisant politiquement et administrativement les Rivières du Sud, les Établissements français de la Côte de l'or et ceux du golfe du Bénin

Décret du 11 mai 1892 portant organisation du service de la justice dans la colonie de la Guinée française et dépendances (JORF n° 135, 17 mai 1892, p. 2442 à 2444)

Décret du 10 mars 1893 portant organisation des colonies de Guinée française, de la Côte d'Ivoire et du Golfe du Bénin (JORF n° 75, 17 mars 1893, p. 1378)

Décret du 21 octobre 1893 portant approbation de la convention passée le 20 septembre précédent avec Arthur Verdier

Décret du 16 septembre 1896 portant réorganisation du service de la justice à la Côte d'Ivoire (JORF, 20 décembre 1896, *Recueil Duvergier*, p. 346 à 349)

Décret du 31 juillet 1897 approuvant les conventions en date du 28 juillet 1897 passées avec la Compagnie Française de Kong et M. Verdier (*Archives d'Abidjan*, R 1897, Forêts)

Décret du 20 juillet 1900 portant régime forestier (JORF, 5 septembre 1900)

Décret du 20 juillet 1900 sur le régime de la propriété foncière (JORF, 5 septembre 1900, JOCI n° 20, 15 octobre 1900)

Décret du 20 juillet 1900 sur le Domaine public (JORF, 5 septembre 1900)

Décret du 30 août 1900 sur le régime des terres domaniales à la Côte d'Ivoire (JORF, 5 septembre 1900 ; Arrêté de promulgation du 8 octobre 1900, JOCI, 15 octobre 1900, n° 20)

Décret du 24 mars 1901 sur le domaine public et le régime des terres domaniales dans les colonies du Sénégal, de la Côte d'Ivoire...

Décret du 6 novembre 1903 autorisant l'ouverture des travaux de la première section du chemin de fer de la Côte d'Ivoire entre Abidjan et Ery Maconguié et de la coupure donnant accès au port projeté à Abidjan (JORF n° 307, 12 novembre 1903)

Décret du 10 novembre 1903 portant réorganisation du service de la justice dans les colonies relevant du Gouvernement général de l'Afrique occidentale (*Bulletin officiel du ministère des colonies*, 1903, tome 17ème, n° 1 à 12 et numéro spécial, Paris, Imprimerie Nationale, 1904)

Décret du 23 octobre 1904 établissant le régime du domaine public et des terres domaniales en AOF.

Décret du 12 décembre 1905 relatif à la répression de la traite [des esclaves] en AOF et au Congo français (D.P. 1907.4, table 23)

Décret du 2 mai 1906 instituant un mode de constatation écrite des conventions passées entre indigènes (JORF n° 123, 6 mai 1906)

Décret du 18 juin 1912 réorganisant le régime forestier (Supplément au JOCI, n° 16, 31 août 1912)

Décret du 10 septembre 1915 prohibant la sortie ainsi que la réexportation à la suite d'entrepôt, de dépôt, de transit et de transbordement, de divers produits (promulgué en AOF par arrêté du 2 octobre 1915)

Décret du 7 octobre 1917 portant réorganisation de la Justice en AOF (JORF, 15 décembre 1917, n° 340).

Décret du 13 juillet 1923, promulgué par arrêté du 17 août 1923, JOC.I 1923

Décret du 28 décembre 1923 instituant dans chaque Colonie [de l'AOF], un service chargé de tout ce qui concerne l'Agriculture, l'Élevage et les Forêts et des établissements agricoles chargés des recherches scientifiques et techniques se rapportant aux mêmes matières (promulgué par arrêté du 21 janvier 1924, JOCI 1924)

Décret du 29 septembre 1928, réglementant le domaine public et les servitudes d'utilité publique en AOF (JORF n° 257, 31 octobre 1928)

Décret du 25 novembre 1930, promulgué en Côte d'Ivoire par l'arrêté 2980 AP du 19 décembre 1930

Décret du 26 juillet 1932 portant réorganisation du régime de la propriété foncière en AOF (JORF des 1er et 2 août 1932)

Décret du 26 juillet 1932 portant réorganisation du régime de la propriété foncière en AOF

Décret du 20 novembre 1932 concernant la justice musulmane et l'assessorat indigène auprès des juridictions de droit français en AOF (JORF n° 276, 26 novembre 1932).

Décret du 4 juillet 1935 relatif au régime forestier de l'AOF (JOCI 1935, p. 760 ; *Bulletin officiel du ministère des colonies*, 1935, tome 49ème, n° 1 à 12, Paris, n° 426, p. 705 à 715)

Décret du 15 novembre 1935 portant réglementation des terres domaniales en AOF (JO AOF 1935 p. 1066 sqq)

Décrets du 26 juillet 1944 réorganisant les juridictions indigènes en matière civile

Décret n° 45-177 du 3 février 1945 modifiant l'organisation de la Justice en AOF (JORF, 1945, p. 540)

Décret n° 45-1352 du 18 juin 1945 instituant un code du travail indigène pour l'AOF (JORF n° 144, 20 juin 1945)

Décret n° 45-1738 du 6 août 1945 tendant à modifier le décret du 26 juillet 1944 modifiant le décret du 3 décembre 1931 réorganisant la Justice en AOF (JORF, 1945, p. 4903)

Décret n° 45-2336 du 12 octobre 1945 portant extension aux non-citoyens de l'AOF électeurs à l'assemblée élue le 21 octobre 1945 des dispositions du décret du 19 avril 1939 modifiant la compétence *ratione personnae* des juridictions de l'AOF (JORF, 1945, p. 6496)

Décret n° 45-0137 du 22 décembre 1945 portant suppression des sanctions ordinaires de l'indigénat (JORF, 1945, p. 8583)

Constitution française du 27 octobre 1946 (IVème République)

Décret n° 57-460 du 4 avril 1957 fixant les attributions des chefs de territoire, des conseils de gouvernement et des assemblées territoriales dans les territoires de l'AOF et de l'AEF (JORF n° 86, 11 avril 1957, p. 3863 sqq.).

Décret n° 57-461 du 4 avril 1957 déterminant les conditions d'institution et de fonctionnement des collectivités rurales en AOF et en AEF (JORF n° 86, 11 avril 1957, p. 3868 et 3869)

Arrêté ministériel

Arrêté du ministre de la Guerre du **2 décembre 1848** relatif aux concessions temporaires d'exploitation de forêts en Algérie (*Moniteur universel*... n° 342, 7 décembre 1848, p. 1)

Arrêté du 10 septembre 1893 réglementant le régime des concessions à la Côte d'Ivoire (*Bulletin officiel de la Côte d'Ivoire*, 1902, p. 84)

Arrêté ministériel du 29 janvier 1912 autorisant la substitution de la Compagnie Forestière de l'Afrique française, société anonyme au capital de 2 millions de francs entièrement souscrit en espèces, à la précédente société civile, conformément aux dispositions de l'article 3 du décret du 2 mai 1910 modifié par l'article 1er du décret du 11 avril 1911, après avis émis par la commission des concessions coloniales dans sa séance du 12 décembre 1911

Arrêté du ministre des colonies Louis Rollin, 1er mai 1933 (*Bulletin officiel du ministère des colonies*, 1935, n° 1 à 12, Paris, 1936; n° 283, p. 475 et 476)

Arrêtés locaux et décisions

Arrêté du 5 novembre 1830 modifié par le décret du 1er octobre 1897, promulguant le Code Civil au Sénégal

Arrêté local du 20 avril 1896 fixant les attributions du Cabinet du Gouverneur et du Secrétariat Général de la Côte d'Ivoire (JOCI n° 4, avril 1896, p. 2)

Arrêté du 29 juillet 1896 modifié par l'arrêté du 31 juillet 1897 (JOCI n° 8bis, 1er août 1897, p. 4)

Arrêté du 22 décembre 1897 instituant à partir du 15 janvier 1898, un droit de sortie sur les billes de bois

Arrêté portant organisation du Service des Travaux Publics de la Côte d'Ivoire (JOCI n° 5, mai 1897, p. 2)

Arrêté du 13 septembre 1900 organisant le flottage des billes d'acajou (JOCI, 15 septembre 1900, p. 4)

Arrêté du 14 janvier 1901 nommant « une commission à l'effet de réunir et de codifier les coutumes en usage devant les juridictions indigènes de la [Côte d'Ivoire] » (*Histoire et coutumes de la Côte d'Ivoire, Monographie des cercles, Cercle des Lagunes, les Ebriés*, tome I, p. 49 et 50)

Arrêté du 27 avril 1901 portant régime des concessions rurales de 10.000 hectares et au dessus (JOCI, 30 avril 1901, p. 4)

Arrêté du 14 février 1901 nommant une commission, chargée de réunir et de codifier les coutumes en usage devant les juridictions indigènes (*Histoire et coutumes de la Côte d'Ivoire, Monographie des cercles, Cercle des Lagunes, les Ebriés*, tome I, p. 49 et 50)

Arrêté du 14 juin 1906 portant réglementation du diamètre des billes admises à circuler dans l'intérieur de la Côte d'Ivoire

Arrêté du 8 juin 1907 réglementant l'exploitation des essences forestières (JOCI du 15 juin 1907, p. 148 à 150)

Arrêté du 2 mai 1910 autorisant la Cie Forestière de l'Afrique Française à exploiter les forêts de la Côte d'Ivoire

Arrêté du 12 mars 1912 portant création d'un service forestier à la Côte d'Ivoire

Arrêté n° 292 bis du 15 avril 1912 réglementant l'exploitation des essences forestières dans la colonie de Côte d'Ivoire (Supplément au JOCI, 18ème année, n° 16, 31 août 1912, p. 462 à 471)

Arrêté n° 321 du 23 avril 1912, relatif au contrôle de l'exécution par la Cie Forestière de l'Afrique française

Arrêté du 23 juin 1912 relatif aux exploitations temporairement autorisées (Supplément au JOCI, 18ème année, n° 16, 31 août 1912, p. 472 et 473)

Arrêté n° 736 du 22 août 1912 autorisant la Cie Forestière de l'Afrique Française à établir chemin de fer d'exploitation à voie étroite sur les voies publiques et sur la passerelle Milliès-Lacroix

Arrêté n° 737 du 23 août 1912 réglementant à la Côte d'Ivoire l'obtention et l'utilisation d'autorisations temporaires et personnelles d'exploitation sur 2.500 hectares et d'exploration de portions de forêts (JOCI n° 16, 31 août 1912, p. 473 à 479)

Arrêté du 18 décembre 1912 organisant la constatation des plantations (JOCI n° 1077 F, 18 décembre 1912)

Arrêté n° 197 du 28 février 1913 approuvant les statuts de l'« Association des exploitants forestiers européens et indigènes de la Côte d'Ivoire et des négociants en bois de la colonie »
Arrêté n° 678 F du 16 août 1917 permettant l'exploitation à prix avantageux des bois dont la France peut avoir besoin tant pour la reconstruction des immeubles des départements envahis que pour le rétablissement des voies ferrées (JOCI 1917, p. 354)
Arrêté n° 1071 A du 18 décembre 1919 fixant les conditions de paiement de la taxe d'abattage
Arrêté du 7 octobre 1920 modifiant le diamètre minimum des essences pouvant être abattues (JOCI n° 748 F, 7 octobre 1920)
Arrêté 960 SF du 3 juillet 1926 modifiant la taxe de redevances pour permis d'exploitation forestière
Décision n° 71 SF du 11 janvier 1929 (JOCI, 15 janvier 1929, p. 4)
Arrêté n° 141 SF du 18 janvier 1929 réservant une forêt dans le cercle de Sassandra (JOCI n° 2, 31 janvier 1929, p. 65)
Arrêté n° 148 S.F. du 21 janvier 1929 réservant une forêt dans le cercle des Lagunes (JOCI n° 2, 31 janvier 1929, p. 67)
Arrêté n° 200 A.G. du 31 janvier 1929 réservant le massif forestier de l'Orumbo-Bocca (JOCI n° 3, 15 février 1929, p. 101)
Arrêté n° 286 S.F. du 14 février 1929 réservant une forêt dans le cercle des Gouros (JOCI n° 4, 28 février 1929, p. 127)
Arrêté n° 391 S.F. du 4 mars 1929 réservant une forêt dans le cercle de l'Indénié (JOCI n° 5, 15 mars 1929, p. 159)
Arrêté n° 392 S.F. du 4 mars 1929 réservant une forêt dans le cercle des Gouros (JOCI n° 5, 15 mars 1929, p. 159)
Arrêté n° 395 S.F. du 4 mars 1929 réservant une forêt dans le cercle de l'Indénié (JOCI n° 5, 15 mars 1929, p. 159)
Arrêté n° 477 S.F. du 20 mars 1929 réservant une forêt dans le cercle de l'Agnéby (JOCI n° 6, 31 mars 1929, p. 187)
Arrêté n° 483 S.F. du 20 mars 1929 réservant une forêt dans le cercle des Lagunes - agrandissement de la forêt réservée Banco (JOCI n° 6, 31 mars 1929, p. 187)
Arrêté n° 999 S.F. du 23 mai 1929 réservant une forêt dans le massif boisé de Singrobo (JOCI n° 10, 31 mai 1929, p. 315)
Arrêté n° 1455 S.F. du 5 août 1929 réservant une forêt dans le cercle des Lagunes (JOCI n° 15, 15 août 1929, p. 516)

Arrêté du 19 août 1929 attribuant une concession de grande étendue à la société « Forestière Équatoriale » (JOCI n° 18, 30 septembre 1929, p. 638)
Arrêté n° 1865 A. G. du 7 octobre 1929 réservant une forêt dans le cercle d'Agnéby (JOCI n° 19, 15 octobre 1929, p. 675)
Arrêté n° 1866 S.F. du 7 octobre 1929 réservant une forêt dans le cercle d'Agnéby (JOCI n° 19, 15 octobre 1929, p. 676)
Arrêté n° 1893 A.G. du 11 octobre 1929 réservant une forêt dans les cercles de Man et Sassandra (JOCI n° 20, 31-10-1929, p. 698)
Arrêté n° 2282 S.F. du 16 décembre 1929 réservant une forêt dans le cercle du Bas-Cavally (JOCI n° 24, 31 décembre 1929, p. 830)
Arrêté du 29 avril 1933 accordant à la société Union Tropicale de Plantation, la concession définitive d'un terrain rural de 3.905 hectares, 32 ares, dans la savane de Dabou (JOCI 1933, p. 492)
Arrêté local n° 3206 du 10 octobre 1934 (JOCI 1935, p. 64) portant constitution de l'administration indigène en Côte d'ivoire
Arrêté n° 4055 AG du 24 décembre 1935 prononçant l'occupation pour cause d'utilité publique des terrains [de divers] villages sis dans l'emprise [de la] voie ferrée [...] et détenus selon la coutume par les indigènes

Circulaires

Circulaire du 18 août 1896, du Gouverneur Louis Mouttet, rappelant aux administrateurs, l'obligation d'adresser mensuellement un rapport spécial sur la situation politique et économique (JOCI n° 8, août 1896, p. 5)
Circulaire du ministre des Colonies, relative à la participation à l'Exposition de 1900 et à la mise en lumière des produits d'importation et d'exportation (JOCI n° 15, 15-11-1897, p. 1 et 2)
Circulaire Roberdeau du 13 septembre 1900 sur les relations entre les administrateurs et Chefs de poste, d'une part, les chefs coutumiers de l'autre (JOCI 6ème année, n°18, 15-09-1900, p. 5)
Circulaire Clozel du 29 mars 1901 relative à la réunion des coutumes en vigueur devant les juridictions indigènes
Circulaire n° 81 du 20 octobre 1903 rappelant que « les bois qui font l'objet de transactions, ne [circulent] à la Côte d'Ivoire que s'ils sont revêtus de l'empreinte d'un marteau [...] ».

Instructions et actes réglementaires pour l'application du décret du 18 juin 1912 sur le régime forestier (Supplément au JOCI, 18ème année, n° 16, 31 août 1912, p. 461 à 473)
Circulaire du Gouverneur G. Angoulvant (JOCI n° 16, 31 août 1912, p. 484) publiant le décret du 18 juin 1912
Circulaire n° 382 BF du 15 octobre 1912, du Gouverneur G. Angoulvant, relative à l'exploitation des bois par les autochtones
Circulaire du 15 août 1917 de Van Vollenhoven (*Bulletin du Comité de l'Afrique française* n° 12, décembre 1917, p. 270)
Circulaire du 14 novembre 1920, au sujet du paiement de la taxe d'abattage prévue par l'arrêté n° 1071 A du 18 décembre 1919
Circulaire du 19 mars 1931 du Gouverneur général Brévié relative à la codification des coutumes indigènes (*Histoire et coutumes de la Côte d'Ivoire*, *Monographie des cercles*, *Cercle des Lagunes*, *Les Ebriés*, tome I, p. 79)
Circulaire n° 515/S.E./4, 7 décembre 1935, du Gouverneur Général de l'AOF, invitant à s'opposer aux prétentions de certains spéculateurs qui déclarent que leurs ancêtres ont cultivés autrefois des terres vacantes et sans maître

Rapport au Président de la République

Rapport au Président de la République, 4 juillet 1935 (JOCI 1935, p. 760)

TABLE DES MATIÈRES

www.ingramcontent.com/pod-product-compliance
Lightning Source LLC
LaVergne TN
LVHW010949061026
849535LV00006B/1640

* 9 7 8 2 2 9 6 0 1 9 7 2 0 *